Droit des sûretés

COURS DALLOZ

Série Droit privé

Sous la direction de Marie-Anne Frison-Roche
Professeur à Sciences Po (Paris)

Droit des sûretés

12e édition

2025

Jean-Baptiste Seube

Professeur à l'Université de La Réunion

Doyen honoraire de la faculté de droit et d'économie

Lefebvre Dalloz

DALLOZ

Tour Lefebvre Dalloz – 10, place des Vosges – CS 90358 – 92072 Paris La Défense Cedex

ISBN 978-2-247-24046-3

ABRÉVIATIONS

Ass. plén.	Assemblée plénière de la Cour de cassation
Banque	*Revue Banque*
Bull. civ.	*Bulletin des arrêts des chambres civiles de la Cour de cassation*
C. assur.	Code des assurances
C. civ.	Code civil
C. com.	Code de commerce
C. consom.	Code de la consommation
C. expr.	Code de l'expropriation pour cause d'utilité publique
C. mon. fin.	Code monétaire et financier
C. pr. civ.	Code de procédure civile
C. trav.	Code du travail
Cah. dr. entr.	*Cahiers de droit de l'entreprise*
CCC	*Contrats Concurrence Consommation*
CGI	Code général des impôts
Ch. mixte	Cour de cassation, chambre mixte
Civ. 1re, 2e ou 3e	Cour de cassation, 1re, 2e ou 3e chambre civile
Com.	Cours de cassation, chambre commerciale
D.	*Recueil Dalloz*
Décr.	Décret
Defrénois	*Répertoire du notariat Defrénois*
Doc. fr.	Documentation française
DP	*Recueil périodique et critique mensuel Dalloz*
Dr. et patr.	*Droit et patrimoine*

Dr. soc.	*Dr. social*
Dr. sociétés	*Droit des sociétés*
GAJC	*Les Grands arrêts de la jurisprudence civile*
Gaz. Pal.	*La Gazette du Palais*
JCP	*Juris-Classeur périodique, édition Générale*
JCP E	*Juris-Classeur périodique, édition Entreprise*
JCP N	*Juris-Classeur périodique, édition Notariale*
LPA	*Les petites affiches*
RDBF	*Revue de droit bancaire et financier*
RD rur.	*Revue de droit rural*
RDC	*Revue des contrats*
Req.	Chambre des requêtes de la Cour de cassation
Rev. crit. DIP	*Revue critique de droit international privé*
Rev. sociétés	*Revue des sociétés*
RGAT	*Revue générale des assurances terrestres*
RJ com.	*Revue de jurisprudence commerciale*
RJDA	*Revue de jurisprudence de droit des affaires*
RLDC	*Revue Lamy droit civil*
RTD civ.	*Revue trimestrielle de droit civil*
RTD com.	*Revue trimestrielle de droit commercial*
S.	*Recueil Sirey*
v.	voir

INTRODUCTION

1 **Première approche.** Dans le vocabulaire courant, « sûreté » est synonyme de « sécurité ». En droit, le terme de sûreté reçoit pourtant une acception plus précise. De façon très simpliste, la sûreté est un mécanisme qui confère au créancier une garantie contre le risque d'insolvabilité de son débiteur. Comme on l'a joliment écrit, « les sûretés ajoutent aux créances une facette miroitante, la sécurité [1] ». Elles sont pour cela essentielles : s'inscrivant dans le temps [2], elles renforcent et encouragent le crédit, rouage essentiel de nos économies modernes. Loin d'être alors un droit technique et desséchant, le droit des sûretés est un droit au cœur des préoccupations économiques. Il est ainsi au cœur du droit et au cœur de l'économie.

2 **Importance des sûretés : un droit au cœur du droit.** Étudié ici en tant que tel, le droit des sûretés ne peut évidemment être coupé des autres matières enseignées dans les facultés de droit. Se nourrissant du droit des biens et du droit des obligations [3], le droit des

1. M. et S. Cabrillac, Ch. Mouly, Ph. Pétel, *Droit des sûretés*, Litec, n° 1.

2. M. Grimaldi, Ph. Dupichot, « Durée et sûretés », *RDC* 2004, p. 95.

3. La réforme du droit des obligations, issue de l'ordonnance du 10 février 2016, influence évidemment le droit des sûretés : C. Albiges, « La réforme du droit des contrats et la formation du contrat de cautionnement », *AJ contrat* 2017, p. 248 ; S. Cabrillac, « Des incidences limitées de la réforme du droit des contrats et du régime des obligations sur les sûretés personnelles », *Defrénois* 2017, n° 19, p. 35 ; M.-P. Dumont, « La réforme du droit des contrats sur le régime des garanties », *AJ contrat* 2017, p. 254 ; D. Houtcieff, « Le cautionnement à l'épreuve de la réforme du droit des contrats », *D.* 2016. 2183 ; D. Legeais, « Portée de la réforme du droit des obligations pour le droit du crédit », *RTD com.* 2016. 527 ; D. Legeais, « Incidences de la réforme du droit des contrats sur le droit des sûretés », *RDBF* 2016, comm. n° 72 ; Y. Picod, « Cession de dette et droit des sûretés », *AJ contrat* 2017, p. 268 ; M. Zolomian, « Les cautions, avals et garanties à l'aune de la réforme du

sûretés s'illustre en effet dans de nombreuses disciplines comme le droit des régimes matrimoniaux, le droit bancaire, le droit des sociétés et bien sûr le droit des procédures collectives [1]. Cette omniprésence explique largement que le droit des sûretés transcende le clivage, un peu artificiel, entre le droit civil et le droit commercial : même si des spécificités sont notables selon que la sûreté se greffe sur une relation civile ou une relation commerciale [2], le droit des sûretés a su se préserver de l'éclatement et conserver une certaine homogénéité [3].

3 **Importance des sûretés : un droit au cœur de l'économie.** La crainte de n'être pas payés conduit les créanciers à faire preuve de trésors d'imagination pour disposer de la sûreté la plus efficace. Cette « course à la sûreté » produit un double effet : un effet vivifiant puisque l'on redécouvre que certaines techniques ancestrales, comme le droit de propriété ou la possession, peuvent remplir un rôle de sûreté avec une grande efficacité. Un effet angoissant puisque le foisonnement des sûretés porte en germe leur disparition : chaque créancier cherche à disposer de la sûreté la plus efficace pour évincer les autres créanciers, jusqu'à ce qu'il soit à son tour supplanté par un créancier muni d'une sûreté plus efficace encore. « Trop de sûretés, pas de sûreté [4]. »

4 **Réformes sur les sûretés.** Pour encadrer ce foisonnement des sûretés [5], d'importantes réformes ont été entreprises.

---

droit des contrats », *D.* 2017. 175 ; L. Andreu et J.-D. Pellier, « L'incidence de la réforme des obligations sur les sûretés personnelles », LGDJ, colloque et essais, 2017.

1. P. Crocq, « Le projet sur la sauvegarde des entreprises et le respect des concepts du droit des sûretés », *Dr. et patr.* 1/2005, p. 43 ; R. Damman, « Réflexions sur la réforme du droit des sûretés au regard des procédures collectives », *D.* 2005. Chron. 2447 ; R. Damman, G. Le Burze, « Réforme des sûretés et procédures collectives : quelles sûretés choisir ? » *Cah. dr. entr.* 3-4/2007. 45 ; P. Crocq, « La réforme des procédures collectives et le droit des sûretés », *D.* 2006. Chron. 1306.
2. Ph. Malaurie, L. Aynès, P. Crocq, *Les sûretés, la publicité foncière, Defrénois*, 2009, n° 11 et 12.
3. P. Crocq, « L'évolution des garanties de paiement : de la diversité à l'unité », *Mélanges Mouly*, Litec, 1998, t. II, p. 317 ; Ph. Simler, Ph. Delebecque, *Les sûretés. La publicité foncière*, Dalloz, 6e éd., 2012, n° 19 posant la question d'un droit commun des sûretés ; comp. Ph. Théry, « La différenciation du particulier et du professionnel : un aspect de l'évolution du droit des sûretés », *in* « Sûretés et garanties », *Dr. et patr.* 4/2001, p. 53 s. ; D. Legeais, « De la distinction des sûretés civiles et commerciales », *Mélanges Didier*, Economica, 2008, p. 237.
4. Ph. Malaurie, L. Aynès, P. Crocq, n° 17 ; Ph. Simler, Ph. Delebecque, n° 18.
5. D. Houtcieff, « Le droit des sûretés hors le Code civil », *LPA* 22 juin 2005, p. 8.

D'abord, un groupe de travail avait été constitué en 2005, sous la présidence du Professeur Michel Grimaldi, afin de repenser et de réformer la matière [1]. N'ayant reçu qu'une habilitation partielle pour réformer, par voie d'ordonnances [2], les seules sûretés réelles, le gouvernement avait publié le 23 mars 2006 une ordonnance créant un livre IV consacré aux sûretés au sein du Code civil [3]. Ce livre, composé des articles 2284 à 2488, emportait de nombreuses modifications tant à propos des sûretés personnelles que des sûretés réelles : si tous les articles relatifs au cautionnement étaient simplement renumérotés, des dispositions nouvelles étaient consacrées aux garanties autonomes (v. ss 176 s.) et aux lettres d'intention (v. ss 188 s.). Ce sont évidemment les sûretés réelles qui étaient le plus touchées : outre la création de l'hypothèque rechargeable (v. ss 344) et du crédit viager hypothécaire (v. ss 345), la consécration de la propriété retenue à titre de garantie (v. ss 467) et du droit de rétention (v. ss 439 s.), la réforme permettait une remise en ordre complète des sûretés réelles en admettant que le gage puisse s'opérer sans dépossession (v. ss 237 s.) et en distinguant selon que le bien qui en est l'objet est corporel, auquel cas on parlera de gage (v. ss 283 s.), ou incorporel, auquel cas on parlera de nantissement (v. ss 302 s.). Pour importante, la réforme de 2006 restait néanmoins parcellaire et devait être mise en corrélation avec d'autres réformes ayant porté sur le droit des obligations ou sur le droit des procédures collectives.

En septembre 2017, l'Association Capitant avait donc remis au ministère de la Justice un avant-projet de réforme du droit des

1. Rapport Grimaldi pour une réforme globale du droit des sûretés, *Dr. et patr.* 9/2005, p. 49 ; « Projet de réforme du droit des sûretés », *RDC* 2005, p. 782 ; dir. M.-E. Ancel, *Repenser le droit des sûretés mobilières*, LGDJ, 2005 ; F. Buy, « Recodifier le droit des sûretés (à propos du rapport sur la réforme des sûretés) », *RLDC* juill.-août 2005. 27.

2. D. R. Martin, « Le Code civil à saute-mouton », *D.* 2005. Chron. 1577 et 2078, note P. Crocq ; *JCP* 2005. I, p. 185, n° 13, obs. P. Delebecque ; P. Crocq, « La future réforme du droit français des sûretés réelles », *RLDC* oct. 2005. 1.

3. Ph. Simler, « La réforme du droit des sûretés, un livre IV nouveau du Code civil », *JCP* 2006. I, p. 124 ; G. Notté, « Ordonnance n° 2006-346 du 23 mars 2006 relative aux sûretés », *JCP E* 2006, p. 603 ; « Commentaire de l'ordonnance du 23 mars 2006 », *JCP* 2006, n° spéc. 20 ; « La réforme du droit des sûretés », *D.* 2006. 1289 ; D. Legeais, « La réforme du droit des garanties, ou l'art de mal légiférer », *Mélanges Simler*, Dalloz-Litec, 2006, p. 367.

sûretés [1]. Dans le prolongement de cet avant-projet, la loi « PACTE » du 22 mai 2019 avait habilité, pour une durée de deux ans, le Gouvernement à légiférer par voie d'ordonnances pour réformer le droit des sûretés [2]. En raison de la crise de la Covid-19, la publication de l'ordonnance a pris du retard. Conformément à la méthode suivie pour la réforme du droit des contrats, un avant-projet d'ordonnance fut diffusé en décembre 2020, invitant les professionnels à faire part de leurs observations avant le 31 janvier 2021 [3]. La publication n'est finalement intervenue que le 15 septembre 2021 [4]. Les finalités de la réforme sont doubles : réformer le cautionnement, qui était resté à l'abri de la précédente réforme de 2006 (certains disent même le « sauver [5] ») ; simplifier et sécuriser les sûretés réelles. Conformément à la loi d'habilitation, le cautionnement, les privilèges mobiliers, le gage de meubles corporels, le nantissement de créance, la réserve de propriété, la fiducie-sûreté ainsi que les sûretés réelles immobilières sont réformés et modernisés. Sont également consacrées la cession de créance (de droit commun) à titre de garantie ainsi que la cession de somme d'argent à titre de garantie (au lieu du nantissement de monnaie scripturale, qui était proposé par l'avant-projet de l'Association Capitant), signe de la vitalité des sûretés fondées sur le droit de

1. Pour une présentation synthétique de l'avant-projet, voir *D.* 2017. 1717 ; P. Crocq, « Vers une réforme du droit des sûretés, rapport de synthèse du colloque organisé le 24 oct. 2017, à l'initiative de l'Association Henri Capitant, au sein de la Fédération bancaire française », *Banque et Dr.* 2017, n° 176, p. 4 ; A. Bézert, « L'avant-projet de réforme du droit des sûretés de l'Association Henri Capitant : un coup d'épée dans l'eau ? », *RLDC janv.* 2018, p. 48 ; C. Gijsbers, « L'influence de la réforme du droit des sûretés sur le droit de la construction », *RDI* 2018. 200 ; A. Gouëzel et L. Bougerol, « Le cautionnement dans l'avant-projet de réforme du droit des sûretés : propositions de modification », *D.* 2018. 678 ; C. Juillet, « Le nantissement de monnaie scripturale dans l'avant-projet de réforme du droit des sûretés », *RLDC* mars 2018, p. 17 ; J.-D. Pellier, « Une certaine idée du cautionnement », *D.* 2018. 686.
2. C. Juillet, « L'article 60 de la loi Pacte, coup d'envoi de la réforme du droit des sûretés », *JCP N* 2019, p. 1208.
3. D. Legeais, « Commentaire du projet de réforme du droit des sûretés soumis à consultation », *RDBF* 2021, Étude 2.
4. Ord. n° 2021-1192, 15 sept. 2021, sur laquelle : Ph. Dupichot, « 15 ans après, une réforme des sûretés à maturité », *JCP E* 2021, p. 1439 ; Cl. Séjean-Chazal, « L'ordonnance du 15 septembre 2021 portant réforme du droit des sûretés », *JCP N* 2021, act. 885 ; B. Dondero, « L'impact de la réforme du droit des sûretés sur les sociétés », *JCP E* 2021, p. 1459 ; L. Bougerol, J.-D. Pellier, C. Hélaine, Cl.-A. Michel, *D. actu.* sept. 2021, épisodes.
5. Ph. Dupichot, « 15 ans après... », préc.

propriété. De même, il est désormais possible de conclure par voie électronique des actes relatifs à des sûretés réelles ou personnelles (C. civ., art. 1175, al. 2).

Les dispositions de cette ordonnance sont pour la plupart entrées en vigueur le 1er janvier 2022 afin de laisser aux opérateurs économiques le temps de se mettre en conformité avec le droit nouveau (pour les dispositions d'application de la loi dans le temps à propos du cautionnement, v. ss 26).

5 **Une définition ?** En dépit de l'importance de la matière et de la réforme, il pèse sur la notion même de sûreté une étrange incertitude. Rebelle à la définition, la sûreté ne serait rien d'autre qu'une « étiquette qui s'accommode du disparate [1] ». On peut cependant approcher la notion en soulignant la finalité commune (§ 1) et la diversité (§ 2) des sûretés.

§ 1. La finalité commune des sûretés

6 **Rappel sommaire.** Aux termes de l'article 2284 du Code civil, tout créancier chirographaire bénéficie du droit de gage général sur les biens de son débiteur : « Quiconque s'est obligé personnellement, est tenu de remplir son engagement sur tous ses biens mobiliers et immobiliers, présents et à venir. » Si le débiteur ne paie donc pas à l'échéance prévue, le créancier pourra, en théorie, faire saisir et vendre n'importe quel bien du patrimoine du débiteur.

7 **Insuffisances du droit de gage général.** Apparemment parce qu'il est général, ce droit de gage paraît revêtu des plus solides vertus. Il n'en est pourtant rien pour plusieurs raisons. D'abord, le créancier reste soumis aux variations du patrimoine du débiteur. Si le débiteur se dessaisit de ses biens, ils ne répondent plus du droit de gage général et le créancier chirographaire, ne disposant d'aucun droit de suite, ne pourra plus s'en emparer. Le droit offre bien certains mécanismes pour pallier ces inconvénients (tels les mesures conservatoires, l'action paulienne ou les nullités de la période suspecte dans les procédures collectives), mais ce ne sont

1. M. et S. Cabrillac, Ch. Mouly, Ph. Pétel, n° 2.

que de piètres garanties au regard des dangers qui menacent le créancier. Ensuite, le créancier chirographaire se trouvera souvent en concours avec tous les autres créanciers de son débiteur. Il ne bénéficiera alors d'aucun droit de préférence puisque « les biens du débiteur sont le gage commun des créanciers » (C. civ., art. 2285). Cette situation de concurrence entre les créanciers sera réglée soit par l'application du critère de l'antériorité (c'est le prix de la course : ceux qui ont participé à une saisie seront payés ; tant pis pour les autres) soit au marc-le-franc (c'est-à-dire en proportion du montant de la créance de chaque créancier). Enfin, en dépit du principe de l'indivisibilité du patrimoine, de nombreux biens seront insaisissables et échapperont ainsi à l'emprise des créanciers : par exemple, une loi du 1er août 2003 permet, par dérogation aux articles 2284 et 2285 du Code civil, aux commerçants, artisans, agriculteurs ou professionnels libéraux de déclarer insaisissables leurs droits sur l'immeuble où est fixée leur résidence principale [1].

8 **Nécessité de renforcer les chances d'être payé.** Le droit de gage général apparaît donc inefficace pour garantir le créancier de l'insolvabilité du débiteur. La finalité des sûretés va donc être de renforcer les chances du créancier d'être payé. Pour cela, le créancier recourra souvent à plusieurs sûretés qu'il pourra cumuler et mettre en œuvre, sous réserve de l'abus [2], à sa guise. Au-delà de cette finalité commune des sûretés, les techniques utilisées sont diverses.

§ 2. La diversité des sûretés

9 **Classification des sûretés.** Si les sûretés ont pour trait commun de dépasser le droit de gage général, elles sont très nombreuses et peuvent être réparties en fonction de différents critères. Il est ainsi classique de distinguer les sûretés en fonction de leur source (A),

1. S. Piedelièvre, « L'insaisissabilité de la résidence principale de l'entrepreneur », *JCP* 2003. I, p. 165.
2. Com. 2 juin 2004, *D.* 2004. 2708, obs. L. Aynès ; *JCP* 2005. I, p. 135, n° 12, obs. P. Delebecque. Voir aussi l'article 2286-4 de l'avant-projet de réforme de l'Association Capitant : « le créancier choisit librement le mode de réalisation de sa sûreté. S'il est titulaire de plusieurs sûretés, il est libre de l'ordre de leur réalisation ».

ou de la technique qu'elles mettent en œuvre (B). Les évolutions récentes de la matière conduisent également à opposer les sûretés traditionnelles aux sûretés nouvelles (C).

A. Diversité des sources

10 **Les sûretés légales.** Il est traditionnel de distinguer les sûretés légales, judiciaires ou conventionnelles : les premières naissent de la volonté du législateur qui estime opportun de conférer à tel créancier un avantage supplémentaire en raison de la qualité de sa créance (le privilège des salariés, celui du Trésor, la solidarité légale des époux sont alors des mécanismes, institués par le législateur, qui ont pour objet de favoriser certains créanciers). On mesure par là que le droit des sûretés peut être l'expression d'une « hiérarchie des intérêts[1] », en ce qu'il détermine l'ordre dans lequel les créanciers doivent être payés.

11 **Les sûretés judiciaires.** Les sûretés judiciaires sont instituées par une décision de justice. Elles sont souvent des mesures de sauvegarde que le juge peut prescrire dès lors que la loi l'y autorise. Le plus souvent, il s'agira de mesures conservatoires destinées à éviter l'évaporation du patrimoine du débiteur.

12 **Les sûretés conventionnelles.** Les sûretés conventionnelles sont les plus nombreuses. Puisant leur origine dans la volonté des parties, elles sont un auxiliaire des opérations de crédit. Le créancier se fait ainsi consentir une sûreté soit par son propre débiteur (par ex. une hypothèque), soit par un tiers (par ex. cautionnement). On aborde ici les différentes techniques que mettent en œuvre les sûretés.

B. Diversité des techniques

13 **Les sûretés personnelles.** La sûreté personnelle vise à adjoindre un autre patrimoine au paiement de la dette. L'avant-projet de réforme Capitant la définit comme « l'engagement pris envers le créancier par un tiers non tenu à la dette qui dispose d'un recours

1. Ph. Simler, Ph. Delebecque, n° 3.

contre le débiteur principal » (Avant-Projet, art. 2286-1, al. 1er). Un tiers s'engage donc à payer la dette si le débiteur ne le fait pas lui-même. On pourrait alors penser que la sûreté personnelle est une piètre protection puisque le créancier n'aura qu'un droit de gage général dans le patrimoine du tiers. Cependant, il y a peu de risque que le débiteur principal et le tiers, s'il est bien choisi, soient tous deux insolvables. Le cautionnement est l'archétype de la sûreté personnelle.

14 **Les sûretés réelles.** La sûreté réelle résulte d'un esprit différent : le créancier se contente du patrimoine de son débiteur mais il obtient un droit préférentiel, qui peut être un droit réel ou pas (sur la nature juridique du droit de rétention, v. ss 461), sur un ou plusieurs biens du débiteur. L'avant-projet de réforme porté par l'Association Capitant la définit comme « l'affectation préférentielle ou exclusive d'un bien ou d'un ensemble de biens, présents ou futurs, au paiement préférentiel ou exclusif du créancier » (Avant-Projet, art. 2286-1, al. 2). Le créancier dispose alors au minimum d'un droit de préférence, au mieux d'un droit de suite, sur le ou les biens affectés au paiement de la créance. Cette sûreté réelle peut s'opérer avec ou sans dépossession de la chose sur laquelle la sûreté est assise. L'hypothèque est ainsi une sûreté immobilière sans dépossession ; le gage une sûreté mobilière qui peut opérer avec ou sans dépossession.

15 **Intérêts respectifs des sûretés réelles et personnelles.** Un créancier a-t-il plutôt intérêt à opter pour une sûreté réelle ou pour une sûreté personnelle ? Les mérites respectifs de l'une et l'autre des sûretés peuvent être appréciés à de nombreux points de vue : simplicité dans la constitution, efficacité, adéquation de la sûreté par rapport à la dette garantie (afin de ménager le crédit du débiteur), information des tiers [1]. Ces nombreux critères expliquent que, au gré des époques, la préférence se soit portée sur l'une ou l'autre famille des sûretés [2].

1. V. tableau récapitulatif, Ph. Malaurie, L. Aynès, P. Crocq, n° 8.
2. Ainsi, le droit romain favorisait les sûretés personnelles : dans une société réduite, les liens amicaux, les engagements, la solidarité familiale suffisaient à garantir au créancier d'être payé.

Aujourd'hui, les schémas se sont quelque peu brouillés[1]. En raisonnant sur les types les plus accusés (hypothèque et cautionnement), il est ainsi traditionnel d'opposer la rigidité et l'efficacité des sûretés réelles à la souplesse et à l'insécurité des sûretés personnelles : les premières, si elles confèrent à leur titulaire une grande sécurité, doivent en effet respecter un formalisme strict dans leur formation et dans leur réalisation ; les secondes, si elles sont d'une constitution simple, ne donnent au créancier aucune certitude d'être payé. Cette présentation traditionnelle doit cependant être atténuée pour deux raisons : d'une part, l'évolution du droit des procédures collectives conduit souvent, pour préserver la sauvegarde de l'entreprise et le maintien de l'activité et de l'emploi, au sacrifice des créanciers munis de sûretés réelles[2]. L'incertitude s'installe... D'autre part, le souci affiché de protéger les cautions de tout engagement irréfléchi de leur part a conduit à la mise en place d'un « formalisme » jurisprudentiel ou légal pour le cautionnement. La souplesse s'efface...

C. Sûretés traditionnelles et « sûretés » nouvelles

16 **Émergence de nouvelles « sûretés » et dilution de la notion.** La quête de la sûreté la plus efficace conduit les créanciers à créer (ou à redécouvrir) des mécanismes leur conférant une meilleure sécurité que les sûretés traditionnelles. On assiste ainsi à une éclosion de nouvelles techniques de garantie des créances (1). Toute la question est alors de savoir si elles peuvent être qualifiées de sûretés. C'est la traditionnelle distinction entre les sûretés et les garanties (2).

1. *L'éclosion de nouvelles « sûretés[3] »*

17 **De nouvelles « sûretés » personnelles.** Le Code civil ne connaissait à l'origine qu'une seule sûreté personnelle : le cautionnement. Le

1. M. Dagot, « Sûretés réelles contre sûretés personnelles », *JCP N* 1986, p. I. 93.

2. Ph. Dupichot, « Les sûretés réelles à l'épreuve des procédures collectives, entre passé, présent et avenir », *Mélanges L. Aynès*, 2019, p. 209.

3. À côté de l'éclosion de sûretés nouvelles, éclosent également de nouvelles techniques de mise en œuvre. Ainsi en est-il de l'agent de sûretés qui, créé par la loi du 19 février 2007, est aujourd'hui codifié aux articles 2488-6 et suivants du Code civil. Le recours à l'agent de sûretés facilite la constitution, la gestion et la réalisation d'une sûreté ou garantie en cas de pluralité

cautionnement est accessoire : la caution s'oblige envers le créancier à satisfaire l'obligation même du débiteur s'il n'y satisfait pas lui-même ; il y a donc identité d'obligation entre la caution et le débiteur. Cette identité est une gêne pour le créancier puisque la caution peut soulever les mêmes moyens de défense que le débiteur.

La pratique a alors inventé des techniques dépourvues de ce caractère accessoire. Ainsi, les garanties autonomes ou indépendantes sont des engagements pris par un tiers à titre principal : l'obligation du garant est indépendante de celle du débiteur. Comme l'a admis l'ordonnance du 23 mars 2006, il y a là une famille de sûretés personnelles irréductibles aux cautionnements.

Mais, le droit des obligations offre également de nombreuses techniques contractuelles pouvant faire fonction de sûreté personnelle [1] : traditionnellement présentées comme de simples modalités de l'obligation, la solidarité et l'indivisibilité permettent de mettre une même dette à la charge de plusieurs de plusieurs codébiteurs, chacun étant alors tenu pour l'intégralité de la dette [2] ; traditionnellement présentée comme un procédé tentant à simplifier le règlement des dettes, la délégation permet à un débiteur (le délégant) d'obtenir d'un tiers (le délégué) qu'il paye son propre créancier (le délégataire). Si cette délégation ne libère pas le débiteur initial (on parle improprement de délégation imparfaite), le créancier a, pour une créance unique, deux débiteurs. Le droit des obligations, par sa richesse, constitue donc un gisement pour le créancier : il recèle de nombreux mécanismes qui, quoique n'étant pas des sûretés par nature, peuvent en remplir la fonction. Ce sont alors des sûretés par destination.

18 **De nouvelles « sûretés » réelles.** L'évolution récente du droit des sûretés a, là encore, conduit à l'émergence de nouvelles sûretés.

---

de créanciers, comme un pool bancaire par exemple. Afin d'éviter qu'il n'y ait autant de sûretés que de créanciers, l'agent est seul titulaire de la sûreté ou de la garantie, au profit des créanciers qui en sont les bénéficiaires (P. Crocq, « L'agent de sûretés et la dissociation des qualités de titulaire de la sûreté et de titulaire de la créance garantie », *Mélanges L. Aynès*, LGDJ, 2019, p. 113 ; G.-A. Likillimba, « L'agent de sûretés et des garanties en droit français », *RTD civ.* 2019. 533).

1. Ph. Simler, « Les solutions de substitution au cautionnement », *JCP E* 1990. I, p. 3427.
2. Pour une hésitation entre les qualifications de cautionnement solidaire et engagement de codébiteur solidaire non intéressé à la dette, v. Civ. 1re, 17 nov. 1999, *D.* 2000. 407, note P. Ancel ; *JCP* 2000, p. 209, n° 9, obs. Ph. Simler, *Defrénois* 2000, p. 718, obs. Ph. Delebecque.

Cette évolution a deux causes. D'abord, l'apparition de biens nouveaux : dès que sont identifiés des biens nouveaux, leurs propriétaires cherchent à en tirer profit en en faisant l'objet de sûretés réelles, pour obtenir des crédits ; ainsi s'explique l'apparition des très nombreuses sûretés réelles portant sur des biens immatériels [1]. La seconde cause repose, par un étrange retour en arrière [2], sur la redécouverte de certaines sûretés anciennes qui, quoique frustes, offrent au créancier une grande sécurité : le droit de propriété (crédit-bail, clause de réserve de propriété, fiducie), les situations de réciprocité (compensation) et le droit de rétention seront ainsi, notamment en cas de procédure collective ouverte contre le débiteur, plus efficaces que toutes les hypothèques. On doit alors se demander si ces nouvelles « sûretés », réelles ou personnelles, méritent cette qualification. Certains l'admettent ; d'autres s'y refusent en distinguant les sûretés et les garanties.

2. *La distinction entre sûretés et garanties*

19 **La question.** La question est de savoir si tous les mécanismes, créés ou ravivés par la pratique, procurant au créancier une chance supplémentaire d'être payé peuvent être indifféremment qualifiés de sûretés. La solidarité, l'indivisibilité, la délégation, le crédit-bail ou la clause de réserve de propriété augmentent les chances du créancier d'être payé. Mais sont-ce des sûretés ? Cette question revêt un intérêt pratique et théorique.

20 **Intérêt pratique.** L'intérêt pratique de cette question est assez ténu. Il se cristallise sur l'interprétation qu'il convient de donner à certains textes employant le mot de « sûreté ». La jurisprudence demeure indécise et admet tant des interprétations larges que strictes du terme « sûreté », en fonction des finalités poursuivies par le texte interprété. Par exemple, l'article 1305-4 du Code civil sanctionne le fait pour le débiteur de laisser perdre des sûretés données au créancier ; la Cour de cassation a interprété largement

1. M. Vivant, « L'immatériel en sûreté », *Mélanges Cabrillac*, Litec, 1999, p. 404 ; C. Lisanti, *Les sûretés conventionnelles sur meubles incorporels*, Litec, coll. « Bibl. dr. entreprise », 2000.

2. B. Oppetit, « Les tendances régressives dans l'évolution du droit contemporain », *Mélanges Holleaux*, Litec, 1990, p. 53.

le terme en admettant, par incidence, qu'une clause de déchéance du terme aurait pu constituer une sûreté [1]. En revanche, c'est une analyse restrictive qui prévaut dans l'interprétation de l'article L. 622-25 du Code de commerce qui impose au créancier d'indiquer les sûretés assortissant la créance qu'il déclare dans la procédure collective du débiteur [2].

21 **Intérêt théorique.** La question est surtout d'ordre théorique : est-il possible de donner une définition aux sûretés et d'en établir une liste limitative ou faut-il admettre que toute définition est impossible et que la famille des sûretés doit rester ouverte [3] ?

Certains auteurs privilégient une approche conceptuelle des sûretés [4]. Les sûretés s'ajoutent ainsi toujours au rapport d'obligation et naissent d'une volonté distincte issue de la loi, du jugement, ou de la convention. Elles se caractérisent par leur finalité (améliorer la situation du créancier sans l'enrichir), leur effet (éteindre la créance par leur mise en œuvre) et leur technique. Elles sont alors bien différentes des garanties qui, si elles favorisent les chances du créancier d'être payé, n'ont pas été voulues en tant que telles et ne sont que la conséquence d'une situation de fait déterminée (la compensation, la solidarité, l'exception d'inexécution, etc.). Ainsi, si toutes les sûretés sont des garanties, toutes les garanties ne sont pas sûretés.

D'autres auteurs préfèrent une approche fonctionnelle. Toute définition étant inutile ou impossible [5], ils considèrent qu'est une sûreté tout mécanisme de garantie visant, exclusivement ou par un effet induit, à préserver le créancier de l'insolvabilité du débiteur [6]. Cette approche conduit inéluctablement à la dilution de la

1. Civ. 1re, 9 mai 1994, *RTD civ.* 1995. 110, obs. J. Mestre.
2. Com. 20 mai 1997, *D.* 1998, somm. 115, obs. R. Libchaber ; *JCP E* 1997. I, p. 681, n° 10, obs. M. Cabrillac ; *RTD civ.* 1997. 707, obs. M. Bandrac, P. Crocq.
3. Pour une illustration du débat, P. Crocq, obs. ss Com. 4 juill. 2000 et 9 janv. 2001, *RTD civ.* 2001. 399.
4. V. Ph. Malaurie, L. Aynès, P. Crocq, n° 2, citant la définition de la sûreté donnée par P. Crocq dans sa thèse (*Propriété et garantie*, LGDJ, coll. « Bibl. dr. privé », t. 248, 1995, préf. M. Gobert) ; Y. Picod, n° 5-1 ; J. Mestre, E. Putman, M. Billiau, *Droit civil droit spécial des sûretés réelles*, LGDJ, n° 2 ; M. et S. Cabrillac, Ch. Mouly, Ph. Pétel, n° 4.
5. Ph. Théry, n° 6.
6. Ph. Simler, Ph. Delebecque, n° 20 ; P. Ancel, n° 22.

notion de sûreté qui n'était déjà pas strictement définie. Elle correspond pourtant bien à la dimension économique du droit des sûretés.

22 **Plan.** L'apparition de nouvelles sûretés n'a pas ébranlé la *summa divisio* qui permet de les classer entre les sûretés personnelles et les sûretés réelles [1]. Les premières consistent en un engagement pris par un tiers de payer afin de garantir l'obligation d'un débiteur (PREMIÈRE PARTIE) ; les secondes reposent sur l'attribution au créancier d'un droit préférentiel sur certains biens ou sur tous les biens du débiteur afin de garantir son obligation (SECONDE PARTIE).

1. V. cependant, sur la remise en cause de traditionnelle classification bipartite des sûretés, P. Crocq, *RTD civ.* 2001. 401.

PREMIÈRE PARTIE

LES SÛRETÉS PERSONNELLES

23 **Caractérisation des sûretés personnelles.** Les sûretés personnelles répondent à deux critères : d'une part, elles consistent dans l'adjonction d'une créance au profit du créancier ; d'autre part, elles supposent que le garant peut toujours se retourner contre le débiteur s'il a payé à sa place. On peut regretter que la réforme n'ait pas proposé une définition générale des sûretés personnelles : ce regret est d'autant plus vif que l'avant-projet de l'Association Capitant proposait de définir la sûreté personnelle comme « l'engagement pris envers le créancier par un tiers non tenu à la dette qui dispose d'un recours contre le débiteur principal ».

24 **Variété des sûretés personnelles.** Les sûretés personnelles n'ont pas échappé à la « course aux sûretés » qui consiste, pour les créanciers, à trouver la sûreté la plus efficace. Si le cautionnement faisait figure de sûreté personnelle par excellence, des nouvelles sûretés se sont développées dans son ombre, souvent pour pallier ses inconvénients[1]. L'article 2287-1 du Code civil, issu de l'ordonnance du 23 mars 2006, dispose ainsi que « les sûretés personnelles régies par le présent titre sont le cautionnement, la garantie

1. Ph. Simler, « Solution de substitution au cautionnement », *JCP* 1990. I, p. 3427.

autonome et la lettre d'intention ». On doit pourtant, au-delà de cette trilogie, ne pas oublier que certains mécanismes peuvent, occasionnellement, remplir une fonction de sûreté.

25 **Plan.** Allant ainsi du cœur de la notion de sûreté, vers ses frontières extrêmes où l'on parle plus volontiers de garantie que de sûretés, on étudiera le cautionnement (TITRE 1), les mécanismes induisant un effet exclusif de sûretés (TITRE 2), les mécanismes induisant un effet occasionnel de sûreté (TITRE 3).

TITRE 1

LE CAUTIONNEMENT

26 **Définition du cautionnement et application dans le temps de la loi nouvelle.** Dans sa version de 1804, le Code civil décrivait l'opération du cautionnement sans pour autant en fournir une définition. L'ancien article 2288 précisait en effet que « celui qui se rend caution d'une obligation se soumet envers le créancier à satisfaire à cette obligation si le débiteur n'y satisfait pas lui-même ». L'article 2288 du Code civil, issu de l'ordonnance du 15 septembre 2021, dispose désormais que « le cautionnement est le contrat par lequel une caution s'engage envers le créancier à payer la dette du débiteur en cas de défaillance de celui-ci ». L'emploi du terme « payer » a pu être critiqué car il pourrait laisser croire que la caution ne peut que payer une somme d'argent. Tel n'est pourtant pas le cas : sachant que le paiement est défini par l'article 1342, alinéa 1er, du Code civil comme « l'exécution volontaire de la prestation due », il faut rester conscient qu'une caution pourrait accomplir toute espèce d'obligation, qu'elle soit de donner, de faire ou de ne pas faire, si le débiteur n'y satisfait pas lui-même [1].

1. P. Dupichot, *Le pouvoir des volontés individuelles en droit des sûretés*, préf. M. Grimaldi, éditions Panthéon-Assas, 2005, n° 277 ; J.-D. Pellier, « Une certaine idée du cautionnement. À propos de l'Avant-projet de réforme du droit des sûretés de l'Association Henri Capitant », *D.* 2018. 686, n° 3.

L'ordonnance du 15 septembre 2021 ne s'applique qu'aux cautionnements conclus à compter du 1er janvier 2022 (art. 37, I, al. 1er, « les dispositions de la présente ordonnance entreront en vigueur le 1er janvier 2022 »). L'article 37, II, dispose, dans un bégaiement de la formule utilisée pour la réforme du droit des contrats, que « les cautionnements conclus avant la date prévue au 1er alinéa du I demeurent soumis à la loi ancienne, y compris pour leurs effets légaux et pour les dispositions d'ordre public ». Toutefois, l'article 37, III prévoit que « les dispositions des articles 2302 à 2304 du Code civil sont applicables dès l'entrée en vigueur de la présente ordonnance, telle que prévue au premier alinéa du I, y compris aux cautionnements et aux sûretés réelles pour autrui constitués antérieurement » (ces dispositions concernent les obligations d'information relative au montant de la dette et à la défaillance du débiteur principal : v. ss 118 s.).

27 **Histoire du cautionnement.** L'histoire du cautionnement commence à Rome où on le distinguait mal de la simple solidarité. La caution pouvait en effet être poursuivie sans bénéfice de discussion ni de division (on parlait de *ad promissio*, addition d'une promesse). C'est uniquement à l'époque classique que l'on commence à admettre que la caution puisse avoir un recours contre le débiteur duquel elle avait payé la dette. Le cautionnement devient alors la *fidejussio* par laquelle la caution n'est engagée qu'au cas où le débiteur ne puisse s'exécuter. Dans l'ancien droit, le cautionnement est également connu mais il se durcit en cela que la caution devient un véritable otage du créancier. Avec l'adoucissement des mœurs et la redécouverte du droit romain lors de la renaissance, le cautionnement réapparaît avec son caractère accessoire, son bénéfice de discussion et de division. Ce sont ces règles qu'a recueillies le Code Napoléon. Pendant longtemps, le droit du cautionnement est resté paisible : le XIXe siècle préférait les sûretés réelles et cantonnait le cautionnement dans le cadre des contrats de bienfaisance, des contrats entre amis. Par nature gratuit, il ne pouvait intéresser le droit des affaires et se trouvait classé dans les « petits contrats » du Code civil. Cela a aujourd'hui bien changé.

28 **Pratique du cautionnement.** Aujourd'hui la pratique du cautionnement est marquée par sa grande diversité : le cautionnement

n'est plus le petit contrat du XIXe siècle. Il s'est « bancarisé [1] » et a investi le monde des affaires [2], celui du commerce international ou encore celui du droit public [3]. Cette hétérogénéité explique l'émergence de règles propres à certains cautionnements [4], ce qui nuit à la cohérence d'ensemble du droit du cautionnement. En dépit de ce risque d'éclatement, le souci de protection de la caution, quel que soit le secteur dans lequel intervient le cautionnement, semble aujourd'hui être un facteur d'unité. Que cette protection émane de la loi ou de la jurisprudence, elle est peut-être la cause de la désaffection du cautionnement pour d'autres types de garanties personnelles : le point d'équilibre entre l'efficacité du cautionnement et la protection de la caution est délicat à trouver [5].

29 **Plan.** Le cautionnement connaît donc des règles très diverses que l'on peut apprécier au moment de son déclenchement (CHAPITRE 1), de son déroulement (CHAPITRE 2) ou de son dénouement (CHAPITRE 3). Au préalable, quelques généralités fixeront des notions qui seront rencontrées dans le corps des développements (CHAPITRE PRÉLIMINAIRE).

1. Ph. Malaurie, L. Aynès, P. Crocq, n° 106.
2. A. Piedelièvre, « L'infléchissement de la notion de personnalité morale par le cautionnement », *Gaz. Pal.* 1982. I. Doctr. 85 ; Ph. Simler, « Patrimoine professionnel, patrimoine privé et cautionnement », *JCP N* 1987, p. 199.
3. P. Lignières, *Les cautionnements et garanties d'emprunt donnés par les collectivités locales*, coll. « Bibl. dr. entreprise », 1994, t. 32, préf. Ch. Mouly.
4. Par ex., L. « Scrivener », 10 janv. 1978 et 13 juill. 1979 ; L. « Neiertz », 31 déc. 1989 ; L. « Madelin », 11 févr. 1994 ; L. 29 juill. 1998. V. tableau récapitulatif, Ph. Malaurie, L. Aynès, P. Crocq, n° 111 ; *RDBF* 2003, p. 247 s. : pratique du cautionnement et protection du consommateur ; Ch. Albigès « L'influence du droit de la consommation sur l'engagement de la caution », *Mélanges Calais-Auloy*, Dalloz, 2004, p. 1.
5. P. Sargos, « Le cautionnement : dangers, évolution et perspectives de réformes », *in Rapport de la Cour de cassation 1986*, Doc. fr., 1987, p. 33 s.

CHAPITRE PRÉLIMINAIRE

Généralités sur le cautionnement

30 **Dénominateur commun et diversité.** Même s'ils sont très divers, tous les cautionnements présentent des caractères communs. Les facteurs d'unité (Section 1) se marient donc avec des facteurs de diversité (Section 2).

SECTION 1

Les facteurs d'unité : les caractères du cautionnement

31 **Le cautionnement est un contrat.** Le cautionnement repose toujours sur un accord entre le créancier et la caution. L'article 2288, alinéa 2, du Code civil précise très clairement que le consentement du débiteur n'est nullement requis puisque le cautionnement peut être « souscrit à la demande du débiteur principal ou sans demande de sa part et même à son insu ». L'article 2289 du Code civil fait cependant référence au « cautionnement légal » et au « cautionnement judiciaire ». Ces expressions doivent être bien comprises : elles traduisent les situations dans lesquelles la loi ou

le juge imposent à une personne de fournir un cautionnement pour bénéficier de certains avantages. Par exemple, l'article 601 du Code civil impose à l'usufruitier de fournir une caution avant d'entrer en possession ; de même, l'article 277 du Code civil permet au juge d'exiger que l'époux, débiteur d'une prestation compensatoire versée sous forme de rente, fournisse une caution en garantissant le versement. Dans ces hypothèses, il est cependant nécessaire que la caution consente à l'opération. Les adjectifs « judiciaire » et « légal » ne visent donc pas la source du cautionnement, qui reste la volonté de la caution, mais le fait générateur du processus qui a conduit à son engagement. La loi ni le juge ne peuvent contraindre quelqu'un à se porter caution ; le cautionnement donc toujours une origine contractuelle.

32 **Le cautionnement est un contrat unilatéral.** Le cautionnement est un contrat unilatéral puisque seule la caution est obligée ; le créancier se contente de recevoir la garantie. Cette qualification de contrat unilatéral entraîne notamment l'application de l'article 1376 du Code civil prescrivant la mention par la caution du montant de son engagement en chiffres et en lettres (v. ss 93). Toutefois, le créancier peut être tenu, en vertu de la loi, à certaines obligations envers la caution. Des dispositions législatives l'obligent en effet à ne pas compromettre les droits ou sûretés qui peuvent bénéficier à la caution (v. ss 171 s.) ou à informer annuellement la caution du montant des encours (v. ss 112 s.). L'existence de ces obligations ne remet cependant pas en cause le caractère unilatéral du cautionnement. En témoigne un arrêt ayant retenu que « les diverses obligations mises à la charge du créancier professionnel ne sont que des obligations légales sanctionnées par la déchéance du droit aux accessoires de la créance et non la contrepartie de l'obligation [1] ». C'est donc dire que, même si des obligations pèsent sur le créancier, le contrat de cautionnement reste unilatéral. En témoigne également un autre arrêt portant sur la question de savoir si l'article L. 218-2 du Code de la consommation (qui prescrit par deux ans l'action des professionnels, pour

1. Com. 8 avr. 2015, n° 13-14.447, *D.* 2015. 860 ; *Gaz. Pal.* 24-28 mai 2015, p. 16, obs. M.-L. Dumond-Lefrand ; *RTD civ.* 2015. 432, obs. P. Crocq.

les biens et services qu'ils fournissent aux consommateurs) s'appliquait au cautionnement. La Cour a retenu que le texte était sans application puisque la banque avait bénéficié de la garantie personnelle des cautions sans leur avoir fourni aucun service au sens de l'article L. 218-2, le contrat de cautionnement étant un contrat unilatéral par lequel seule la caution s'oblige [1].

33 **Le cautionnement est un contrat accessoire.** Le caractère accessoire vise en principe toutes les sûretés : toute sûreté, réelle ou personnelle, vient en effet s'ajouter à un contrat duquel elle garantit la bonne exécution (v. ss 21). En matière de cautionnement, la règle de l'accessoire doit s'entendre dans un sens plus technique : dire que le cautionnement est accessoire, c'est dire que la caution est obligée au paiement de l'obligation à laquelle est tenu le débiteur principal. Ce trait induit deux conséquences [2]. D'une part, il permet de fixer la mesure de l'engagement de la caution : la nullité de l'obligation principale entraîne ainsi celle de la caution (C. civ., art. 2293, al. 1er) ; la caution ne saurait être engagée dans des conditions plus onéreuses que le débiteur principal (C. civ., art. 2296, al. 1er) ; la caution peut enfin opposer au créancier toutes les exceptions personnelles au débiteur ou inhérentes à la dette (C. civ., art. 2298, al. 1er ; v. ss 138 s.). Mais, d'autre part, le caractère accessoire permet également de distinguer le cautionnement de garanties indépendantes ou autonomes où l'obligation du garant n'est plus calquée sur celle du débiteur [3] (v. ss 176).

1. Civ. 1re, 6 sept. 2017, n° 16-15.331, *JCP* 2017, p. 1269, n° 4, obs. Y.-M. Serinet ; *JCP E* 2017, p. 1637, n° 11, obs. N. Mathey ; *RDBF* 2017, comm. 210 et 212, obs. D. Legeais.
2. D. Legeais, « La règle de l'accessoire dans les sûretés personnelles », *Dr. et patr.* 4/2001, p. 68.
3. Com. 11 juin 2002, *D.* 2002, somm. 3332, obs. L. Aynès. La rédaction de contrat de « cautionnement à première demande », par lesquels la caution renonce par avance à opposer les exceptions relatives à la dette, complique évidemment la qualification. Le juge doit alors interpréter la volonté des parties et déterminer si le garant s'est engagé à payer ou non la propre dette du débiteur principal. V. Com. 13 déc. 1994, *D.* 1995. 209, rapp. Le Dauphin, note L. Aynès ; *JCP* 1995. I, p. 3851, n° 11, obs. Ph. Simler ; Com. 25 juin 2002, *D.* 2002, somm. 3333, obs. L. Aynès ; Com. 6 mai 2003, *JCP* 2003. II, p. 10186, note F. Guerchoun ; Com. 9 mars 2022, n° 19-24.990, *D.* 2022. 1724, n° 2, obs. Ch. Gijsbers ; Com. 13 mars 2024, n° 22-15.438, *D.* 2024. 1793, n° 1, obs. Ch. Gisbers ; *Gaz. Pal.* 2024, n° 14, p. 6, obs. C. Albiges ; *JCP E* 2024, n° 19-20, p. 34 ; n° 1139, obs. D. Legeais ; *JCP* 2024, n° 13, p. 592 ; n° 415, note F. Dannenberger.

SECTION 2

Les facteurs de diversité : les différents cautionnements

34 **Les familles de cautionnements.** Se chevauchant souvent les unes avec les autres, les classifications que l'on peut faire des cautionnements sont très relatives. On distinguera ainsi les cautionnements consensuels des cautionnements solennels (§ 1), les cautionnements simples des cautionnements solidaires (§ 2), les cautionnements civils des cautionnements commerciaux (§ 3), les cautionnements donnés par des personnes physiques ou des personnes morales (§ 4) et les différents montages auxquels peut donner lieu le cautionnement (§ 5).

§ 1. Cautionnements consensuels et solennels

35 **Distinction.** Le cautionnement est en principe un contrat consensuel : il est parfait par la seule rencontre des volontés de la caution et du créancier et ne suppose aucune condition de validité supplémentaire. Le fait que l'article 2294 du Code civil dispose que le cautionnement doit être exprès signifie uniquement que la volonté de s'obliger doit être établie avec certitude.

Cette caractéristique du cautionnement avait cependant été édulcorée dans un souci de protection de la caution. D'abord par la jurisprudence qui, combinant les articles 1376 (anc. 1326) et 2294 (anc. 2292) du Code civil, avait un temps considéré que le cautionnement dépourvu de mention manuscrite devait être annulé (v. ss 96 s.). Ensuite par les lois qui avaient multiplié les mentions manuscrites exigées non plus *ad probationem* mais *ad validitatems* : ainsi, en matière de crédit à la consommation et de crédit immobilier, en matière de baux d'habitation, le cautionnement devait, pour être valable, contenir une mention manuscrite dont la teneur était fixée par la loi. À défaut, le contrat était nul

(v. ss 81 s.). Ce penchant pour le formalisme avait été accentué par la loi du 1er août 2003, qui avait un domaine d'application si vaste que l'on se demande si le Code de la consommation n'est pas en train de devenir le siège du droit commun du contrat de cautionnement (v. ss 85 s.) [1].

L'ordonnance du 15 septembre 2021 a remis de l'ordre en abrogeant ces dispositions spéciales et en consacrant, dans le Code civil, une disposition générale à la question [2]. Le nouvel article 2297 du Code civil impose désormais que, outre le consentement des parties, le cautionnement souscrit par une personne physique contienne, à peine de nullité, une mention manuscrite (v. ss 89 s.).

§ 2. Cautionnements simples et solidaires

36 **Cautionnement simple.** L'article 2290 du Code civil dispose que « le cautionnement est simple ou solidaire ».

À défaut de stipulation expresse, le cautionnement est simple. Il confère à la caution deux prérogatives, particulièrement gênantes pour le créancier : le bénéfice de discussion et le bénéfice de division.

Le bénéfice de discussion permet à la caution de ne payer que lorsque l'insolvabilité du débiteur principal a été reconnue. La caution peut ainsi, en opposant une exception au créancier dès ses premières poursuites (C. civ., art. 2305), le contraindre à poursuivre le débiteur, à faire vendre ses biens et à se payer sur le revenu de leur vente. Afin d'éviter que l'exception de discussion

1. D. Legeais, « Le Code de la consommation, siège d'un nouveau droit commun du cautionnement », *JCP E* 2003, p. 1433 ; S. Piedelièvre, « La réforme de certains cautionnements par la loi du 1er août 2003 », *Defrénois* 2003, p. 1371 ; D. Houtcieff, « Les dispositions applicables au cautionnement issues de la loi pour l'initiative économique », *JCP* 2003. I, p. 161 « Propos sur un formalisme moderne : les articles L. 341-2 et L. 341-3 du Code de la consommation », *RDC* 2004, p. 408 ; V. Avena-Robardet, « Réforme inopinée du cautionnement », *D.* 2003. 2083 ; Ch. Atias, « Propos sur l'article L. 341-4 du Code de la consommation », *D.* 2003. Chron. 2620 ; L. Aynès, « La réforme du cautionnement par la loi Dutreil », *Dr. et patr.* 11/2003, p. 28 ; F. Pasqualini, « L'imparfait nouveau droit du cautionnement », *LPA* 3 févr. 2004, p. 3 ; A. Prüm, « Protéger les cautions contre elles-mêmes », *RDBF* 2003, p. 269.
2. M.-P. Dumont, « Formalisme du contrat de cautionnement, Proposition de réforme », *in Mélanges Ph. Neau-Leduc*, LGDJ, 2018, p. 437.

ne soit opposée de façon dilatoire, l'article 2305-1, alinéa 2, oblige la caution à indiquer quels biens peuvent être saisis et à avancer les frais de la saisie [1]. Le texte précise alors que, si le créancier omet de poursuivre le débiteur, il répond à l'égard de la caution de l'insolvabilité de celui-ci à concurrence de la valeur des biens utilement indiqués.

Le bénéfice de division ne peut jouer qu'en présence d'une pluralité de cautions pour une même dette et un même débiteur : lorsque le créancier poursuit une caution simple pour la totalité de la dette du débiteur, la caution simple peut, dès les premières poursuites, imposer au créancier de diviser ses poursuites et de ne lui réclamer que sa part de la dette (C. civ., art. 2306). Ainsi si trois cautions garantissent une dette de 150 euros, le créancier devra poursuivre chacune d'elles pour 50 euros. L'article 2306-1, alinéa 2, contient une utile précision relative à l'éventuelle insolvabilité d'une caution : l'insolvabilité d'une caution au jour où la division est invoquée est supportée par les cautions solvables ; en revanche, la caution qui a demandé la division ne pourra plus être recherchée à raison de l'insolvabilité d'une autre, si cette insolvabilité apparaît postérieurement à la demande de division. Le bénéfice de division est donc une nuisance pour les créanciers car il les oblige à multiplier leurs recours contre les cautions. Pour éviter ces inconvénients, les créanciers stipulent des clauses de solidarité.

37 **Cautionnement solidaire.** L'article 1310 rappelle que « la solidarité ne se présume point ; il faut qu'elle soit expressément stipulée ». Faisant écho à ce texte du régime général de l'obligation, l'article 2290 dispose que « la solidarité peut être stipulée entre la caution et le débiteur principal, entre les cautions, ou entre tous ». Le texte rappelle ainsi que la solidarité peut s'appliquer dans plusieurs rapports d'obligation : elle peut, pour reprendre les termes du rapport fait au président de la République, être verticale (stipulée entre la caution et le débiteur principal), horizontale (stipulée entre les cautions), ou les deux. Dans tous les cas, une stipulation dénuée d'équivoque est donc nécessaire pour les cautionnements civils. En revanche, la solidarité est présumée dès lors que le

1. Civ. 2e, 23 oct. 2008, *D.* 2008. 2802, obs. I. Gallmeister ; *JCP* 2009. I, p. 150, n° 1, obs. Ph. Simler.

cautionnement est commercial (v. ss 39 s.). Le créancier bénéficie alors des effets principaux et secondaires de la solidarité [1]. Cautions et débiteurs sont pour le créancier assimilés à des codébiteurs solidaires. La caution ne peut donc opposer au créancier ni le bénéfice de discussion, ni le bénéfice de division. En revanche, sans pouvoir opposer les exceptions purement personnelles au débiteur (C. civ., art. 2313), elle continue de pouvoir lui opposer toutes les exceptions qui sont inhérentes à la dette. Quant aux effets secondaires, ils reposent sur l'idée de représentation des codébiteurs solidaires : ainsi la mise en demeure adressée à la caution ou au débiteur vaut à l'égard des deux ; l'interruption de la prescription à l'égard de l'un vaut à l'égard de l'autre ; l'autorité de la chose jugée à l'égard de l'un s'impose à l'autre.

L'article 2297 du Code civil impose une mention manuscrite spéciale pour les cautionnements solidaires : « Si la caution est privée des bénéfices de discussion ou de division, elle reconnaît dans cette mention ne pouvoir exiger du créancier qu'il poursuive d'abord le débiteur ou qu'il divise ses poursuites entre les cautions. » Si cette mention ne figure pas dans le cautionnement, la sanction est que le cautionnement redevient simple : « À défaut, elle (la caution) conserve le droit de se prévaloir de ces bénéfices. »

§ 3. Cautionnement civil et commercial

38 **Intérêt de la distinction.** Lorsque le cautionnement est utilisé dans une relation d'affaires, il se teinte de certains traits caractéristiques de toute opération commerciale : la juridiction compétente en cas de litige est le tribunal de commerce, la solidarité est de droit. Cette distinction présentait aussi, avant la réforme du 12 juillet 1980, l'intérêt de faire échapper le cautionnement commercial aux exigences de l'article 1326 du Code civil devenu l'article 1376 depuis l'ordonnance du 10 février 2016. Depuis cette date, l'article 109, devenu L. 110-3, du Code de commerce, dispose que le principe de la preuve par tous moyens ne vaut qu'« à l'égard

1. R. Cabrillac, *Droit des obligations*, 11e éd., Dalloz, coll. « Cours », 2014, nos 360 s.

des commerçants ». Le non-commerçant qui se porte caution reste donc soumis à l'article 1376, même si le cautionnement est commercial [1].

39 **Critères de distinction.** Il existait, avant la réforme, quatre hypothèses dans lesquelles le cautionnement devenait commercial :

– lorsqu'il était par nature un acte de commerce (cautionnement donné par un établissement de crédit, contre rémunération) ;

– lorsqu'il était, par accessoire, un acte de commerce (cautionnement donné par un brasseur à son détaillant pour qu'il obtienne un crédit ; le cautionnement est un accessoire du contrat de fourniture) ;

– lorsqu'il était commercial par la forme (l'aval est ainsi le cautionnement d'un effet de commerce [2]) ;

– le quatrième cas était celui qui suscitait le plus de contentieux. La jurisprudence retenait en effet que « si le cautionnement est par sa nature un contrat civil, il devient un contrat commercial lorsque la caution a un intérêt personnel dans l'affaire à l'occasion de laquelle elle est intervenue [3] ». La qualité de la caution, commerçant ou non, était donc indifférente : seul devait être pris en considération son intérêt personnel. La jurisprudence considérait ainsi que les dirigeants qui se portaient caution de leur société y avaient un intérêt personnel et patrimonial [4] ; en revanche, « le fait que la caution soit l'époux commun en bien de la gérante de la société débitrice principale possédant la moitié du capital social, ne suffit pas à caractériser l'intérêt personnel [5] ». En tout état de

1. Civ. 1re, 18 mai 2004, *D.* 2004. 1665, obs. V. Avena-Robardet ; *RTD com.* 2004. 693, obs. B. Saintourens ; *JCP* 2005. I, p. 135, n° 5, obs. Ph. Simler.
2. La Cour de cassation juge cependant que l'aval constitue un engagement cambiaire gouverné par les règles propres au droit de change et exclusives de celles du cautionnement : Com. 9 oct. 2024, n° 22-14.743, *RD bancaire et fin.* 2024, comm. 144, obs. D. Legeais ; *JCP E* 2025, p. 1055, note Ph. Casson ; *D.* 2025. 43, note Th. Gérard ; *RTD civ.* 2024. 933, obs. Ch. Gijsbers ; *JCP* 2025, p. 457, n° 10, obs. Ph. Simler. Th. Gérard, « L'aval est-il un cautionnement comme les autres ? Éléments de réflexion à l'aune du bénéfice de subrogation », *D.* 2025. 43.
3. Com. 7 juill. 1969, *D.* 1970. 14.
4. Com. 4 oct. 1982, *Bull. civ.* IV, n° 289 ; Com. 21 févr. 2006, *JCP* 2006. I, p. 131, n° 3, obs. Ph. Simler.
5. Civ. 1re, 9 déc. 1992, *D.* 1993, somm. 311, note L. Aynès.

cause, la qualification de cautionnement commercial n'emportait pas automatiquement la qualité de commerçant pour la caution [1].

40 **Appréciation. Apport de la réforme.** Cette distinction entre le cautionnement civil et commercial était souvent critiquée [2] en raison de sa malléabilité [3] : reposant uniquement sur l'appréciation du juge du fond, elle exposait le créancier à se voir opposer une exception d'incompétence, quelle que soit la juridiction devant laquelle il assignait la caution. Il lui fallait alors diviser ses poursuites et assigner devant des juridictions différentes débiteur et caution(s). Soucieux de mettre un terme aux incertitudes attachées à la jurisprudence, l'avant-projet de réforme de l'Association Capitant prévoyait que le « cautionnement par un non-commerçant d'une dette commerciale est civil » (Avant-Projet, art. 2290, al. 2). La réforme de 2021 a enrichi l'article L. 110-1 du Code de commerce d'un 11° qui répute acte de commerce « entre toutes personnes, les cautionnements de dettes commerciales ». La règle nouvelle permet d'éviter les incertitudes du contentieux relatif à l'intérêt patrimonial personnel et de soumettre à la même juridiction les litiges relatifs au cautionnement. Comme le précise le rapport fait au président de la République, « cette modification répond à un objectif de bonne administration de la justice, en permettant que le tribunal de commerce soit saisi à la fois du contentieux relatif à la dette principale et de celui relatif au cautionnement ».

La réforme de 2021 contient également une utile précision à propos de l'éventuelle stipulation d'une clause compromissoire. L'article L. 721-3 du Code de commerce, qui prévoit que « les parties peuvent, au moment où elles contractent, convenir de soumettre à l'arbitrage les contestations » énumérées par ce texte, est complété par la phrase suivante : « Par exception, lorsque le cautionnement d'une dette commerciale n'a pas été souscrit dans le

1. Com. 25 mars 1997, *Bull. civ.* IV, n° 79.

2. Ph. Simler, Ph. Delebecque, n° 43 ; Y. Picod, n° 13 ; Ph. Malaurie, L. Aynès, P. Crocq, n° 234 ; v. cependant, M. et S. Cabrillac, Ch. Mouly, Ph. Pétel, n° 75.

3. Par ex., Com. 3 oct. 2018, n° 17-19.841, *Gaz. Pal.* 19 févr. 2019, p. 22, obs. M.-P. Dumont-Lefrand ; *Defrénois* 2019/25, p. 32, obs. S. Cabrillac : la Cour considère que les juges du fond ont pu retenir que l'activisme de l'épouse, associée mais non dirigeante dans la société de son mari, constituait un intérêt personnel à la réalisation de l'opération principale, rendant ainsi son cautionnement commercial.

cadre de l'activité professionnelle de la caution, la clause compromissoire ne peut être opposée à celle-ci. » La finalité du texte est la suivante : dès lors qu'un acte relève de la compétence du tribunal de commerce en application de l'article L. 721-3, la clause compromissoire est en principe licite ; même si le second alinéa de l'article 2061 du Code civil prévoit que « lorsque l'une des parties n'a pas contracté dans le cadre de son activité professionnelle, la clause (compromissoire) ne peut lui être opposée », la jurisprudence a considéré que l'application de cette disposition et celle du dernier alinéa de l'article L. 721-3 du Code de commerce étaient autonomes [1]. La modification de l'article L. 721-3 précise donc que lorsque le cautionnement d'une dette commerciale n'a pas été souscrit dans le cadre de l'activité professionnelle de la caution, la clause compromissoire ne peut être opposée à celle-ci. Comme le précise le Rapport fait au président de la République, « l'extension de la commercialité du cautionnement n'a pas vocation à conduire à une extension du champ de la clause compromissoire ».

§ 4. Cautionnement donné par une personne physique ou une personne morale

41 **Le droit antérieur.** Le Code civil de 1804 ne comprenait pas de distinction selon que le cautionnement soit donné par une personne physique ou une personne morale. L'évolution du droit avait pourtant conduit à un éclatement des règles en fonction de l'identité de la caution.

Ainsi, de nombreux textes disparates imposaient à la caution personne physique de rédiger, à peine de nullité, une mention manuscrite dont le contenu était prédéterminé par le législateur : c'était le cas pour la caution personne physique garantissant le remboursement d'un crédit soumis au Code de la consommation (C. consom., art. L. 314-15 et L. 314-16, v. ss 83), pour celle qui

1. Civ. 1re, 22 oct. 2014, n° 13-11.568.

s'était engagée envers un créancier professionnel (C. consom., art. L. 331-1 s., v. ss 85) ou encore pour celle qui se portait caution d'un bail d'habitation (v. ss 84).

De même, des textes spéciaux s'appliquaient pour contraindre certains créanciers à informer les cautions personnes physiques de l'évolution de la dette (v. ss 113 s.).

Enfin, d'autres textes sanctionnaient les créanciers professionnels qui avaient laissé s'engager des cautions personnes physiques dans un cautionnement disproportionné par rapport à leurs ressources (v. ss 78 s.).

42 **L'apport de la réforme de 2021.** La réforme de 2021 consacre très clairement la particularité du cautionnement souscrit par une personne physique. Elle doit, à peine de nullité de son engagement, rédiger une mention manuscrite (C. civ., art. 2297, v. ss 89 s.) ; elle doit être mise en garde par le créancier professionnel lorsque l'engagement souscrit par le débiteur est inadapté à ses capacités financières (C. civ., art. 2299, v. ss 58) ; elle doit être informée de l'évolution de la dette ainsi que de la défaillance du débiteur (C. civ., art. 2302 et 2303, v. ss 119) ; elle ne peut être privée du minimum des ressources visé à l'article L. 731-2 du Code de la consommation (C. civ., art. 2307). La réforme protège donc la caution personne physique en dotant le cautionnement auquel elle consent d'un régime propre.

43 **Qui est la caution personne physique ?** On aurait tort de penser que la caution personne physique sera nécessairement un profane, peu penché dans la vie des affaires. Il pourra s'agir du dirigeant d'une société qui s'engage, en qualité de caution, à garantir les dettes de la société qu'il dirige. La réforme de 2021 fait donc bénéficier ces cautions personnes physiques averties de la même protection que les personnes physiques réellement profanes.

§ 5. Les montages

44 **Objectifs à satisfaire.** La liberté contractuelle permet de créer des montages complexes venant se greffer sur l'opération de cautionnement. Ces montages peuvent se justifier par l'amélioration de la situation du créancier (A) ou de la caution (B).

A. Améliorer la position du créancier

45 **Cautionnement hypothécaire/cautionnement réel.** Par un cautionnement hypothécaire, le créancier bénéficie, outre son droit de gage général sur les biens de la caution, d'un droit de préférence portant sur l'un des biens de la caution. Le cautionnement hypothécaire demeure donc une sûreté personnelle puisqu'il y a adjonction d'un patrimoine au patrimoine du débiteur principal.

Il se distingue ainsi du cautionnement réel : la caution réelle se contente d'affecter un de ses biens à la garantie de la dette du débiteur. La nature juridique du cautionnement réel a fait l'objet de nombreuses polémiques [1]. Pour certains auteurs, la caution réelle ne s'est pas personnellement engagée ; elle n'est tenue que réellement. Dès lors, si le créancier se retourne vers elle, il ne pourra saisir que le bien affecté en garantie (v. ss 351). Pour d'autres auteurs, la caution réelle est tenue personnellement à hauteur de la valeur du bien affecté en garantie. Le créancier peut donc saisir tous les biens de la caution, dans la limite de la valeur du bien considéré. Dans le silence des parties, la Cour de cassation avait, dans un premier temps, nettement opté pour la seconde conception [2]. Puis une divergence s'était installée entre la première chambre civile et la chambre commerciale : jugeant en effet que le nantissement d'un fonds de commerce consenti en garantie de la dette d'un tiers est une sûreté réelle qui n'a pas pour effet de faire peser sur le propriétaire de ce fonds une obligation personnelle au paiement de la dette [3], la chambre commerciale s'éloignait de la position de la première chambre civile qui maintenait l'analyse mixte du cautionnement réel [4]. Une Chambre mixte avait alors jugé qu'« une sûreté réelle consentie pour garantir la dette d'un tiers n'implique aucun engagement personnel

1. J. François, « L'obligation de la caution réelle », *Defrénois* 2002, p. 1208 ; F. Sauvage, « Le cautionnement (ir)réel ou de quelques difficultés pratiques liées à l'émergence de l'engagement personnel de la caution réelle », *RDBF* 2003, p. 523.
2. Civ. 1re, 15 mai 2002, *D.* 2002. 1780, note C. Barberot, somm. 3337, obs. L. Aynès ; *RTD civ.* 2002. 546, obs. P. Crocq ; *JCP* 2002. II, p. 10109, concl. C. Petit, note S. Piedelièvre, I. 167, n° 3, obs. Ph. Simler ; Com. 13 nov. 2002, *RTD civ.* 2003. 128, obs. P. Crocq ; *RDC* 2003, p. 170, obs. M. Grimaldi.
3. Com. 24 sept. 2003, *JCP* 2004. I, p. 141, n° 5, obs. Ph. Simler.
4. Civ. 1re, 9 nov. 2004, *D.* 2005. 723, note G. Ahouandogbo, 2080, obs. P. Crocq ; *LPA* 28-29 mars 2005, note D. Houtcieff.

à satisfaire l'obligation d'autrui [1] ». Ce qui était appelé « cautionnement réel » n'était plus un cautionnement [2]. Cette solution rejoignait celle préconisée par l'avant-projet de réforme porté par l'Association Capitant : « Le cautionnement réel est une sûreté réelle constituée pour garantir la dette d'autrui. Le créancier n'a d'action que sur le bien qui en forme l'objet » (Avant-projet, art. 2291). L'article 2235 issu de la réforme de 2021 confirme cette évolution : « La sûreté réelle conventionnelle peut être constituée par le débiteur ou par un tiers. Lorsqu'elle est constituée par un tiers, le créancier n'a d'action que sur le bien affecté en garantie. »

46 **Conséquences de la qualification retenue.** Le « cautionnement réel » relève donc en réalité des sûretés réelles. L'ordonnance de 2021 admet cependant une certaine porosité entre le droit du cautionnement et les sûretés réelles constituées pour autrui. La jurisprudence avait en effet considéré que, puisque le cautionnement réel n'était pas un cautionnement, il ne pouvait se voir appliquer les dispositions propres à ce contrat. Ainsi, l'exigence de proportionnalité, si elle concerne le cautionnement (v. ss 78), reste sans application au « cautionnement » réel : « La sûreté réelle consentie pour garantir la dette d'un tiers, n'impliquant aucun engagement à satisfaire l'obligation d'autrui, n'est pas un cautionnement et, limitée au bien hypothéquée, elle est nécessairement proportionnée aux facultés contributives de son souscripteur [3]. » De même, et pour les mêmes raisons, le créancier n'est tenu d'aucun devoir de mise en garde envers le constituant d'un cautionnement réel ou d'une sûreté réelle [4] et le bénéfice de division et de discussion ne profite pas à la

1. Cass., ch. mixte, 2 déc. 2005, *D.* 2006. 2856, obs. P. Crocq ; *JCP* 2005. II, p. 10183, note Ph. Simler ; *D.* 2006. 729, avis J. Sainte-Rose et 733, note L. Aynès ; *Dr. et patr.* 2/2006, p. 128, obs. Ph. Dupichot ; *RTD civ.* 2006. 357, obs. B. Vareille, 594, obs. P. Crocq ; *RTD com.* 2006. 465, obs. D. Legeais.

2. Civ. 1re, 7 févr. 2006, *D.* 2006. 574, obs. V. Avena-Robardet ; Com. 28 févr. 2006, *JCP* 2006. I, p. 195, obs. Ph. Simler.

3. Civ. 1re, 7 mai 2008, *RDC* 2008, obs. A. Aynès ; *Dr. et patr.* 10/2008, p. 95, obs. L. Aynès et Ph. Dupichot ; *RDBF* 2008, comm. 136, obs. D. Legeais ; *JCP* 2008. I, p. 211, n° 16, obs. Ph. Delebecque ; plus largement, A. Gallois, « Quelle proportionnalité pour les sûretés réelles », *D.* 2010. 335.

4. Com. 24 mars 2009, *JCP E* 2009, p. 1399, note D. Legeais ; *D.* 2009. 943, obs. V. Avéna-Robardet ; *JCP* 2009. I, p. 150, n° 7, obs. Ph. Simler ; *Dr. et patr.* 12/2009, p. 98, obs. L. Aynès ; Civ. 1re, 11 janv. 2017, n° 15-25.495.

caution réelle (v. ss 36)[1]. Allant plus loin, la Cour avait également jugé que le bénéfice de subrogation n'était pas applicable à la caution réelle[2]. Cohérente avec la qualification retenue, cette solution était néanmoins critiquée puisque la caution réelle s'expose aux mêmes risques que la caution personnelle et devrait, à ce titre, bénéficier de certaines protections[3]. La réforme de 2021 entend briser cette jurisprudence : l'article 2235, alinéa 2, dispose désormais que « les dispositions des articles 2299, 2302 à 2305-1, 2308 à 2312 et 2314 sont alors applicables (au cautionnement réel) ». Le Rapport au président de la République précise que « la nature de sûreté réelle de cette figure est ainsi réaffirmée conformément à la jurisprudence actuelle et dans un souci de sécurité juridique [...] En revanche, en rupture avec le droit antérieur, cette sûreté se voit appliquer un certain nombre de règles protectrices de la caution. » Concrètement, le devoir de mise en garde (C. civ., art. 2299), le devoir d'information et le bénéfice de discussion (C. civ., art. 2302 à 2305-1), les recours personnels et subrogatoires (C. civ., art. 2308 à 2312) et le bénéfice de subrogation (C. civ., art. 2314) seront applicables aux constituants de sûretés réelles pour le compte d'autrui, même si ces textes appartiennent au droit du cautionnement[4]. Il y a là en germe la construction d'un régime juridique des sûretés pour autrui[5].

1. Civ. 1re, 25 nov. 2015, n° 14-21.332.
2. Civ. 3e, 12 avr. 2018, n° 17-17.542 ; *JCP E* 2018, p. 1302, note D. Legeais ; *D.* 2018. 1540, note A. Gouëzel ; *JCP* 2018, p. 670, note A. Aynès ; *D.* 2018. 1184, obs. P. Crocq ; *RTD civ.* 2018. 461, obs. P. Crocq ; *Gaz. Pal.* 26 juin 2018, p. 35, obs. C. Albiges, et 12 juin 2018, p. 71, obs. M. Bourassin ; *Banque et Dr.* 2018, n° 179, p. 61, obs. F. Jacob ; *RPC* 2018, p. 114, obs. C. Gijsbers ; *RDBF* mai-juin 2018, p. 64, obs. D. Legeais ; *RDC* 2018, p. 371, obs. D. Houtcieff ; *JCP* 2018, p. 1221, n° 10, obs. Ph. Simler : « Ayant retenu à bon droit que la sûreté réelle consentie par M. X pour garantir la dette de la société SGC, laquelle n'impliquait aucun engagement personnel à satisfaire à l'obligation d'autrui, n'était pas un cautionnement, de sorte que l'article 2314 du Code civil n'était pas applicable, la cour d'appel en a déduit à bon droit que la demande de mainlevée devait être rejetée. »
3. Ch. Pillet, « Assimilation du cautionnement réel au cautionnement : nature des choses ou expédient ? », *JCP* 2019, p. 449.
4. La Cour de cassation n'entend pas s'inspirer de ces textes nouveaux pour les cautionnements souscrits avant la réforme de 2021 : Com. 5 avr. 2023, nos 21-18.531, 21-18.532, 21-14.166, *D.* 2023. 991, note J.-D. Pellier, et 1282, obs. A. Leborgne et J.-D. Pellier ; *JCP E* 2023, p. 711, note Ph. Simler ; *D.* 2023. 1765, n° 22, obs. C. Gijsbers ; Com. 4 oct. 2023, n° 21-25.009, *D.* 2024. 1793, n° 2, obs. Ch. Gijsbers ; *Gaz. Pal.* 2024, n° 14, p. 7, obs. M.-P. Dumont.
5. A. Aynès, « Quelques aspects du régime juridique des sûretés réelles pour autrui », *Liber Amicorum Christian Larroumet*, Économica, 2009, p. 1 ; J.-D. Pellier, « La poursuite de la construction d'un régime des sûretés pour autrui. À propos de la modification de l'article L. 643-11 du Code de commerce par l'ordonnance du 12 mars 2014 », *D.* 2014. 1054.

Ensuite, le « cautionnement » réel, même s'il n'est pas un cautionnement, en épouse parfois le régime. Tel est le cas dans les procédures collectives puisque l'ordonnance du 18 décembre 2008 a soumis au même sort les « personnes co-obligées, ou ayant consenti une sûreté personnelle, ou ayant affecté ou cédé un bien en garantie » pour ce qui concerne les délais et remises de dettes faits au débiteur principal (v. ss 109 et 146)[1]. Cet alignement se justifie par le souci de ne pas pénaliser le dirigeant d'entreprise qui a apporté une sûreté, quelle qu'en soit la nature, en garantie des dettes de sa société.

47 **Certification de caution.** Envisagée par l'article 2291, la certification de caution est un cautionnement de la caution en faveur du même créancier : « On peut se porter caution, envers le créancier, de la personne qui a cautionné le débiteur principal. » Ayant recouru au cautionnement parce qu'il craignait l'insolvabilité du débiteur, le créancier recourt au certificateur de caution parce qu'il craint l'insolvabilité de la caution. Le certificateur ne garantit donc pas la dette principale mais uniquement l'engagement de la caution : sa validité, son étendue s'apprécient donc par rapport à elle. Cette figure demeure assez rare et le créancier a plutôt intérêt à exiger un engagement solidaire de plusieurs cofidéjusseurs.

B. Améliorer la position de la caution

48 **Sous-cautionnement.** La caution, si elle est amenée à payer à la place du débiteur, se retournera contre lui. Elle peut alors craindre son insolvabilité. Pour pallier ce risque, elle peut exiger du débiteur qu'il lui fournisse une caution garantissant le remboursement des sommes versées par la caution, pour le compte du débiteur[2]. L'article 2291-1 dispose alors que « le sous-cautionnement est le contrat par lequel une personne s'oblige envers la caution à lui payer ce que peut lui devoir le débiteur à raison du cautionnement ».

1. *RLDC* 2009. 3300, obs. G. Marraud des Grottes ; *Dr. et patr.* 4/2009, p. 129, obs. Ph. Dupichot.
2. V. par ex., Civ. 1re, 4 déc. 2001, Com. 11 déc. 2001, *JCP* 2002. I, p. 120, n° 1, obs. Ph. Simler. Voir avant-projet de réforme de l'Association Capitant, art. 2293 : « le sous-cautionnement est l'engagement par lequel une personne s'oblige envers la caution à lui payer ce que peut lui devoir le débiteur à raison du cautionnement ».

Les deux cautionnements sont totalement indépendants l'un de l'autre de sorte que le créancier ne bénéficie d'aucune action directe contre la sous-caution [1]. La caution, qui n'est pas dispensateur et n'est donc tenue à aucun devoir de mise en garde à l'égard de la sous-caution quant au risque d'endettement excessif du débiteur [2], ne saurait en revanche exercer un recours anticipé contre la sous-caution avant d'avoir payé le créancier principal [3]. Quant à elle, la sous-caution ne peut opposer à la caution des exceptions tirées du rapport principal entre le créancier et le débiteur [4]. Elle pourrait en revanche s'opposer à l'action de la caution en se prévalant l'extinction de son recours personnel en raison, par exemple, de l'absence de déclaration de sa créance dans la procédure collective ouverte contre le débiteur [5].

1. Com. 17 mai 2017, n° 15-18.460 ; *Gaz. Pal.* 27 juin 2017, p. 22, obs. M.-P. Dumont-Lefrand ; *JCP* 2017, p. 1239, n° 11, obs. Ph. Simler ; *RTD civ.* 2017. 657, obs. H. Barbier : « La sous-caution ne garantit pas la dette du débiteur principal envers le créancier, mais la dette de remboursement du débiteur principal envers la caution qui a payé à sa place le créancier, de sorte que, ce dernier n'étant titulaire d'aucun droit contre la sous-caution qu'il aurait pu transmettre par voie de subrogation, sa déclaration de créance au passif du débiteur principal ne peut profiter à la caution lorsqu'elle exerce son recours contre la sous-caution. »
2. Com. 2 avr. 2025, n° 23-22.311, *D.* 2025. 1043, note S. Cacioppo.
3. Ch. Mouly, « Les recours anticipés de la caution contre la sous-caution », *JCP* 1980. I, p. 2985 ; v. ss 129.
4. Com. 27 mai 2008, *D.* 2008. 2399, note O. Gout.
5. Civ. 1re, 7 mai 2002, *D.* 2002. 1902, obs. A. Lienhard ; *JCP* 2002. I, p. 162, n° 12, obs. Ph. Simler ; la réforme des procédures collectives, prévoyant désormais que le défaut de déclaration n'emporte plus extinction de la créance (C. com., art. L. 622-26), devrait supprimer ce contentieux.

CHAPITRE 1

Le déclenchement du cautionnement

49 **Consensualisme/formalisme.** Parce qu'il est en principe consensuel, le cautionnement n'obéit à aucune condition de forme. Cependant, dans un souci de renforcer la protection de la caution en lui faisant prendre conscience de l'importance de son engagement, des textes dérogatoires avaient exigé des conditions de forme particulières. La réforme de 2021 les a synthétisées dans un nouvel article qui ne concerne que les cautions personnes physiques. Il y a donc lieu de distinguer entre les conditions de fond qui sont exigées pour tous les cautionnements (Section 1) et les conditions de forme (qui sont exigées lorsque la caution est une personne physique) et de preuve (Section 2).

SECTION 1

Les conditions de fond du cautionnement

50 **Code civil, article 1128.** Comme tous les contrats, le cautionnement doit respecter les trois conditions de validité énumérées à

l'article 1128 du Code civil : le consentement (§ 1), le contenu (§ 2) et la capacité (§ 3). De manière plus spécifique, le cautionnement doit également respecter une exigence de proportionnalité entre l'engagement de la caution et ses biens et revenus (§ 4).

§ 1. Le consentement de la caution

51 **Plan.** Deux remarques préalables doivent être faites : d'abord, le cautionnement, s'il repose sur un accord de volontés, ne fait naître d'obligations qu'à la charge de la caution. Il est donc normal que son propre consentement soit scruté avec le plus d'attention. Ensuite, le consentement de la caution ne mérite d'être examiné que dans la relation caution/créancier. S'il est probable qu'un accord intervienne entre la caution et le débiteur, cet accord ne revêt aucun caractère essentiel : en témoigne l'article 2288, alinéa 2, du Code civil disposant que la caution peut s'obliger à l'insu du débiteur. Le consentement de la caution s'illustre à travers les vices desquels il peut être affecté : si l'erreur (A), le dol (B) et la violence (C) sont des vices classiques, la réforme de 2021 a amené une importante nouveauté avec la création d'un devoir de mise en garde de la caution personne physique (D).

A. L'erreur

52 **Erreur sur la substance de l'engagement.** L'erreur sur la substance est une erreur de la caution sur la nature de son engagement : elle croyait n'avoir pris qu'un engagement moral, la voici tenue. Une telle argumentation est rarement admise par les tribunaux parce que l'économie du cautionnement reste aisément accessible ; l'admettre reviendrait à enlever toute sécurité au cautionnement. Pourtant, dans des situations exceptionnelles liées à l'analphabétisme des cautions, l'erreur sur la substance de leur engagement a pu être admise [1].

1. Civ. 1re, 25 mai 1964, *D.* 1964. 626.

53 **Erreur sur la solvabilité du débiteur.** Si l'on rencontre de rares hypothèses d'erreur sur la personne du débiteur [1], les cautions soulèvent plus fréquemment une erreur sur la solvabilité du débiteur principal. Ce n'est pas sa solvabilité future qui est en jeu puisque l'objet du contrat de cautionnement est justement d'y répondre [2] ; c'est sa solvabilité présente qui est visée : si la caution avait su que le débiteur était insolvable au jour du cautionnement, elle ne se serait pas engagée. La Cour de cassation admet une telle possibilité : elle exige cependant que la caution démontre qu'elle avait fait de la solvabilité présente du débiteur une condition de son engagement [3]. Une telle exigence semble irréaliste car on imagine difficilement que la caution puisse expressément conditionner son engagement à la solvabilité du débiteur sans éveiller la méfiance du créancier [4].

54 **Erreur sur l'existence d'autres garanties.** Lorsqu'une caution démontre que l'existence d'autres garanties, qui se sont révélées inexistantes, était une condition déterminante de son propre engagement, elle pourra soutenir avoir été victime d'une erreur [5]. Le contentieux concerne fréquemment les garanties pouvant être

1. Com. 19 nov. 2003, *D.* 2004. 60, note V. Avena-Robardet ; *JCP* 2004. I, p. 141, obs. Ph. Simler ; *RLDC* févr. 2004. 23, obs. G. Marraud des Grottes : en l'espèce, la caution ignorait que le débiteur ne pouvait exercer une activité commerciale.

2. Civ. 1re, 13 nov. 1990, *RTD civ.* 1991. 149, obs. M. Bandrac : « L'erreur d'appréciation commise par la caution sur les possibilités de croissance du fonds de commerce exploité par le débiteur ne porte sur la substance de son engagement de caution. »

3. Civ. 1re, 19 mars 1985, *D.* 1987, somm. 446, obs. L. Aynès ; Civ. 1re, 5 févr. 2009, *JCP* 2009. I, p. 150, n° 2, obs. Ph. Simler ; Com. 9 oct. 2024, n° 23-15.346, *JCP* 2025, p. 457, n° 1, obs. Ph. Simler, rapp. à propos d'une erreur sur l'existence d'autres sûretés, Civ. 1re, 1er juill. 1997, *Defrénois* 1997, p. 1425, obs. L. Aynès.

4. Ph. Théry, n° 38 ; v. cependant, amorçant une évolution, Com. 1er oct. 2002, *JCP* 2003. I, p. 124, n° 3, obs. Ph. Simler ; *JCP* 2003. II, p. 10072, note F. Buy ; *D.* 2003. 1617, note Y. Picod ; *RTD civ.* 2003. 322, obs. P. Crocq ; *Defrénois* 2003, p. 417, obs. Ph. Théry.

5. Erreur liée au rang d'une hypothèque souscrite en complément du cautionnement : Civ. 1re, 1er juill. 1997, n° 95-12.163, *D.* 1999. 181, note V. Brémond ; *RTD civ.* 1997. 970, obs. M. Bandrac. Erreur résultant de l'annulation des autres cautionnements souscrits : Com. 30 nov. 2010, n° 09-16.709, *RTD civ.* 2011. 120, obs. B. Fages ; Com. 18 mars 2014, n° 13-11.773, *RDC* 2014, p. 407, obs. A.-S. Barthez ; *JCP* 2014, p. 635, n° 2, obs. Ph. Simler. Erreur résultant de la libération d'un cofidéjusseur dont le cautionnement a été jugé disproportionné : Com. 11 mars 2020, n° 18-19.695, *JCP* 2020, p. 1052, n° 2, obs. Ph. Simler ; *RDC* 2020/3, p. 52, obs. D. Houtcieff ; *D.* 2020. 1917, obs. Ch. Gijsbers ; Com. 21 juin 2023, n° 22-11.439, *D.* 2023. 1765, obs. J.-J. Ansault.

données par Bpifrance, anciennement appelée Oséo [1]. Cette société n'intervient pas comme cofidéjusseur mais au titre du risque final dès lors que l'intégralité de la dette n'est pas payée par la caution au débiteur. Si des arrêts avaient admis que la caution pouvait obtenir l'annulation de son engagement pour erreur sur le caractère subsidiaire de la garantie Oséo [2], la jurisprudence s'est durcie en rejetant les arguments des cautions fondées sur l'ignorance du fonctionnement de la garantie BpiFrance [3].

B. Le dol

55 **Dol du débiteur ?** Le dol peut être dû à des manœuvres ou des dissimulations du débiteur : il trouve alors une personne qui accepte de se porter caution pour lui mais il ne lui révèle pas sa véritable situation. En de telles hypothèses, la jurisprudence refuse d'admettre la présence d'un dol. L'article 1137 du Code civil exige en effet que les manœuvres soient pratiquées par l'une des parties. Or, le débiteur n'est pas partie au contrat de cautionnement, ce qui empêche de retenir la qualification de dol [4].

56 **Dol du créancier.** Lorsque les manœuvres ou les réticences émanent du créancier, aucun obstacle ne s'oppose alors à la qualification de dol. Ainsi, lorsque la banque n'aura pas indiqué à la caution la situation irrémédiablement compromise du débiteur [5] ou lorsqu'un crédit-bailleur aura laissé s'engager des cautions sans les informer du

1. D. Legeais, « Portée de l'intervention de Bpifrance (ex. Oséo) pour les financements et leur cautionnement », *JCP E* 2016, p. 1532.
2. Com. 22 sept. 2015, nº 14-17.671, *Gaz. Pal.* 9 déc. 2015, p. 14, obs. Ch. Albigès ; *JCP* 2015, p. 1261, nº 5, obs. Y.-M. Serinet.
3. Com. 14 nov. 2019, nº 18-18.579, *D.* 2020. 1917, obs. Ch. Gijsbers ; *Defrénois* 25 juin 2020, p. 30, obs. S. Cabrillac ; *Gaz. Pal.* 18 févr. 2020, p. 31, obs. Ch. Albigès ; Com. 17 févr. 2021, nº 19-16.673, *D.* 2021. 1917, obs. Ch. Gijsbers.
4. V. cependant, Com. 29 mai 2001, *RDBF* 2001, p. 228, obs. D. Legeais ; *RTD civ.* 2001. 920, obs. P. Crocq ; Com. 13 nov. 2002, *D.* 2003. 684, note B. Roman ; *RTD civ.* 2003. 322, obs. P. Crocq ; M. Verbier, « Cautionnement et dol du débiteur », *Rev. jur. Océan Indien* mai 2002, p. 127.
5. Civ. 1re, 16 mai 1995, *JCP* 1996. II, p. 22736, note F.-X. Lucas ; Civ. 1re, 13 mai 2003, *LPA* 24 nov. 2003, p. 3, note D. Houtcieff ; *D.* 2003. 2308, note V. Avena-Robardet ; *JCP* 2003. II, p. 10144, note R. Desgorces ; *D.* 2004. 262, note E. Mazuyer ; Com. 16 mars 2010, *JCP* 2010, p. 708, nº 1, obs. Ph. Simler.

caractère non viable de l'opération [1], ils auront commis un dol à l'encontre de la caution, justifiant l'annulation de son engagement. Ces hypothèses peuvent être rapprochées de la faute que commet le banquier en laissant une caution s'engager pour un montant disproportionné par rapport à ses ressources (v. ss 78).

C. La violence

57 À la différence du dol, la violence peut émaner d'une partie ou d'un tiers. Des arrêts ont ainsi annulé des contrats de cautionnement souscrits par une caution victime d'une contrainte morale qu'elle aurait subie [2]. Toutefois, la Cour de cassation demeure vigilante à ne pas l'admettre trop facilement : par exemple, les appels incessants du banquier pour signer le contrat de cautionnement afin de pouvoir débloquer des fonds n'ont pas été jugés constitutifs d'un vice de violence [3]. De même, l'invocation par les cautions de la situation de dépendance dans laquelle elles se trouveraient à l'égard de leur banque a été rejetée [4].

D. Le devoir de mise en garde

58 L'article 2299, alinéa 1er, du Code civil dispose que « le créancier professionnel est tenu de mettre en garde la caution personne physique lorsque l'engagement du débiteur principal est inadapté aux capacités financières de ce dernier ». On appliquera ici les règles du droit commun de la preuve : ce sera à la caution à démontrer que le devoir de mise en garde devait s'appliquer (en d'autres termes que l'engagement souscrit par le débiteur était inadapté à ses capacités financières) et, une fois cette preuve apportée, au créancier professionnel à démontrer qu'il avait effectivement mis en garde la

1. Com. 23 juin 1998, *CCC* 1998, p. 126, obs. L. Leveneur ; Com. 20 sept. 2005, *D.* 2005. 2588, obs. X. Delpech ; *D.* 2006. 2863, obs. P. Crocq.
2. Com. 28 mai 1991, *D.* 1991. 385, obs. L. Aynès ; *D.* 1991. 166, note P. Morvan ; *RTD civ.* 1991. 773, obs. M. Bandrac ; *RTD civ.* 1992. 85, obs. J. Mestre.
3. Com. 22 janv. 2013, n° 11-17.954, *Gaz. Pal.* 30 mars 2013, p. 17, obs. Ch. Albigès.
4. Com. 21 sept. 2022, n° 21-12.218, *RTD civ.* 2022. 884, obs. H. Barbier ; *RTD civ.* 2022. 947, obs. Ch. Gijsbers.

caution[1]. Outre ces questions probatoires, ce texte, apport majeur de la réforme, appelle des précisions sur l'objet du devoir de mise en garde, son champ d'application et sa sanction.

Le devoir de mise en garde porte seulement sur le caractère excessif du crédit par rapport aux capacités financières du débiteur principal. La jurisprudence antérieure décidait pourtant que le devoir de mise en garde portait également sur le caractère disproportionné du cautionnement par rapport aux capacités financières de la caution[2]. On mesure par là la quête de clarté et de lisibilité poursuivie par le législateur puisque la coexistence de deux corps de règles était source de complexité et de contentieux. L'éventuelle disproportion du cautionnement pourra donc être mobilisée sans passer par le questionnement sur la correcte exécution du devoir de mise en garde.

Le champ d'application du devoir de mise en garde est également précisé par le texte : il ne concerne que les rapports entre les cautions personnes physiques et les créanciers professionnels. L'expression « créancier professionnel » est plus large que le seul établissement bancaire puisqu'il a été retenu qu'était un créancier professionnel tout contractant dont la créance était née à l'occasion de sa profession (v. ss 86). L'expression « caution personne physique » abolit la distinction retenue par la jurisprudence entre les cautions profanes et averties. Toutes les personnes physiques, quelles que soient leurs compétence et qualité, bénéficient du texte. Les dirigeants sociaux sont donc bénéficiaires du devoir de mise en garde. En revanche, les cautions personnes morales non averties ne le sont pas.

L'article 2299, alinéa 2, dispose que « à défaut, le créancier est déchu de son droit contre la caution à hauteur du préjudice subi par celle-ci ». Le texte modifie là encore sensiblement l'état du droit antérieur. La jurisprudence retenait en effet que le défaut de mise en garde était sanctionné par l'allocation de dommages-intérêts destinés à réparer un préjudice de perte de chance de ne

1. Com. 9 mars 2022, n° 20-16.277, *D.* 2022. 1724, n° 8, obs. Ch. Gijsbers.
2. Com. 15 nov. 2017, n° 16-16.790 : *D.* 2017. 2573, note C. Albiges ; *D.* 2018. 1884, obs. P. Crocq ; *RTD civ.* 2018. 185, obs. P. Crocq ; *CCC* 2018, comm. 21, obs. L. Leveneur.

pas contracter [1], lesquels se compensaient avec la dette de la caution. La nouvelle sanction permet d'éviter les difficultés liées au mécanisme de la compensation : on considérait en effet que la caution avait exécuté son obligation en totalité, fût-ce par compensation, ce qui lui permettait de recourir contre le débiteur pour la totalité de la dette garantie. Le recours à la déchéance permet donc plus de cohérence.

§ 2. Le contenu du cautionnement

59 **Notion de contenu du contrat.** Les articles 1162 et suivants du Code civil ont remplacé les notions d'objet et de cause pour leur préférer l'expression, moins obscure, de contenu du contrat. Même si ces notions ont formellement disparu, elles seront utilisées ici pour évoquer successivement les débats qu'occasionnent l'objet (A) et la cause (B) du cautionnement.

A. « L'objet » du cautionnement

60 L'objet du cautionnement peut être entendu de deux façons différentes. S'intéressant à l'objet du contrat, la notion permet de distinguer le cautionnement de mécanismes voisins : l'objet du cautionnement étant de fournir au créancier une garantie accessoire, il se distingue, par exemple, de la lettre d'intention ou de la garantie indépendante (v. ss 33 et 176 s.). S'intéressant à l'objet de l'obligation, la notion permet de réaffirmer le caractère accessoire du cautionnement : l'objet de l'obligation de la caution est la dette même du débiteur. L'article 2292 dispose que « le cautionnement peut garantir une ou plusieurs obligations, présentes ou futures, déterminées ou déterminables ». La question de l'objet épouse donc celle de l'étendue de l'obligation de la caution [2]. Si le caractère

1. Com. 20 oct. 2009, n° 08-20.274, *D.* 2009. 2971, note D. Houtcieff ; *D.* 2009. 2607, obs. X. Delpech ; *JCP* 2009, p. 422, note L. Dumoulin ; *JCP E* 2009, p. 2053, note D. Legeais ; Com. 12 juill. 2017, n° 16-10.793, *D.* 2017. 2020, note J. Lasserre Capdeville ; *D.* 2018. 2106, obs. D. R. Martin et H. Synvet ; *AJ contrat* 2017. 433, obs. D. Houtcieff ; *Rev. sociétés* 2017. 527, obs. P. Roussel Galle ; *RTD com.* 2017. 669, obs. D. Legeais.

2. D. Com, *L'étendue du cautionnement*, PUAM, 1999, préf. J. Mestre.

accessoire du cautionnement implique certaines conséquences générales (1), l'étendue de l'obligation de la caution varie dans le cautionnement de dettes présentes ou futures (2) et dans le cautionnement indéfini ou limité (3).

1. Conséquences du caractère accessoire

61 **Principe.** Le principe repose sur l'identité de la dette de la caution et du débiteur principal. Cette idée irrigue plusieurs textes du Code. L'article 2293 du Code civil dispose que « le cautionnement ne peut exister que sur une obligation valable ». Le cautionnement d'une obligation nulle est alors sans effet (sur le régime de cette nullité, v. ss 143). L'article 2296, alinéa 1er dispose que « le cautionnement ne peut excéder ce qui est dû par le débiteur, ni être contracté sous des conditions plus onéreuses, sous peine d'être réduit à la mesure de l'obligation garantie ». L'article 2295 dispose que « sauf clause contraire, le cautionnement s'étend aux intérêts et autres accessoires de l'obligation garantie, ainsi qu'aux frais de la première demande, et à tous ceux postérieurs à la dénonciation qui en est faite à la caution ». Il y a donc une symétrie entre les obligations du débiteur et de la caution. Cette symétrie explique que, pour que le cautionnement soit valable, le débiteur principal [1] et la dette garantie soient déterminés ou déterminables.

62 **Limites.** On aurait cependant tort de conclure à une parfaite identité de régime entre les obligations de la caution et celles du débiteur principal.

Écorchant le caractère accessoire du cautionnement, l'ancien article 2289, alinéa 2, disposait qu'« on peut néanmoins cautionner une obligation encore qu'elle pût être annulée par une exception purement personnelle à l'obligé ; par exemple dans le cas de minorité ». Ainsi, la caution pouvait être poursuivie alors que l'obligation était nulle dans les rapports entre le créancier et le

1. Civ. 1re, 22 avr. 1992, *JCP* 1992. I, p. 3623, n° 3, obs. Ph. Simler. On peut ainsi cautionner une société en formation, pourvu qu'elle soit ultérieurement immatriculée et que les engagements souscrits pour son compte soient ensuite repris (Com. 26 avr. 2000, *Rev. sociétés* 2000. 722, note L. Godon et plus largement, J. Bonnard, « Le cautionnement des engagements souscrits pour le compte d'une société en formation », *RTD com.* 1992. 255).

mineur. Les auteurs préféraient alors la qualification de porte-fort à celle de cautionnement. Le nouvel article 2293, alinéa 2, formule la règle plus simplement : « Néanmoins, celui qui se porte caution d'une personne physique dont il savait qu'elle n'avait pas la capacité de contracter est tenu de son engagement. »

De même, le caractère accessoire ne s'oppose pas à ce qu'une juridiction soit compétente pour la dette principale et une autre pour l'obligation de la caution [1], ou que le cautionnement soit soumis à une loi différente de celle applicable au contrat principal [2]. Enfin, les dispositions propres aux redressements judiciaires altèrent le caractère accessoire du cautionnement [3]. On sait en effet que le jugement d'ouverture d'une procédure collective suspend les intérêts qui peuvent courir contre le débiteur (C. com., art. L. 622-28). La jurisprudence a longtemps considéré que l'arrêt du cours des intérêts bénéficiait à la caution [4]. Toutefois, la réforme du 10 juin 1994, dont l'esprit était de favoriser les créanciers, a opéré un bris de jurisprudence : désormais, les cautions et coobligées du débiteur ne peuvent se prévaloir de l'arrêt du cours des intérêts à l'égard du débiteur. Aussi, les intérêts continuent de courir contre eux, même s'ils ne courent plus contre le débiteur principal.

2. *Cautionnement de dettes présentes ou futures*

63 **Présentation de la distinction.** Passée sous silence par le Code civil de 1804, la distinction entre le cautionnement de dettes présentes et futures s'est peu à peu imposée. Elle est désormais évoquée à l'article 2292. Le cautionnement présente en effet des traits différents selon qu'il garantit une dette déterminée, existante (par ex. le cautionnement d'un prêt), ou selon qu'il porte sur une dette non encore déterminée, future (par ex. le cautionnement donné par un dirigeant social pour l'ensemble des dettes à venir de la société).

1. La caution ne peut invoquer la clause compromissoire insérée dans le contrat principal, Com. 10 févr. 1981, *Bull. civ.* IV, n° 75.
2. Civ. 1re, 2 mars 1970, *Rev. crit. DIP* 1971. 251, note H. Batiffol.
3. P. Crocq, « Le droit des procédures collectives et le caractère accessoire du cautionnement », *Mélanges Malaurie, Defrénois* 2005, p. 171.
4. Com. 13 nov. 1990, *JCP* 1991. II, p. 114, note Ph. Petel.

Dans le premier cas, la caution connaît *ab initio* le montant de son engagement ; dans le second, la caution ne s'oblige pas à payer une dette précise, elle accepte simplement d'y être obligée au fur et à mesure que des dettes naîtront sur la tête du débiteur.

64 **Originalité du cautionnement de dettes futures : obligations de couverture et de règlement.** La validité du cautionnement de dettes futures a été admise de longue date : quoique non déterminé, son objet reste en effet déterminable par référence à l'obligation principale [1] ; de plus, il est admis que les choses futures peuvent faire l'objet d'un contrat (C. civ., art. 1163). Plus que sa validité, c'est son analyse juridique qui a été ensuite affinée [2]. Le cautionnement d'une dette future fait naître deux types d'obligations : d'une part, dès la conclusion du contrat, la caution est tenue d'une obligation de couverture qui l'oblige à garantir les dettes visées ; d'autre part, au fur et à mesure que les dettes garanties naissent, l'obligation de couverture se métamorphose en obligation de règlement qui oblige la caution à payer le créancier. Ainsi, « le cadre fixé par l'obligation de couverture sera rempli par l'obligation de règlement au fur et à mesure que les dettes garanties naîtront. Les deux obligations s'emboîtent l'une dans l'autre à la façon d'obligations gigognes [3]. »

65 **Intérêts de la distinction.** Les particularités du cautionnement de dettes futures impliquent que son régime juridique s'écarte de celui du cautionnement de dettes présentes. La formulation de sa mention manuscrite (v. ss 95), ses causes d'extinction, notamment la possibilité d'une résiliation unilatérale (v. ss 163 s.), sont les traits les plus caractéristiques.

3. *Cautionnement indéfini ou limité*

66 **Distinction.** La règle de l'accessoire ne joue pas uniquement sur des questions de validité (v. ss 61). Elle permet également de

1. Civ. 10 janv. 1870, *DP* 1870. 1. 160 ; Com. 11 mai 1993, *JCP* 1994. II, p. 22188, note Ph. Delebecque : « un tel engagement n'est pas nul pour indétermination de son objet, quand bien même le montant de ces obligations n'aurait pas été chiffré à la date de sa souscription ».
2. Ch. Mouly, *Les causes d'extinction du cautionnement*, Litec, coll. « Bibl. dr. entreprise », 1981, préf. M. Cabrillac, n°s 253 s.
3. Ch. Mouly, préc., n° 261.

préciser l'étendue de l'engagement de la caution. À ce titre, le Code distingue deux figures possibles : disposant que le cautionnement peut être contracté pour une partie de la dette seulement, l'article 2296, alinéa 2, traite du cautionnement limité (a) ; réservant la possibilité qu'il porte sur la totalité de la dette, l'article 2293 traite du cautionnement indéfini (b).

a. *Cautionnement indéfini*

67 **Précision sémantique.** Le caractère indéfini du cautionnement doit être bien compris : il signifie que la caution garantit, sans limitation de montant, la dette principale. L'obligation de la caution épouse alors celle du débiteur. « Indéfini » s'oppose donc à « limité ». Le caractère indéfini du cautionnement, c'est-à-dire le fait que la caution garantisse la dette du débiteur dans son intégralité, doit être concilié avec l'interprétation stricte du cautionnement. L'article 2294 du Code rappelle en effet qu'on ne peut étendre le cautionnement au-delà des limites dans lequel il a été contracté.

68 **Garantie des accessoires.** L'article 2295 du Code, qui dispose que le cautionnement d'une obligation principale s'étend à tous les accessoires de la dette, est un grand danger pour la caution puisque les accessoires d'une dette peuvent être très variés et très importants. Ainsi, constituent des accessoires de la dette les intérêts qu'elle produit [1], mais aussi la clause pénale insérée dans un contrat de crédit-bail [2], les indemnités de résiliation anticipée d'un prêt [3], les frais de gestion et les commissions... Un tel foisonnement d'accessoires fait qu'ils peuvent souvent dépasser le montant garanti en principal.

b. *Cautionnement limité*

69 **Imputation des paiements.** Dans le cautionnement limité (C. civ., art. 2296, al. 2), l'obligation de la caution n'est pas exactement celle du débiteur principal : elle est limitée dans son montant, par la stipulation d'un plafond. Cette limitation pose alors trois problèmes : d'abord, celui de savoir si ce plafond constitue un

1. Civ. 1re, 8 déc. 1993, *RGAT* 1994. 193, note J. Maury.
2. Com. 15 juill. 1986, *D.* 1987, somm. 449, obs. L. Aynès ; Com. 6 févr. 2001, *Bull. civ.* IV, n° 29.
3. Civ. 1re, 27 mars 1990, *Bull. civ.* I, n° 73.

plafond absolu pour la caution ou s'il est possible d'y ajouter les différents intérêts et accessoires de la dette principale. Comme déjà dit (v. ss 94), ce plafond est absolu à défaut de convention expresse portant sur les accessoires. Le second problème concerne l'hypothèse d'un paiement partiel par le débiteur : ce paiement s'impute-t-il sur la frange cautionnée ou sur la frange non couverte par la sûreté ? Dans le silence des parties qui sont libres de retenir la solution inverse, la Cour de cassation a décidé que le paiement s'imputait sur la partie non cautionnée de la dette, respectant ainsi la fonction de sûreté pour le créancier [1]. La dernière difficulté concerne l'hypothèse où la caution garantit successivement le remboursement de plusieurs montants, généralement croissants. Voici par exemple un dirigeant de société qui s'engage à hauteur de 10 000 euros, puis de 30 000, et enfin de 50 000. La question est alors de savoir si le dernier cautionnement absorbe ou non les deux autres. Sauf volonté expresse des parties d'opérer une novation, les engagements se cumulent et la caution sera tenue à hauteur de 90 000 euros [2].

B. La « cause » du cautionnement

70 ***Deux fonctions.*** Même si la notion a disparu du fait de l'ordonnance du 10 février 2016, la cause d'un engagement, ce sont les raisons qui ont poussé les parties à contracter. Notion traditionnellement difficile à manipuler en droit des obligations, la cause ne s'éclaire guère lorsqu'on l'applique au cautionnement [3]. On retrouve toutefois, dans la jurisprudence, les deux fonctions qui lui ont été assignées. D'abord, contrôler la moralité des contrats, c'est la cause subjective : ainsi, sont annulés les cautionnements contraires à la morale [4] ou à l'ordre public [5]. Ensuite, contrôler

1. Com. 5 nov. 1968, *D.* 1969. 314 ; Com. 12 janv. 2011, *JCP* 2011, p. 708, n° 8, obs. Ph. Simler.
2. Civ. 1re, 9 févr. 1988, *Bull. civ.* I, n° 32 ; Com. 14 janv. 2004, *JCP* 2004. I, p. 141, n° 6, obs. Ph. Simler.
3. Ch. Atias, « Par la grâce du droit : la cause de l'engagement de la caution », *Mélanges Cabrillac*, Litec, 1999, p. 339.
4. Nancy 12 nov. 1904, *DP* 1905. 2. 160, annulant un cautionnement donné afin de favoriser un concubinage.
5. Civ. 1re, 24 mars 1998, *JCP E* 1999, p. 615, obs. Ph. Simler.

l'équilibre économique des contrats, c'est la cause objective : cette dimension de la cause s'applique toutefois de façon malaisée au cautionnement.

Ne recevant rien en contrepartie de son engagement, la caution se sera souvent engagée en contemplation des seules relations qui l'unissent au débiteur. Pourtant ces relations doivent rester étrangères au débat puisque le cautionnement est conclu entre le créancier et la caution. La Cour de cassation a alors retenu, dans une formulation ambiguë que « la cause de l'obligation de (la caution) est la considération de l'obligation prise corrélativement par (le créancier), à savoir l'ouverture de crédit (au débiteur principal) [1]. » Par cette solution, la Cour entend contrer les argumentations des cautions se fondant sur une disparition de la cause [2] en cours de cautionnement, sans pour autant se priver de l'efficace instrument de contrôle que constitue la cause. La « considération de l'obligation prise corrélativement par le créancier » s'est aussi illustrée dans l'hypothèse d'une personne se portant caution des dettes d'une société après le jugement en arrêtant la liquidation. Alors que la caution plaidait l'absence de cause de son engagement, la cour d'appel avait jugé le cautionnement valable au motif que l'on peut se porter caution d'un débiteur dont l'insolvabilité est avérée et que la caution était parfaitement informée de la situation. La Cour reproche aux juges du fond de n'avoir pas caractérisé, en l'absence d'un avantage consenti par le créancier, la cause de l'engagement de la caution donnée après le prononcé de la liquidation en garantie d'une dette antérieure, et d'avoir ainsi privé sa décision de base légale au regard de l'ancien article 1131 du Code civil [3]. Les juges de la cour de renvoi auront donc à déterminer si le créancier avait consenti un avantage particulier au débiteur : réduction du taux, augmentation du délai, crédit, etc.

1. Com. 8 nov. 1972, *D.* 1973. 753, note Ph. Malaurie.
2. Un associé majoritaire avait donné sa caution en cette qualité, il est à présent minoritaire ; un époux avait cautionné les dettes de son conjoint, il est à présent divorcé... sur ces hypothèses, v. ss 167.
3. Com. 17 mai 2017, n° 15-15.746, *D.* 2017. 1116 ; *Gaz. Pal.* 27 juin 2017, p. 21, note C. Albigès ; *JCP* 2017, p. 842, n° 4, obs. Y.-M. Serinet ; *D.* 2017. 1996, obs. P. Crocq ; *D.* 2017. 1694, note D. Mazeaud ; *RDC* 2017, p. 421, note Y.-M. Laithier ; *RDC* 2017, p. 457, obs. D. Houtcieff ; *JCP* 2017, p. 1239, n° 7, obs. Ph. Simler ; *RTD civ.* 2017. 640, obs. H. Barbier.

§ 3. La capacité de la caution

71 **Capacité/pouvoir.** La capacité désigne l'aptitude d'une personne à consentir à tel ou tel acte ; le pouvoir désigne la possibilité qu'a une personne d'engager des biens d'autrui. En termes de capacité, le cautionnement ne pose guère de difficultés : un incapable, mineur ou majeur, ne peut se porter caution par lui-même ; en raison des règles protectrices de l'incapable, son représentant légal ne le pourrait non plus [1]. C'est finalement en termes de pouvoir que les difficultés sont plus nombreuses. Elles se concentrent en droit des sociétés (A) et en droit des régimes matrimoniaux (B).

A. Le droit des sociétés

72 **Cautionnement et sociétés.** La vie des sociétés implique souvent qu'elles doivent se porter caution d'une de leur filiale ou d'un de leurs représentants [2]. La diversité des sociétés, mariée à la diversité des cautionnements, a conduit à ce que le principe de spécialité soit parfois supplanté par l'existence de dispositions particulières à certaines sociétés.

73 **Le principe de spécialité.** Le principe de spécialité impose que la capacité de la société soit limitée à la réalisation de son objet social. Or, il est assez évident que garantir les dettes des tiers entrera rarement dans l'objet d'une société. C'est la raison pour laquelle les dirigeants de sociétés ne peuvent, en principe, engager celles-ci par des cautionnements [3]. Ce principe connaît néanmoins des exceptions à propos des sociétés civiles. Le cautionnement donné par la société sera valable en trois hypothèses : lorsque le cautionnement est conforme à l'objet social ; lorsqu'il repose sur

1. V. cependant, ayant admis le cautionnement hypothécaire donné pour garantir un prêt consenti dans l'intérêt de l'enfant, Civ. 1re, 2 déc. 1997, *JCP* 1998. I, p. 149, n° 1, obs. Ph. Simler ; *D.* 1998. 469, note crit. Ph. Delmas Saint-Hilaire et J. Hauser.
2. J. Honorat, « Sociétés et cautionnement », *Defrénois* 1982, p. 1569 ; J.-F. Barbieri, « Cautionnement et sociétés, dix ans de jurisprudence », *LPA* 26 févr. 1992, p. 6 et 28 févr. 1992. 4 ; H. Hovasse, « Les cautionnements donnés par les sociétés et l'objet social », *Dr. et patr.* 4/2001, p. 76.
3. Civ. 1re, 6 mars 1979, *RTD com.* 1979. 753, obs. E. Alphandari et M. Jeantin.

le consentement unanime de tous les associés [1] ; lorsqu'il y a une communauté d'intérêts entre la société caution et le débiteur. Cette dernière hypothèse vise par exemple le cas d'une société civile immobilière qui cautionnerait les dettes d'une entreprise à laquelle elle loue des locaux et de laquelle elle tire ses seules ressources [2]. Reste que l'on se demande si l'exigence de conformité à l'intérêt social ne doit pas venir s'ajouter aux deux dernières hypothèses. La Cour de cassation a en effet jugé que « le cautionnement, même accordé avec le consentement unanime des associés de la SCI, n'est pas valide s'il est contraire à l'intérêt social », ce qui est le cas lorsque « la valeur de son bien unique est inférieure au montant de son engagement et qu'en cas de mise en jeu de la garantie, son entier patrimoine devrait être réalisé, ce qui serait de nature à compromettre son existence même [3] ».

74 **Dispositions particulières.** Dans certaines sociétés, le dépassement de l'objet social par le dirigeant est inopposable aux tiers, à moins qu'ils en aient eu connaissance ou qu'ils n'aient pu l'ignorer (C. com., art. L. 223-18 pour les SARL ; L. 225-35 pour les SA). Pour cette raison, des dispositions particulières visent le cautionnement.

Ainsi, pour la SARL, aucune disposition ne prohibe les cautionnements des dettes des tiers. La seule interdiction vise le cautionnement par la société des dettes de ses gérants ou de ses associés, autres que des personnes morales. Cette interdiction s'étend à leurs conjoints, ascendants et descendants, ainsi qu'à toute personne interposée. Pour les sociétés par actions, les règles sont plus nombreuses : les articles L. 225-43 et L. 225-91 prohibent les cautionnements par la société des dettes de ses administrateurs, des membres du directoire ou du conseil de surveillance. En ce qui concerne les cautionnements par la société des tiers, ils sont soumis à une autorisation préalable du conseil d'administration ou du conseil de surveillance (C. com., art. L. 225-35, al. 4) [4]. La question se pose alors de la sanction des

1. Com. 28 mars 2000, *D.* 2001, somm. 692, obs. L. Aynès ; *JCP* 2001, p. 135, note S. Ferries ; « Cautionnement et intérêt social, les implications réciproques », *JCP* 2004. I, p. 142.
2. Civ. 1re, 1er févr. 2000, *D.* 2001, somm. 692, obs. L. Aynès.
3. Civ. 3e, 12 sept. 2012, *D.* 2012. 2166, obs. A. Lienhard ; *D.* 2012. 1706, obs. P. Crocq ; *RTD civ.* 2012. 754, obs. P. Crocq ; *Gaz. Pal.* 12-13 déc. 2012, p. 18, obs. M.-P. Dumont-Lefrand.
4. Le texte ne s'applique ni aux garanties de passif (Com. 12 juill. 2011, *RTD com.* 2011. 584, obs. P. Le Cannu et B. Dondero) ni aux délégations de créance lorsque le délégué ne fait qu'éteindre

cautionnements intervenus irrégulièrement : alors que la nullité relative de l'engagement semblerait la sanction la plus appropriée, la jurisprudence privilégie la thèse de l'inopposabilité du cautionnement à la société [1]. Peut-on alors en déduire que, en dépit de son inopposabilité à la société, le cautionnement reste valable et puisse être opposé au dirigeant qui l'a signé ? Une telle solution heurte le principe selon lequel le cautionnement doit être exprès et ne peut être présumé (C. civ., art. 2292) : à aucun moment le dirigeant n'a entendu s'engager comme caution. Nul ne semble donc avoir à répondre, envers le créancier, des conséquences dommageables de l'acte irrégulier [2].

B. Le droit des régimes matrimoniaux

75 **Exposé de la règle.** L'article 1415 du Code civil dispose que « chacun des époux ne peut engager que ses biens propres et ses revenus, par un cautionnement ou un emprunt, à moins que ceux-ci n'aient été contractés avec le consentement exprès de l'autre conjoint qui, dans ce cas, n'engage pas ses biens propres [3] ». Insistant sur l'expression « consentement exprès », la jurisprudence retient que l'engagement tacite ou la seule signature par le conjoint de l'acte de vente contenant le cautionnement ne suffit pas ; il faut qu'il rédige une mention « faisant apparaître l'expression d'une volonté libre et éclairée de consentir à l'engagement souscrit par [la caution] [4] ». Si le conjoint de la caution n'a pas

---

sa dette à l'égard du délégant (Com. 15 janv. 2013, *D.* 2013. 1183, note A. Hontebeyrie ; *RTD civ.* 2013. 116, obs. B. Fages ; *RTD com.* 2013. 87, obs. P. Le Cannu et B. Dondero ; *D.* 2013. 1706, obs. P. Crocq ; *JCP* 2013, p. 585, n° 5, obs. Ph. Simler). V. ss 190.

1. Com. 29 janv. 1980, *Rev. sociétés* 1981. 83, note Y. Guyon ; 8 déc. 1998, *RTD com.* 1998. 445, obs. M. Cabrillac ; G. Michat-Goudet, « Inopposabilité des cautions, avals et garanties irrégulièrement donnés par le président du conseil d'administration : une sanction critiquable », *JCP E* 1998, p. 840.
2. Com. 15 janv. 2013, *D.* 2013. 242, obs. A. Lienhard ; *D.* 2013. 624, note B. Dondero ; *D.* 2013. 1706, obs. P. Crocq ; *JCP* 2013, p. 585, n° 5, obs. Ph. Simler ; plus largement, B. Dondero, « Réflexions sur les mécanismes d'autorisation des sûretés et garanties consenties par les sociétés anonymes », *D.* 2004. 405.
3. S. Piquet, *Cautionnement et régimes matrimoniaux*, thèse Montpellier, 1995 ; J.-M. Olivier, « La caution et sa famille », *LPA* 25 avr. 1986, p. 23 ; Ch. Mouly, « Le cautionnement donné par une personne mariée », *Defrénois* 1988, p. 227 ; F. Vauvillé, « Le cautionnement des époux communs en biens », *Dr. et patr.* juill.-août 2003, p. 68.
4. Civ. 3e, 16 déc. 2014, n° 13-10.551, *Gaz. Pal.* 18-19 mars 2015, p. 16, obs. C. Albigès. Il importe en revanche peu que le consentement du conjoint soit signé : Civ. 1re, 14 déc. 2016, n° 15-27.089, *Gaz. Pal.* 21 févr. 2017, p. 28, obs. M.-P. Dumont-Lefrand.

consenti à l'acte de cette manière, le créancier ne pourra ni saisir les biens communs, comme un compte bancaire alimenté par les revenus des deux époux [1], ni inscrire une sûreté conservatoire sur pareil bien [2]. Entendu largement par la jurisprudence [3], ce texte invite les créanciers à solliciter systématiquement le consentement de l'époux de la caution : n'étant pas constitutif d'un engagement personnel mais s'analysant comme une autorisation à engager les biens communs, ce consentement ne requiert aucune mention manuscrite [4] ni n'impose au créancier d'informer le conjoint qui n'est pas son contractant [5]. En revanche, puisque le consentement du conjoint a pour effet d'étendre l'assiette du gage des créanciers aux biens communs, la proportionnalité de l'engagement souscrit par l'époux caution, seul, doit être appréciée tant au regard de ses biens et revenus propres que de ceux de la communauté, incluant alors les salaires de son conjoint [6] (v. ss 78).

76 **Appréciation de la règle.** On peut cependant se demander si cette

1. Civ. 1re, 17 févr. 2004, *JCP* 2004. I, p. 188, n° 2, obs. Ph. Simler ; *D.* 2004. 2260, obs. V. Brémond ; Civ. 1re, 17 janv. 2006, *D.* 2006. 1277, note V. Bonnet ; *RTD civ.* 2006. 359, obs. B. Vareille.
2. Civ. 1re, 22 nov. 2005, *Defrénois* 2006, p. 514, obs. S. Piedelièvre.
3. Le texte était applicable au cautionnement réel (Civ. 1re, 11 avr. 1995, *D.* 1995, somm. 327, obs. M. Grimaldi ; Civ. 1re, 25 janv. 2000, *JCP* 2000. I, p. 245, n° 16, obs. Ph. Simler ; Civ. 1re, 15 mai 2002, *D.* 2002, somm. 3337, obs. L. Aynès ; *RTD civ.* 2002. 546, obs. P. Crocq ; *JCP* 2002. II, p. 10109, concl. C. Petit, note S. Piedelièvre ; *JCP* 2002. I, p. 167, n° 3, obs. Ph. Simler) ; cependant le revirement de 2005 a permis à la Cour de cassation de juger que le cautionnement réel n'étant pas un cautionnement, l'article 1415 n'est pas applicable (Cass., ass. plén., 2 déc. 2005, *JCP* 2005. II, p. 10183, note Ph. Simler ; voir n° 45). En revanche, l'article 1415 s'applique à la garantie autonome (Civ. 1re, 20 juin 2006, *D.* 2006. 1815, obs. V. Avéna-Robardet ; *D.* 2006. 2864, obs. P. Crocq, p. 2359, note A.-S. Courdier-Cuisinier ; *RTD civ.* 2006. 593, obs. P. Crocq ; *JCP* 2006. II, p. 10141, obs. S. Piedelièvre ; *JCP* 2006. I, p. 195, n° 9, obs. Ph. Simler) et à l'aval (Civ. 1re, 4 juin 2009, *JCP* 2009. I, p. 492, n° 2, obs. Ph. Simler).
4. Civ. 1re, 4 juin 1996, *D.* 1997, somm. 163, obs. L. Aynès ; Ch. Mouly, « La mention manuscrite du conjoint », *JCP* 1995. I, p. 3836.
5. Com. 9 févr. 2016, n° 14-20.304 ; *Defrénois* 2017, n° 19, p. 33, obs. S. Cabrillac ; *D.* 2016. 1413, obs. A. Molière ; *D.* 2016. 1955, obs. crit. P. Crocq et p. 2087, obs. V. Brémond ; *JCP* 2016, p. 553, n° 6, obs. Ph. Simler ; *RDC* 2017, p. 75, obs. A.-S. Barthez ; *Gaz. Pal.* 21 juin 2016, p. 29, obs. C. Albiges. Cette solution peut être critiquée : si le conjoint se contente d'autoriser, il n'a pas à être informé, alors que s'il se porte caution, oui. Sachant que les biens communs sont souvent l'immeuble des époux, cette solution aboutit à ce que l'époux caution soit mieux protégé que l'époux qui se contente d'autoriser.
6. Com. 22 févr. 2017, n° 15-14.915, *D.* 2017. 500 ; *JCP* 2017, p. 511, n° 9, obs. Ph. Simler ; *Defrénois* 2017, n° 19, p. 31, obs. S. Cabrillac. Com. 15 nov. 2017, n° 16-10.504, *JCP E* 2018, p. 1010, note D. Legeais.

règle ne contient pas un effet pervers[1] : en limitant le gage des créanciers aux seuls biens propres et revenus de la caution, on les incite à exiger plus souvent qu'auparavant le cautionnement solidaire des deux époux. Biens propres des cautions et biens communs seront ainsi à leur portée[2]. Lorsque tel sera le cas, on devra alors se demander si les engagements des époux sont cumulatifs ou alternatifs. La Cour de cassation préfère la théorie de l'unicité de l'engagement. Elle a ainsi censuré une cour qui avait admis la dualité des engagements pour n'avoir pas recherché si « en l'absence de stipulation expresse, la circonstance que les époux s'étaient engagés simultanément par le même acte et pour un même montant limité ne révélait pas, en l'absence d'autres éléments, que dans la commune intention des parties, ces cautionnements garantissaient la même fraction de dette[3] ».

§ 4. L'exigence de proportionnalité

77 **Présentation.** L'article 2300 du Code civil dispose que « si le cautionnement souscrit par une personne physique envers un créancier professionnel était, lors de sa conclusion, manifestement disproportionné aux revenus et au patrimoine de la caution, il est réduit au montant à hauteur duquel elle pouvait s'engager à cette date ». Ce texte est le résultat d'une lente construction, faite par la jurisprudence et la loi, dont les origines tendaient à permettre aux cautions de rechercher la responsabilité du créancier afin d'obtenir sa condamnation au paiement de dommages-intérêts qui viendront, alors, se compenser avec la dette de la caution. Concrètement, la disproportion du cautionnement est une « arme » permettant à la caution d'échapper, en totalité ou en partie (au gré des époques), à

1. Ch. Dubois, « SOS d'un conjoint en détresse. Réflexions sur le statut (peu enviable) du conjoint commun en biens autorisant un cautionnement », *RTD civ.* 2019. 35.
2. Jugé que l'article 1415 du Code civil n'est pas applicable lorsque deux époux se sont engagés simultanément dans le même acte de prêt pour garantir la même dette en des termes identiques : Com. 5 févr. 2013, *D.* 2013. 429, note V. Avena-Robardet ; *D.* 2013. 1706, obs. P. Crocq ; *JCP* 2013, p. 585, n° 4, obs. Ph. Simler.
3. Com. 3 juill. 2008, *RDBF* 2008, comm. 135, obs. D. Legeais ; *JCP* 2008. I, p. 211, n° 4, obs. Ph. Simler ; Com. 28 janv. 2014, *Gaz. Pal.* 19-20 mars 2014 p. 14, obs. C. Albigès.

son engagement. Il convient donc d'aborder toute la construction jurisprudentielle, l'étape consumériste et la consécration dans le Code civil.

78 **La construction jurisprudentielle.** Les cautions alléguaient souvent que le créancier avait, dans la formation ou l'exécution du contrat, commis une faute. S'inspirant du Code de la consommation [1], la Cour de cassation avait dégagé un principe de proportionnalité dans le cautionnement. Il faut cependant reconnaître que cette consécration avait été hésitante. D'abord, la chambre commerciale avait retenu la responsabilité d'une banque qui avait laissé la caution, dirigeant de société, s'engager dans un cautionnement disproportionné par rapport à ses ressources [2]. Cet arrêt permettait aux juges de contrôler les cautionnements disproportionnés [3] et de les ramener à une juste mesure, c'est-à-dire conforme à la solvabilité de la caution [4]. Puis, la même chambre avait pris le contre-pied de l'arrêt de 1997 en retenant que les cautions « respectivement président du Conseil d'administration et directeur général de la société, qui n'ont jamais prétendu ni démontré que la banque aurait eu sur leurs revenus, leurs patrimoines et leurs facultés de remboursement, des informations qu'eux-mêmes auraient ignorées, ne sont pas fondées à rechercher la responsabilité de cette banque [5] ». Toute la question était alors de savoir si c'était le principe même de la proportionnalité qui était condamné ou seulement son invocation par les dirigeants de société. Enfin, la première chambre civile [6] et la chambre

1. C. consom., art. L. 314-18 (anc. L. 313-10).
2. Com. 17 juin 1997, *JCP E* 1997. II, p. 1007, note D. Legeais ; *Defrénois* 1997, p. 1424, note crit. L. Aynès ; *RTD civ.* 1998. 100, obs. J. Mestre et 157, obs. P. Crocq ; *D.* 1998. 208, note J. Casey.
3. D. Legeais, « Le principe de proportionnalité en droit des sûretés », *LPA* 30 sept. 1998, p. 38 ; S. Piedelièvre, « Le cautionnement excessif », *Defrénois* 1998, p. 849 ; Y. Picod, « Proportionnalité et caution, le mythe de Sisyphe », *Mélanges Calais-Auloy*, Dalloz, 2004, p. 843 ; P. Crocq, « Sûretés et proportionnalité », *Mélanges Simler*, Dalloz-Litec, 2006, p. 291.
4. O. Salvat, « La solvabilité de la caution », *LPA* 21 janv. 2000, p. 12.
5. Com. 8 oct. 2002, *JCP E* 2002, p. 1730, note D. Legeais ; *JCP* 2003. II, p. 10017, note Y. Picod ; *JCP* 2003. I, p. 124, n° 6, obs. Ph. Simler ; *RTD civ.* 2003. 125, obs. P. Crocq ; *D.* 2003. 414, note C. Koering.
6. Civ. 1re, 9 juill. 2003, *JCP* 2003. II, p. 10167, note J. Casey ; *D.* 2004. 204, note Y. Picod ; *RTD civ.* 2004. 124, obs. P. Crocq.

commerciale [1] avaient réaffirmé leur attachement au principe de proportionnalité dès lors que la caution n'exerçait pas, au sein de l'entreprise débitrice, des fonctions qui la privaient de mettre en cause la responsabilité de l'établissement de crédit. La responsabilité de l'établissement de crédit bénéficiaire d'un cautionnement disproportionné s'appréciait donc différemment selon que la caution soit avertie ou non. Dans le premier cas, aucun devoir de mise en garde ne pesait sur le créancier à moins qu'il ne dispose sur les revenus de la caution, sur son patrimoine ou sur ses capacités à rembourser des informations que la caution elle-même ignorait [2]. Dans le second cas, la responsabilité de la banque pouvait être engagée si elle n'avait pas mis en garde la caution sur le caractère disproportionné de son engagement [3]. Le fondement de cette responsabilité reposait donc sur une disparité de connaissances entre le créancier et la caution non avertie. Ceci expliquait que, lorsque le créancier n'était pas un professionnel, il ne commettait aucune faute en laissant la caution souscrire un cautionnement disproportionné [4]. Reste que la distinction entre les cautions averties et non averties était sinueuse. Les cautions chefs d'entreprise [5] ou gérants [6], les professionnels du droit [7] étaient considérés comme des cautions averties, à moins que des circonstances exceptionnelles ne révèlent qu'ils n'avaient pas conscience de la portée de leur engagement [8]. Il en était de même pour l'épouse du gérant, associée à 25 % et disposant d'une procuration générale

1. Com. 25 mars et 11 juin 2003, *JCP* 2003. I, p. 176, n° 4, obs. Ph. Simler ; Com. 17 déc. 2003, *RLDC* févr. 2004, p. 28, obs. G. Marraud des Grottes ; *JCP* 2004. II, p. 10072, note J. Casey.
2. Com. 13 févr. 2007, *RTD com.* 2007. 432, obs. D. Legeais ; *JCP* 2007. I, p. 158, obs. Ph. Simler ; *D.* 2008. 2108, obs. P. Crocq.
3. Com. 3 mai 2006, *RTD civ.* 2007. 103, obs. J. Mestre et B. Fages ; *JCP* 2006. II, p. 10122, note A. Gourio ; *D.* 2008. 2108, obs. P. Crocq ; Com. 30 nov. et 14 déc. 2010, *JCP* 2011, p. 770, n° 3, obs. Ph. Simler.
4. Com. 13 nov. 2007, *RTD civ.* 2008. 328, obs. P. Crocq ; *RDI* 2008. 141, obs. F.-G. Trébulle ; *RTD com.* 2008. 167, obs. D. Legeais ; *Dr. et patr.* 10/2008, p. 92, obs. L. Aynès et Ph. Dupichot.
5. Com. 17 févr. 2009, *JCP* 2009. I, p. 150, n° 6, obs. Ph. Simler.
6. Com. 22 nov. 2011, *Gaz. Pal.* 21 déc. 2011, p. 16, obs. Ch. Albigès.
7. À propos d'un huissier, Civ. 1re, 13 nov. 2008, *JCP* 2009. I, p. 150, n° 6, obs. Ph. Simler.
8. Com. 11 avr. 2012, *RTD com.* 2012. 382, obs. D. Legeais ; *JCP* 2012, p. 1291, n° 8, obs. Ph. Simler ; Com. 13 nov. 2012, *JCP* 2013, p. 585, n° 6, obs. Ph. Simler ; Com. 5 févr. 2013, *D.* 2013. 1706, obs. P. Crocq.

sur le compte de la société [1]. En revanche, la caution, simple associée et concubine du gérant, n'était pas considérée comme avertie [2]. Tout comme la caution parente de l'épouse du gérant de la société débitrice [3]. Quant à la caution profane, assistée d'un conseil, elle était considérée comme avertie par la chambre commerciale [4] et non avertie par la chambre civile [5]. En tout état de cause, la sanction de la disproportion n'était pas la nullité mais la responsabilité civile : le créancier devait réparer le préjudice subi par la caution... lequel était à la mesure de la disproportion constatée [6] ou s'analysait en la perte d'une chance de ne pas contracter [7].

79 **L'étape consumériste.** S'émancipant de la responsabilité civile, la loi du 1er août 2003 (v. ss 35) avait étendu le principe de proportionnalité. L'article L. 332-1 (anc. L. 341-4) du Code de la consommation disposait : « Un créancier professionnel ne peut se prévaloir d'un contrat de cautionnement conclu par une personne physique dont l'engagement était, lors de sa conclusion, manifestement disproportionné à ses biens et revenus, à moins que le patrimoine de cette caution, au moment où celle-ci est appelée, ne lui permette de faire face à son obligation [8]. » Ce texte avait donné lieu à un abondant

1. Civ. 1re, 21 sept. 2010, *JCP* 2011, p. 770, n° 4, obs. Ph. Simler.
2. Com. 3 févr. 2009, *JCP E* 2009, p. 1305, obs. D. Legeais ; *JCP* 2009. I, p. 150, n° 6, obs. Ph. Simler ; Com. 2 oct. 2012, *D.* 2012. 2380, obs. V. Avena-Robardet ; *RTD com.* 2013. 122, obs. D. Legeais ; *D.* 2013. 1706, obs. P. Crocq ; v. cependant, plus nuancé, Com. 22 janv. 2013, *D.* 2013. 1706, obs. P. Crocq.
3. Civ. 1re, 16 sept. 2010, *JCP* 2011, p. 770, n° 4, obs. Ph. Simler.
4. Com. 12 nov. 2008, *RDBF* 2009, comm. 9, obs. A. Cerles.
5. Civ. 1re, 30 avr. 2009, *JCP* 2009. I, p. 150, n° 6, obs. Ph. Simler ; *Dr. et patr.* 12/2009, p. 98, obs. L. Aynès.
6. Civ. 1re, 6 avr. 2004, *D.* 2004. 1232 ; *JCP* 2004. I, p. 188, n° 6, obs. Ph. Simler ; Civ. 1re, 29 juin 2004, *D.* 2004. 2707, obs. L. Aynès ; sur le point de départ du délai de prescription de cette action, v. Com. 12 mai 2004, *D.* 2004. 2708, obs. L. Aynès.
7. Com. 20 oct. 2009, *D.* 2009. 2971, note D. Houtcieff ; *JCP* 2009, p. 482, note S. Piedelièvre ; *JCP* 2010, p. 708, n° 5, obs. Ph. Simler.
8. C. Atias, « Propos sur l'article L. 341-4 du Code de la consommation, L'impossibilité de se prévaloir d'un engagement valable », *D.* 2003, chron. 2620 ; O. Cuperlier et A. Gorny, « L'engagement disproportionné de la caution après la loi du 1er août 2003 », *JCP* 2004. I, p. 1475 ; les juridictions du fond se divisaient sur l'application de la loi dans le temps : certaines considéraient que l'exigence de proportionnalité ne s'appliquait pas aux contrats en cours (Rennes, 19 déc. 2003, *JCP* 2004. I, p. 141, n° 2, obs. Ph. Simler ; Aix-en-Provence, 2 déc. 2003 ; Caen, 10 juin et 1er juill. 2004 ; Paris, 22 et 28 oct. 2004, *JCP* 2005. I, p. 135, n° 1, obs. Ph. Simler ; *RTD civ.* 2004. 757, obs. P. Crocq) ; d'autres pas (Paris, 2 déc. 2005, *D.* 2006. 295, obs. V. Avena-Robardet).

contentieux sur l'appréciation de la proportionnalité, sur la charge de la preuve et sur la sanction de la disproportion.

Quant au premier point, les foyers de contentieux étaient nombreux. Le premier d'entre eux portait sur la question de savoir s'il convenait, pour apprécier la disproportion, de tenir compte d'engagements qui existaient au jour de l'engagement, mais qui avaient été par la suite annulés. La Cour avait jugé que ces engagements n'avaient pas à être pris en compte [1]. La solution était logique au regard de l'anéantissement rétroactif qu'emporte la nullité. Toutefois, relevant que le créancier connaissait ces engagements lorsqu'il a reçu le cautionnement, et qu'il ne savait pas qu'ils seraient annulés plus tard, certains auteurs estimaient la solution infondée. Un deuxième foyer de contentieux, qui avait opposé deux chambres de la Cour de cassation, portait sur le point de savoir s'il fallait tenir compte des revenus escomptés de l'opération garantie pour apprécier le caractère proportionné ou disproportionné de l'engagement de la caution autour de la conclusion du contrat. La première chambre civile l'acceptait en se montrant sans doute sensible à la situation des créateurs d'entreprise et au risque qu'ils puissent ne pas obtenir de crédit si l'on refusait à la banque la possibilité de tenir compte des perspectives de développement de l'entreprise créée pour apprécier les facultés contributives du dirigeant social caution [2]. La chambre commerciale l'avait, au contraire, refusé, en considérant sans doute qu'il serait illogique de tenir compte du succès escompté de l'entreprise pour apprécier la proportionnalité d'une garantie qui ne sera précisément mise en œuvre qu'en l'absence d'un tel succès [3]. La première chambre

Dans un arrêt du 22 sept. 2006, la chambre mixte a donné raison aux premières (Cass., ch. mixte, 22 sept. 2006, *D.* 2006. 2391, obs. V. Avéna-Robardet, et 2859, obs. P. Crocq ; *JCP* 2006. I, p. 195, n° 4, obs. Ph. Simler et II, p. 10180, note D. Houtcieff).

1. Com. 21 nov. 2018, n° 16-25.128, *Defrénois* 2019/25, p. 30, obs. S. Cabrillac ; *RDC* 2019, p. 61, obs. D. Houtcieff ; *JCP* 2019, p. 470, n° 7, obs. Ph. Simler ; *JCP E* 2019, p. 1007, note D. Legeais ; *RTD civ.* 2019. 153, obs. P. Crocq.
2. Civ. 1re, 4 mai 2012, n° 11-11.461 ; *D.* 2012. 1260 ; *RDI* 2012. 396, obs. H. Heugas-Darraspen ; *RTD civ.* 2012. 556, obs. P. Crocq ; *RTD com.* 2012. 602, obs. D. Legeais ; *Dr. et patr.* 7/2012, p. 102, obs. L. Aynès.
3. Com. 6 févr. 2007, n° 04-15.362, *D.* 2007. 575, obs. V. Avena-Robardet ; *RTD civ.* 2007. 372, obs. P. Crocq ; Com. 4 juin 2013, nos 12-18.216 et 12-15.518, *D.* 2014. 1610, obs. P. Crocq ; *Rev. sociétés* 2013. 680, note D. Legeais ; *Dr. et patr.* 2/2014, p. 61, obs. P. Dupichot ; Com. 27 janv. 2015, nos 13-27.625 et 13-25.202, *Rev. sociétés* 2015. 306, obs. S. Prévost ; *RDBF* 2015, comm. 42, obs. D. Legeais.

civile avait finalement aligné sa jurisprudence sur celle de la chambre commerciale en affirmant que « la proportionnalité de l'engagement de la caution ne peut être appréciée au regard des revenus escomptés de l'opération garantie [1] ». P. Crocq se réjouissait de la solution, tout en observant que les problèmes posés par l'application de l'article L. 332-1 du Code de la consommation dans le cas de la création ou de la reprise d'entreprise pourraient être aisément résolus si le législateur acceptait de modifier le domaine d'application de ce texte en en réservant l'application aux personnes physiques agissant pour des besoins non professionnels. C'est la même difficulté d'appréciation qui se posait dans un troisième foyer de contentieux, lorsqu'un époux se portait seul caution, sans le consentement de son conjoint : devait-on prendre en considération les biens communs pour apprécier la proportion de l'engagement souscrit [2] ? La Cour considérait que les biens communs, même s'ils restent insaisissables puisque le conjoint n'a pas autorisé le cautionnement, devaient être pris en considération pour apprécier la proportionnalité du cautionnement souscrit par l'époux [3]. Dès lors, pour

1. Civ. 1re, 3 juin 2015, n° 14-13.126, *D.* 2015. 1810, obs. P. Crocq ; *D.* 2015. 1268, obs. V. Avena-Robardet. Com. 22 sept. 2015, n° 14-22.913, *D.* 2015. 2044, note C. Juillet. Com. 29 nov. 2016, n° 15-12.413 et Com. 18 janv. 2017, n° 14-20.574, *Gaz. Pal.* 21 févr. 2017, p. 30, obs. C. Albigès. La Cour a cependant précisé que « si ne peuvent être pris en compte les revenus escomptés de l'opération garantie pour apprécier la disproportion du cautionnement au moment où il a été souscrit, il doit, en revanche, être tenu compte des revenus réguliers perçus par la caution jusqu'à la date de son engagement, quand bien même ceux-ci proviendraient de la société dont les engagements sont garantis par le cautionnement » (Com. 5 sept. 2018, n° 16-25.185, *RDC* 2018, p. 564, obs. D. Houtcieff ; *Defrénois* 2018, n° 48, p. 31, obs. S. Cabrillac).

2. Dans l'hypothèse où le conjoint a donné son consentement, les biens communs sont pris en considération pour apprécier l'éventuelle disproportion : Com. 30 nov. 2022, n° 21-13.655 : *D.* 2023. 1765, n° 2, obs. Ch. Gijsbers ; *RDBF* 2023, comm. 6, obs. D. Legeais ; Com. 22 févr. 2017, n° 15-14.915, *D.* 2017. 2119, obs. V. Brémond, et 2176, obs. D. R. Martin.

3. Com. 22 févr. 2017, n° 15-14.915, *JCP E* 2017, act. 175 ; Com. 15 nov. 2017, n° 16-10.504, *JCP E* 2018, p. 1010, note D. Legeais : « La disproportion manifeste de l'engagement de la caution s'appréciant, selon l'article L. 341-4 du Code de la consommation, par rapport notamment à ses biens, sans distinction, c'est à bon droit que la cour d'appel a retenu que celui de M. Y dépendant de la communauté devait être pris en considération, quand bien même il ne pourrait être engagé pour l'exécution de la condamnation éventuelle de la caution » ; dans le même sens : Com. 15 nov. 2017, n° 16-10.504, *JCP E* 2018, p. 1010, note D. Legeais ; *JCP E* 2018, p. 1253, obs. Ph. Simler ; *D.* 2018. 392, note M.-P. Dumont-Lefrand ; *RTD civ.* 2018. 179, obs. P. Crocq ; *CCC* 2018, comm. 19, obs. S. Bernheim-Desvaux ; *Defrénois* 2018, n° 22, p. 43, obs. S. Cabrillac ; *RDC* 2018, p. 63, obs. D. Houtcieff ; *Banque et Dr.* 2018, n° 177, p. 56, obs. F. Jacob ; *RDBF* 2018, comm. 3 et 6, obs. D. Legeais ; *RLDC* févr. 2018, p. 32, note I. Sérandour ; *D.* 2018. 1884, obs. P. Crocq ; Com. 24 mai 2018, n° 16-23.036, *JCP* 2018, p. 900, note Ph. Simler ; *AJ fam.* 2018. 315, édito. V. Avena-Robardet ; *AJ contrat* 2018. 323, obs. D. Houtcieff ; *RDBF* 2018,

le créancier, le cautionnement sera facilement reconnu valable, même s'il ne pourra pas saisir le bien commun.

Quant au deuxième point, le texte appelait à tenir compte de deux « instants » pour apprécier l'éventuelle disproportion : le moment de la conclusion du contrat et le moment où la caution est appelée en paiement par le créancier. Si la caution est libérée lorsque son engagement était, lors de la conclusion du contrat, manifestement disproportionné à ses biens et revenus, elle restera néanmoins tenue si, au moment où elle est appelée [1], son patrimoine lui permet de faire face à ses obligations. La Cour de cassation avait jugé que la caution devait rapporter la preuve de la disproportion au moment de la conclusion du contrat [2], mais que le créancier devait prouver l'éventuel retour à meilleure fortune de la caution [3]. Pour prouver la disproportion au moment de la conclusion du contrat, on se réfère souvent aux fiches de déclaration que remplit la caution pour indiquer au créancier ses biens et revenus [4]. La Cour retient que le créancier est fondé à se fier sur les informations données par la caution [5], mais que, s'il ne lui a rien demandé, il ne peut reprocher à la caution le silence gardé sur des engagements de caution antérieurement signés [6]. La preuve d'un éventuel retour à meilleure fortune donnait également lieu à des interrogations : le créancier devait-il démontrer que la disproportion avait disparu (par suppression du passif et/ou augmentation de l'actif) ou seulement que la caution pouvait payer sans que sa situation globale n'ait connu d'amélioration ? La Cour avait opté pour la première solution, en montrant que l'on devait

comm. 95, obs. D. Legeais ; *JCP* 2018, p. 668, obs. V. Legrand ; *Dr. fam.* 2018, comm. 184, obs. S. Torricelli-Chrifi ; *D.* 2018. 1884, obs. P. Crocq ; *JCP* 2018, p. 1221, obs. Ph. Simler ; *Defrénois* 2018, n° 48, p. 29, obs. S. Cabrillac.

1. La date à prendre en considération est celle de l'assignation, pas du jugement : Com. 9 juill. 2019, n° 17-31.346, *JCP* 2019, p. 958, n° 6, obs. Ph. Simler.
2. Com. 22 janv. 2013, *D.* 2013. 1176, note H. Guillou ; *D.* 2013. 1706, obs. P. Crocq ; *JCP* 2013, p. 585, n° 3, obs. Ph. Simler.
3. Civ. 1re, 10 sept. 2014, n° 12-28.977 ; *CCC* 2015, comm. n° 21, obs. G. Raymond.
4. C. Albiges, « À propos de la preuve d'un cautionnement disproportionné », *in Mélanges en l'honneur de Pascal Ancel*, 2021, Larcier-LexisNexis, p. 679.
5. Com. 14 déc. 2010, n° 09-69.807, *D.* 2011. 156, obs. V. Avena-Robardet ; *JCP* 2011, chron. 770, n° 3, note Ph. Simler ; *JCP E* 2011, p. 1117, note D. Legeais.
6. Com. 4 avr. 2024, n° 22-21.880, *D.* 2024. 1793, n° 5, obs. J.-J. Ansault.

apprécier la situation de la même façon que l'on appréciait la disproportion lors de l'engagement de la caution [1]. La possibilité pour le créancier de poursuivre la caution en cas de retour à meilleure fortune justifiait également que la caution ne puisse, alors qu'elle n'était pas poursuivie, agir à titre principal contre le créancier sur le fondement de la disproportion de son engagement [2].

Quant au dernier point, la sanction du cautionnement disproportionné n'était pas la responsabilité civile et ne s'appréciait pas à la mesure de la disproportion : le créancier ne pouvait pas se « prévaloir » du cautionnement [3]. Certains auteurs rapprochaient cette sanction de la déchéance de l'article 2314 du Code civil (v. ss 171) en estimant que le créancier, fautif d'avoir invoqué un cautionnement disproportionné, serait déchu de ses droits. Ils soulignaient alors, espérant un revirement de jurisprudence, que l'application de l'article 2314 du Code civil éteint le cautionnement proportionnellement au dommage effectivement subi par la caution (*i. e.* à hauteur de la disproportion constatée). Quoi qu'il en soit, les effets du cautionnement disproportionné pouvaient s'illustrer en cas de cofidéjusseurs. La question était de savoir si le cofidéjusseur pouvait invoquer contre le créancier, sur le fondement de l'article 2314 du Code civil (v. ss 171), une décharge partielle ou totale : pouvait-il reprocher au créancier d'avoir perdu une sûreté (le cautionnement) de laquelle il aurait pu bénéficier ? La Cour avait retenu que « le cautionnement est privé d'effet tant à l'égard du créancier que des cofidéjusseurs ». La caution ne pouvait donc être inquiétée ni par le créancier, ni par le cofidéjusseur. Mais elle n'avait pas admis que le cofidéjusseur puisse invoquer la disproportion pour être partiellement déchargé. Le cautionnement n'ayant jamais été effectif, il n'avait jamais été perdu

1. Com. 17 oct. 2018, n° 17-21.857, *JCP* 2019, p. 478, obs. Ph. Simler ; *D.* 2019. 371, note J. Gallois ; *JCP E* 2018, p. 1597, obs. D. Legeais ; *RTD civ.* 2019. 154, obs. P. Crocq ; *Defrénois* 2019, n° 25, p. 31, obs. S. Cabrillac ; Com. 30 janv. 2019, n° 17-31.011, *JCP* 2019, p. 470, n° 8, obs. Ph. Simler ; *Defrénois* 2019, n° 25, p. 31, obs. S. Cabrillac.

2. Com. 18 déc. 2024, n° 22-13.721, *JCP* 2025, p. 148, note J. Bruschi et 457, n° 3, obs. Ph. Simler ; *RD bancaire et fin.* 2025, comm. 9, obs. D. Legeais ; *D.* 2025. 430, note J.-M. Chandler ; *RLDC* mars 2025, p. 43, obs. E. Putman.

3. Com. 22 juin 2010, *D.* 2010. 1985, note D. Houtcieff ; *RTD civ.* 2010. 593, obs. P. Crocq ; *RTD com.* 2010. 552, obs. C. Champaud et D. Danet ; *D.* 2011. 407, obs. P. Crocq ; *JCP* 2011, p. 770, n° 3, obs. Ph. Simler.

par le créancier : le créancier pourra donc poursuivre le cofidéjusseur pour l'intégralité de la somme [1].

80 **La consécration dans le Code civil.** La réforme de 2021 a « rapatrié » dans le Code civil l'exigence de proportionnalité, et a abrogé les articles L. 314-18, L. 332-1 et L. 343-4 du Code de la consommation. L'article 2300 du Code civil dispose désormais que « si le cautionnement souscrit par une personne physique envers un créancier professionnel était, lors de sa conclusion, manifestement disproportionné aux revenus et au patrimoine de la caution, il est réduit au montant à hauteur duquel elle pouvait s'engager à cette date ». Plusieurs évolutions sont notables par rapport au droit antérieur.

D'abord, la disproportion ne sera désormais appréciée qu'au jour de la conclusion de l'engagement. Il suffira donc que le cautionnement souscrit par une personne physique au profit d'un professionnel soit manifestement disproportionné au jour de sa souscription pour que la sanction soit encourue. Le créancier ne pourra plus invoquer le retour à meilleure fortune de la caution pour lui demander de payer malgré la disproportion initiale.

Ensuite, la sanction n'est plus la décharge totale de la caution mais la réduction du cautionnement à la hauteur à laquelle la caution pouvait s'engager. La sanction est donc allégée. Il importe toutefois de noter que la réduction aura lieu à hauteur des capacités financières de la caution au jour de l'engagement, et non au jour des poursuites. Le juge devra donc rechercher non pas le montant de ce qui peut être payé par la caution poursuivie, mais le montant auquel les parties auraient dû, *ab initio*, plafonner le cautionnement. En pratique, on peut craindre que la sanction nouvelle ne soit guère dissuasive : les créanciers n'auront plus grand intérêt à adapter l'engagement de la caution à sa situation financière puisque, en cas de disproportion, le cautionnement sera seulement ramené à une juste proportion. Les cautionnements disproportionnés risquent donc de se multiplier.

1. Cass., ch. mixte, 27 févr. 2015, n° 13-13.709, *D.* 2015. 564, obs. V. Avena-Robardet ; *D.* 2015. 840, note M.-O. Barbaud ; *JCP* 2015, p. 505, note Ph. Simler ; *RLDA* 2015, n° 5565, note C. Albigès ; *JCP* 2015, p. 604, n° 5, obs. Ph. Simler ; *JCP E* 2015, p. 1149, note D. Legeais ; *RTD civ.* 2015. 433, obs. P. Crocq ; *D.* 2015. 1810, obs. P. Crocq.

SECTION 2

Les conditions de forme et de preuve du cautionnement

81 **La forme et la preuve.** Une distinction fondamentale doit ici être rappelée. Lorsqu'un contrat doit, à peine de nullité, être rédigé ou contenir une mention particulière, on parle de condition de forme. Mais il arrive qu'un écrit soit également exigé à des fins probatoires : on parle alors de condition de preuve. La forme et la preuve ont souvent été confondues en droit du cautionnement, de sorte qu'il importe d'examiner tour à tour les conditions de forme (§ 1) et les conditions de preuve (§ 2) du cautionnement.

§ 1. Les conditions de forme

82 En principe consensuel (v. ss 35 et 49), le cautionnement peut, par exception, être un contrat solennel. L'exigence d'une forme est alors posée par le législateur à peine de nullité de l'engagement de la caution. On espère par-là attirer l'attention de la caution sur l'importance de son engagement. Avant la réforme de 2021, le formalisme résultait de plusieurs textes épars qui figuraient dans le Code de la consommation. L'ordonnance du 15 septembre 2021 les a abrogés et a consacré dans le Code civil une disposition générale. Pour comprendre la portée de la règle nouvelle, il convient d'évoquer le droit antérieur (A) et le droit issu de la réforme (B).

A. Le formalisme avant la réforme de 2021

83 **Cautionnement d'un crédit à la consommation ou d'un crédit immobilier**[1]**.** Deux conditions de forme étaient prescrites à peine de nullité de l'engagement. D'une part, le créancier devait notifier à la caution l'offre préalable de prêt, ce qui avait pour effet de

1. Ph. Delebecque, « Les incidences de la loi du 31 décembre 1989 sur le cautionnement », *D.* 1990. Chron. 256.

laisser courir un délai de réflexion de dix jours pendant lequel le cautionnement ne pouvait être conclu (C. consom., art. L. 313-24 et L. 313-34, al. 2). À défaut d'une telle notification ou d'un tel délai, le cautionnement était annulé [1]. D'autre part, les personnes physiques se portant caution de semblables opérations de crédit par acte sous-seing privé [2] devaient, à peine de nullité, reproduire dans l'acte une mention manuscrite dont la loi fixait précisément le contenu (C. consom., art. L. 314-15 et L. 314-16 [3]).

84 **Cautionnement d'un bail d'habitation.** Procédant du même souci de protection de la caution, la loi du 21 juillet 1994 imposait à la caution de faire précéder sa signature, à peine de nullité, d'une mention manuscrite exprimant « de façon explicite et non équivoque la connaissance qu'elle a de la nature et de l'étendue de l'obligation qu'elle contracte » ; elle devait, en outre, recopier le contenu de l'avant-dernier alinéa de l'article 22-1 de la loi du 6 juillet 1989 : « Lorsque le cautionnement d'obligations résultant d'un contrat de location conclu en application du présent titre ne comporte aucune indication de durée ou lorsque la durée est stipulée indéterminée, la caution peut le résilier unilatéralement. La résiliation prend effet au terme du contrat de location, qu'il s'agisse du contrat initial ou d'un contrat reconduit ou renouvelé, au cours duquel le bailleur reçoit notification de la résiliation [4]. »

1. Civ. 1re, 30 mars 1994, *Bull. civ.* I, n° 130.
2. Si le contrat est conclu sous la forme authentique, le formalisme légal n'est pas requis : Civ. 1re, 24 févr. 2004, *JCP* 2004. I, p. 141, n° 3, obs. Ph. Simler.
3. La caution doit « à peine de nullité de son engagement, faire précéder sa signature de la mention manuscrite suivante, et uniquement de celle-ci : en me portant caution de X, dans la limite de la somme de… couvrant le paiement du principal, des intérêts et, le cas échéant, des pénalités ou intérêts de retard et pour la durée de…, je m'engage à rembourser au prêteur les sommes dues sur mes revenus et mes biens si X n'y satisfait pas lui-même ». L'article L. 312-8 concerne le cautionnement solidaire. V. plus largement, Th. Revet, « La clause légale », *Mélanges Cabrillac*, Litec, 1999, p. 277.
4. F. Magnin, « Une page d'écriture pour la caution », *LPA* 5 oct. 1994, p. 28. La Cour a jugé que la nullité est encourue même en l'absence de grief de la caution (Civ. 3e, 8 mars 2006, *D.* 2006. 808, obs. Y. Rouquet ; *RDC* 2006, p. 749, obs. G. Lardeux ; *JCP* 2006. II, p. 10131, note E. Bazin) et même si la caution n'a pas recopié le texte *in extenso* alors qu'elle ne serait pas concernée par le dernier alinéa, s'étant engagée pour une durée déterminée (Civ. 3e, 14 sept. 2010, *JCP* 2011, p. 226, n° 4, obs. Ph. Simler). En revanche, si le contrat est conclu par acte notarié, la mention manuscrite n'est pas requise (Civ. 3e, 9 juill. 2008, *JCP* 2008. II, p. 10174, obs. V. Perruchot-Triboulet ; *D.* 2008. 2079, obs. Y. Rouquet ; *JCP* 2008. I, p. 211, n° 2, obs. Ph. Simler ; *Dr. et patr.* 4/2009, p. 124, obs. Ph. Dupichot).

Cette disposition était critiquée pour sa lourdeur et pour son domaine d'application incohérent : ne visant pas le cautionnement donné pour une durée déterminée, le texte aboutissait à ce que le cautionnement donné pour une durée indéterminée soit soumis à un formalisme très protecteur, sanctionné par la nullité, alors que le cautionnement donné pour une durée déterminée soit soumis au droit commun.

La loi « ELAN » du 23 mars 2018 a supprimé cette mention manuscrite de la caution pour les contrats conclus après le 25 novembre 2018. Désormais, il est prévu que la personne physique qui se porte caution signe seulement l'acte de cautionnement faisant apparaître le montant du loyer et les conditions de sa révision, tels qu'ils figurent au contrat de location, la mention exprimant de façon explicite et non équivoque la connaissance qu'elle a de l'étendue et de la nature de l'obligation qu'elle contracte, ainsi que la reproduction de l'avant-dernier alinéa de l'article 22-1 [1].

La Cour de cassation avait reconnu l'autonomie de l'article 22-1 de la loi de 1989 par rapport aux dispositions issues du Code de la consommation (v. ss 85) en jugeant que « le cautionnement relatif à un bail d'habitation étant spécifiquement régi par les dispositions de la loi du 6 juillet 1989, les articles L. 341-1 à L. 341-3, L. 341-5 et 6 du code de la consommation ne lui sont pas applicables [2] ».

85 **La loi du 1er août 2003.** La loi sur l'initiative économique du 1er août 2003 avait inséré l'article L. 341-2, devenu L. 331-1, dans le Code de la consommation. Il disposait que « toute personne physique qui s'engage par acte sous seing privé en qualité de caution envers un créancier professionnel fait précéder sa signature de la mention manuscrite suivante et uniquement de celle-ci : en me portant caution de X, dans la limite de la somme de... couvrant le paiement du principal, des intérêts et, le cas échéant, des pénalités

1. A. Gouëzel, « Mention manuscrite au cautionnement d'un bail d'habitation : entre étonnement et interrogations », *D.* 2018. 2380.
2. Com. 17 févr. 2022, n° 21-12.934, *D.* 2022. 822, note C. Juillet ; *D.* 2022. 1007, obs. N. Damas ; *D.* 2022. 1724, n° 3, obs. Ch. Gijsbers ; *Gaz. Pal.* 2022, n° 13, p. 2, obs. C. Albigès.

ou intérêts de retard et pour la durée de..., je m'engage à rembourser au prêteur les sommes dues sur mes revenus et mes biens si X n'y satisfait pas lui-même». L'article L. 343-1 disposait que «les formalités définies à l'article L. 331-1 sont prévues à peine de nullité». Cette disposition, bégaiement de l'article L. 314-15 du Code de la consommation, posait donc l'exigence d'une condition de forme puisque l'absence de la mention entraînait la nullité du contrat (v. aussi, l'art. L. 331-2 disposant que : «Lorsque le créancier professionnel demande un cautionnement solidaire, la personne physique qui se porte caution fait précéder sa signature de la mention manuscrite suivante : en renonçant au bénéfice de discussion défini à l'article 2298 du Code civil et m'en obligeant solidairement avec X, je m'engage à rembourser le créancier sans pouvoir exiger qu'il poursuive préalablement X»). C'était là une véritable exigence de forme dont l'absence entraînait l'annulation du contrat, même si la caution en avait par ailleurs reconnu l'existence [1]. On mesurait ainsi que le nouveau dispositif était totalement indépendant de la mention *ad probationem* exigée par l'ancien article 1326 (devenu 1376) du Code civil. Cette complète autonomie est révélée par deux affaires.

Dans la première, un dirigeant de société plaidait la nullité de son cautionnement car la mention qu'il avait rédigée l'engageait à payer la dette d'un débiteur «dans la limite de 52 000 euros (52 000 euros)». La cour d'appel avait annulé le cautionnement en retenant que l'exigence générale posée par l'article 1326 du Code civil, à laquelle ne dérogent pas les dispositions de l'article L. 341-2 (devenu L. 331-1), a précisément pour but, par la répétition de la somme sous deux formes différentes, d'attirer l'attention du scripteur sur l'importance de l'engagement qu'il souscrit. Elle en avait alors déduit qu'il ne s'agissait pas d'une erreur matérielle mais d'une erreur qui portait atteinte à la validité de l'engagement de la caution. L'arrêt est cassé au motif que «l'article L. 341-2 (devenu L. 331-1) n'impose pas la mention du montant de l'engagement de la caution à la fois en chiffres et en lettres», de sorte

1. Com. 28 avr. 2009, *JCP* 2009, p. 14, n° 25, obs. S. Piedelièvre, I. 492, n° 6, obs. Ph. Simler ; Com. 1er oct. 2013, *Gaz. Pal.* 4-5 déc. 2013, p. 13, obs. M.-P. Dumont-Lefrand.

que la cour d'appel avait ajouté à la loi une condition qu'elle ne comportait pas [1].

Dans la seconde, une caution plaidait que son cautionnement devait être annulé car il n'était pas daté. La Cour juge alors que l'absence de date sur l'acte ou dans la mention manuscrite n'est pas une cause de nullité du cautionnement [2]. La solution peut paraître étonnante puisque la mention impose la durée de l'engagement et qu'il semblerait alors nécessaire de connaître le point de départ du cautionnement. Pourtant, force est de constater que la mention légale ne contient pas l'exigence de la date : la Cour juge donc que l'absence de date est inapte à obtenir la nullité du contrat. Cela montre, d'abord, que le contrat reste en principe consensuel et que le formalisme imposé par le législateur doit être restrictivement interprété et, ensuite, que l'absence de date n'aura de conséquences que sur le terrain probatoire.

86 **Le domaine de la loi faisait l'objet de nombreuses décisions.** D'abord, le texte s'appliquait à toutes les cautions personnes physiques, sans qu'il y ait lieu de distinguer si elles sont profanes ou averties [3]. Ensuite, la notion de créancier professionnel avait été précisée. Cette expression ne concerne pas seulement les établissements de crédit mais aussi tous ceux qui deviennent créancier dans l'exercice de leur profession. Une association sans but lucratif dont l'objet est de fournir des garanties financières à des agences de voyages [4] ou un garagiste obtenant un cautionnement

1. Com. 18 janv. 2017, n° 14-26.604, *D.* 2017. 1996, obs. P. Crocq ; *JCP* 2017, p. 511, n° 3, obs. Ph. Simler ; *JCP E* 2017, p. 1350, n° 3, obs. Ph. Simler ; *Gaz. Pal.* 21 févr. 2017, p. 26, obs. M.-P. Dumont-Lefrand ; *Defrénois* 2017, n° 19, p. 29, obs. S. Cabrillac.
2. Com. 15 mai 2019, n° 17-28.875, *RDC* 2019/3, p. 48, obs. D. Houtcieff ; *D.* 2019. 1592, note F. Bidois.
3. Com. 10 janv. 2012, *D.* 2012. 1573, obs. P. Crocq ; *RTD com.* 2012.177, obs. D. Legeais ; *Gaz. Pal.* 28-29 mars 2012, p. 14, obs. M.-P. Dumont-Lefrand ; Civ. 1re, 8 mai 2012, *D.* 2012. 1573, obs. P. Crocq ; *JCP* 2012, p. 517, note S. Piedelièvre.
4. Une agence de voyages avait adhéré à une association qui lui fournissait la garantie financière obligatoire. Ses dirigeants s'étaient portés caution des sommes dues à l'association. Assignés, ils faisaient valoir que le cautionnement était nul, faute pour le créancier professionnel d'avoir respecté la mention manuscrite. La cour d'appel avait dit les textes consuméristes non applicables car l'association, qui agit sans but lucratif et se définit à travers ses statuts comme un garant professionnel, ne peut, de ce fait, être considérée comme un créancier professionnel au sens des articles L. 341-2 et L. 341-3 du Code de la consommation. L'arrêt est cassé : après avoir rappelé que « le créancier professionnel au sens des articles L. 341-2 et L. 341-3 du code de la consommation, dans leur rédaction antérieure à celle issue de l'ordonnance n° 2016-301

pour la garantie du paiement de réparations ont ainsi été considérés comme des créanciers professionnels. À cette occasion, la Cour a jugé que « le créancier professionnel s'entend de celui dont la créance est née dans l'exercice de sa profession ou se trouve en rapport direct avec l'une de ses activités professionnelles, même si celle-ci n'est pas principale [1] ». Enfin, le texte ne s'appliquait pas lorsque le cautionnement était reçu en la forme authentique. Il avait en effet été précisé que les dispositions de l'article L. 331-2 du Code de la consommation n'étaient pas applicables aux cautionnements consentis par acte authentique alors que celles de l'article L. 331-3 (« les stipulations de solidarité et de renonciation au bénéfice de discussion figurant dans un contrat de cautionnement consenti par une personne physique au bénéfice d'un créancier professionnel sont réputées non écrites si l'engagement de la caution n'est pas limité à un montant global expressément et contractuellement déterminé, incluant le principal, les intérêts, les

du 14 mars 2016, au sens de ces textes s'entend de celui dont la créance est née dans l'exercice de sa profession ou se trouve en rapport direct avec l'une de ses activités professionnelles », la Cour juge que « en statuant ainsi, alors que la créance garantie par le cautionnement de M. X était en rapport direct avec l'activité professionnelle qu'exerce, même sans but lucratif, l'APST et qui consiste à fournir sa garantie financière aux clients et fournisseurs de l'agence de voyages qu'elle compte parmi ses membres, lorsque l'agence, financièrement défaillante, est dans l'incapacité d'exécuter les prestations promises, de sorte que l'APST est un créancier professionnel au sens des articles L. 341-2 et L. 341-3 du code de la consommation, la cour d'appel a violé les textes précités » (Com. 27 sept. 2017, n° 15-24.895 ; *Gaz. Pal.* 21 nov. 2017, p. 26, obs. M.-P. Dumont).

1. Civ. 1re, 25 juin 2009, *JCP* 2009. I, p. 492, n° 5, obs. Ph. Simler ; *RTD com.* 2009. 601, obs. D. Legeais ; *JCP E* 2009, p. 1776, note D. Legeais ; *Dr. et patr.* 12/2009, p. 97, obs. L. Aynès ; rapp. Civ. 1re, 9 juill. 2009, *D.* 2009. 2198, note S. Piedelièvre ; *JCP E* 2009, p. 1840, note D. Legeais ; *Dr. et patr.* 12/2009, p. 97, obs. L. Aynès ; *RTD com.* 2009. 601, obs. D. Legeais ; *JCP* 2009. I, p. 492, n° 5, obs. Ph. Simler. Civ. 1re, 1er oct. 2014, n° 13-16.273, *CCC* 2015, comm. n° 19, obs. G. Raymond (en l'espèce, le créancier espérait n'être pas considéré comme créancier professionnel en faisant valoir que le contrat ne comportait aucun lien direct avec son activité. La Cour refuse d'appliquer ce critère du lien direct, seulement mis en œuvre pour déterminer le champ d'application de l'article L. 212-1 du Code de la consommation). Dans un autre arrêt, la Cour a néanmoins montré que la qualification de créancier professionnel ne devait pas être entendue trop largement. Une personne physique s'était portée caution envers le propriétaire d'un fonds de commerce, pour les dettes du locataire gérant. La cour d'appel avait considéré que l'article L. 341-2 s'appliquait. Cassation : « Qu'en se déterminant ainsi, sans mieux préciser en quoi la créance litigieuse serait née de la profession de la Sebli ou serait en rapport direct avec l'une de ses activités professionnelles dont il était soutenu qu'elles se limitaient à l'aménagement, la rénovation urbaine et la restauration immobilière de construction, la cour d'appel a privé sa décision de base légale au regard des textes susvisés » : Civ. 1re, 15 oct. 2014, n° 13-20.919, *CCC* 2015, comm. n° 19, obs. G. Raymond ; *Defrénois* 2015, p. 488, obs. S. Cabrillac ; *JCP* 2015, p. 604, n° 3, obs. Ph. Simler ; *Gaz. Pal.* 3-4 déc. 2014, p. 16, obs. C. Albigès.

frais et accessoires ») étaient applicables à tous les contrats, peu important qu'ils soient constatés par acte authentique [1].

87 **L'application dans le temps** de la loi avait causé quelques incertitudes. Considérant que la loi nouvelle ne faisait qu'étendre à toute personne physique caution envers un créancier professionnel des règles qui figuraient déjà dans le Code de la consommation mais qui ne s'appliquaient qu'en matière de crédit à la consommation, des juridictions du fond avaient considéré que la loi avait un caractère interprétatif, donc rétroactif. Les dispositions de la loi de 2003 s'appliqueraient donc aux contrats de cautionnements conclus avant son entrée en vigueur. La Cour de cassation avait formellement condamné cette analyse en jugeant que la loi nouvelle ne s'appliquait pas aux contrats en cours [2].

88 **Assouplissement par le juge.** Au-delà de cet aspect, les objectifs affichés par la loi – protéger la caution et tarir le contentieux – n'avaient pas du tout été atteints : comment en effet réellement considérer que la mention, dictée par l'établissement de crédit et recopiée par la caution personne physique, lui permettent de prendre conscience de l'ampleur de son engagement ? L'alternative était la suivante : la mention sera recopiée au mot près et la caution aura eu conscience de son engagement ; ou, mal recopiée, la mention incomplète présumera de l'absence de conscience de la caution. Ce raisonnement mécanique et binaire n'a pas emporté la conviction des juges, confrontés à la réalité et à la variété des situations. La Cour de cassation s'est donc livrée à un véritable assouplissement de la rigueur du formalisme voulue par le législateur. Cet assouplissement s'est opéré dans cinq directions.

Premièrement, le texte imposait que la caution écrive, elle-même, la mention [3]. Que décider lorsque la mention aura été rédigée par un tiers, avec le complet assentiment de la caution ? Après

1. Com. 6 juill. 2010, *D.* 2010. 2129, note S. Piedelièvre ; *D.* 2011. 406, n° 1, obs. P. Crocq ; *JCP* 2010, p. 789, note J.-J. Barbieri ; *JCP* 2011, p. 226, n° 5, obs. Ph. Simler ; *RTD civ.* 2010. 593, obs. P. Crocq ; *RDC* 2010, p. 1349, obs. D. Houtcieff.
2. Com. 13 févr. 2007, *D.* 2007. 651, obs. V. Avéna-Robardet ; *JCP* 2007. I, p. 158, n° 4, obs. Ph. Simler.
3. Sur les hypothèses de dénégation d'écriture : Civ. 3e, 9 mars 2022, n° 21-10.619, *RTD civ.* 2022. 393, obs. H. Barbier ; *JCP E* 2022, n° 20, n° 1191, p. 45, note L. Siguoirt ; *JCP* 2022, p. 467, n° 1, obs. Ph. Simler.

avoir retenu l'annulation du cautionnement [1], la Cour avait retenu une interprétation plus souple des textes [2].

Deuxièmement, la Cour avait jugé que « la violation du formalisme des articles L. 341-2 et L. 341-3 du Code de la consommation, qui a pour finalité la protection des intérêts de la caution, est sanctionnée par une nullité relative, à laquelle elle peut renoncer par une exécution volontaire de son engagement irrégulier, en connaissance du vice l'affectant [3] ». La solution semblait donc revenir sur des solutions antérieures où il avait été jugé que le cautionnement devait être annulé si la mention n'était pas conforme, nonobstant l'aveu de la caution [4].

Troisièmement, alors que l'article L. 343-2 imposait une mention spéciale pour le cautionnement solidaire à peine de nullité de l'engagement, la Cour avait jugé que la non-conformité de cette mention supprimait seulement la solidarité, le cautionnement survivant alors simple [5].

Quatrièmement, la Cour avait progressivement évolué dans le sens d'une atténuation de la sanction du formalisme. Elle avait d'abord jugé que « la nullité d'un engagement de caution souscrit par une personne physique envers un créancier professionnel est encourue du seul fait que la mention manuscrite n'est pas identique aux mentions prescrites par les articles L. 341-2 et 3 du Code de la consommation, à l'exception de l'hypothèse dans laquelle ce

---

1. Com. 13 mars 2012, n° 10-27.814, *Gaz. Pal.* 2012. 942, obs. C. Albigès ; *RDC* 2012, p. 1265, obs. A.-S. Barthez.

2. Une personne, arrivée en France en 1990 et sachant mal écrire, avait prié sa secrétaire de l'accompagner et de rédiger la mention manuscrite. La Cour de cassation retient « mais attendu... que l'arrêt retient que ces circonstances établissent que la conscience et l'information de la caution sur son engagement étaient autant assurées que si elle avait été capable d'apposer cette mention de sa main, dès lors qu'il avait été procédé à sa rédaction, à sa demande, et en sa présence » (Com. 20 sept. 2017, n° 12-18.364, *JCP* 2017, p. 1281, note Ph. Simler ; *JCP E* 2017, p. 1638, note D. Legeais ; *Gaz. Pal.* 21 nov. 2017, p. 27, obs. C. Albigès).

3. Com. 5 févr. 2013, *D.* 2013. 428, obs. V. Avéna-Robardet ; *D.* 2013. 1706, obs. P. Crocq ; *JCP* 2013, p. 585, n° 1, obs. Ph. Simler.

4. Com. 28 avr. 2009, préc.

5. La Cour a jugé qu'une erreur de recopiage de la mention de solidarité n'entraîne pas l'annulation de l'engagement, mais de la seule stipulation de solidarité : la caution reste donc tenue, mais le cautionnement est simple : Com. 8 mars 2011, *D.* 2011. 1193, note Y. Picod ; *JCP* 2011, p. 770, n° 2, obs. Ph. Simler ; *RTD civ.* 2011. 375, obs. P. Crocq. Dans le même sens, Com. 14 nov. 2019, n° 18-15.468, *Gaz. Pal.* 18 févr. 2020, p. 30, obs. C. Albigès.

défaut d'identité résulterait d'une erreur matérielle [1] ». Dans un arrêt du même jour, la cour avait estimé que la substitution d'une virgule à un point était une erreur matérielle [2]. Puis elle s'était écartée du carcan trop étroit de l'erreur matérielle pour décider que le cautionnement devait être maintenu lorsque les modifications de la mention manuscrite n'en altéraient ni le sens ni la portée. Il en résultait une jurisprudence casuistique et touffue. Ainsi, ni l'évocation d'un cautionnement personnel et solidaire [3], ni l'oubli des mots « mes biens [4] » ou du mot « intérêt [5] », ni l'ajout de certains éléments [6], ni l'apposition d'une minuscule en lieu et place d'une majuscule, ni l'omission d'un point à la place d'une virgule [7] n'avaient été considérés comme altérant le sens et la portée de la mention manuscrite. En sens inverse, certaines erreurs ou incomplétudes de la mention manuscrite avaient été sanctionnées par la nullité : ainsi en est-il de l'omission du mot « si [8] » ou de l'incorrecte désignation du débiteur, soit qu'il soit désigné en

---

1. Com. 5 avr. 2011, *D.* 2011. 1132, obs. V. Avena-Robardet ; *JCP* 2011, p. 770, n° 2, obs. Ph. Simler ; *D.* 2012. 1578, obs. P. Crocq.
2. Comp. Lyon 20 nov. 2011, *Gaz. Pal.* 21 déc. 2011, p. 15, obs. C. Albigès.
3. Civ. 1re, 10 avr. 2013, *D.* 2013. 989, obs. V. Avéna-Robardet ; *D.* 2013. 1460, note J. Lasserre-Capdeville et G. Piette ; *D.* 2013. 1706, obs. P. Crocq ; *JCP* 2013, p. 1256, n° 1, obs. Ph. Simler.
4. Com. 1re oct. 2013, *Gaz. Pal.* 4-5 déc. 2013, p. 13, obs. M.-P. Dumont-Lefrand ; *JCP* 2013, p. 1236, n° 1, obs. Ph. Simler ; *JCP E* 2013, p. 1624, note D. Legeais.
5. Com. 4 nov. 2014, n° 13-24.706, *Gaz. Pal.* 3-4 déc. 2014, p. 15, obs. C. Albigès ; *RTD civ.* 2015. 183, obs. P. Crocq ; *JCP* 2015, p. 604, n° 1, obs. Ph. Simler ; *JCP E* 2014, p. 1645, note D. Legeais ; *RDC* 2015, p. 280, obs. A.-S. Barthez ; *D.* 2015. 1810, obs. P. Crocq : « L'omission du mot "intérêt" n'a pour conséquence que de "limiter l'étendue du cautionnement au principal de la dette sans affecter la validité". »
6. Com. 16 oct. 2012, *D.* 2012. 2509, obs. V. Avéna-Robardet ; *D.* 2013. 1706, obs. P. Crocq ; *Gaz. Pal.* 12-13 déc. 2012, p. 11, obs. Ch. Albigès. Com. 27 févr. 2015, n° 13-28.502, *Gaz. Pal.* 18 et 19 mars 2015, p. 12, obs. M.-P. Dumont-Lefrand : « La banque avait fait rajouter après les mots "au prêteur" de l'article L. 341-2 les mots "ou à toute personne qui lui sera substituée en cas de fusion, absorption, scission ou apports d'actifs". La caution plaidait que cet ajout rendait plus difficile la compréhension de son engagement. La Cour juge que l'ajout litigieux "portant exclusivement sur la personne du prêteur ne dénature pas l'acte de caution et n'en rend pas la compréhension plus difficile". »
7. Civ. 1re, 11 sept. 2013, *Gaz. Pal.* 16-17 oct. 2013, p. 10, note M. Mignot ; Civ. 1re, 22 janv. 2014, *Gaz. Pal.* 19-20 mars 2014, p. 12, obs. M.-P. Dumont-Lefrand.
8. Com. 7 févr. 2018, n° 16-20.586, *JCP* 2018, p. 367, obs. Ph. Simler : une caution avait écrit « je m'engage à rembourser au prêteur les sommes dues sur mes revenus et mes biens la SARL n'y satisfait pas elle-même ». La cour d'appel avait jugé valable le cautionnement. Son arrêt est censuré au motif que « l'erreur relevée, en ce qu'elle rendait la mention manuscrite légale inintelligible, en affectait le sens et la portée ».

tant que « bénéficiaire du crédit [1] », soit qu'il soit désigné par son enseigne [2] ; ainsi en était-il encore de la mention qui précisait que la caution s'engageait sur ses biens « ou » sur ses revenus [3]. Toujours est-il qu'il ne restait plus grand-chose de l'expression « et uniquement de celle-ci » par laquelle le législateur entendait museler le contentieux. Ce sentiment de « réécriture » des textes était renforcé par la question de la durée du cautionnement soumis au Code de la consommation. La difficulté venait du fait que l'article L. 341-2 (devenu L. 331-1) imposait que la caution mentionne la durée pour laquelle elle s'engage [4], tandis que l'article L. 341-6 semblait autoriser les cautionnements à durée indéterminée en imposant au créancier une obligation d'information spécifique. Les auteurs considéraient cependant qu'il n'y avait pas de contradiction puisque le second texte avait vocation à s'appliquer aux cautionnements exclus du champ d'application du premier. La Cour de cassation avait pourtant jugé, au visa de l'article L. 341-6,

1. Com. 24 mai 2018, n° 16-24.400, *JCP E* 2018, p. 442 ; *D.* 2018. 1884, obs. P. Crocq ; *RDBF* 2018, comm. 91, obs. D. Legeais ; *Gaz. Pal.* 26 juin 2018, p. 27, obs. M.-P. Dumont-Lefrand ; *JCP* 2018, p. 1221, obs. Ph. Simler ; *Defrénois* 2018, n° 48, p. 32, obs. S. Cabrillac : « En statuant ainsi, alors que la lettre X de la formule légale doit être remplacée, dans la mention manuscrite apposée par la caution, par le nom ou la dénomination sociale du débiteur garanti, la cour d'appel a violé l'article L. 341-2 du Code de la consommation. »
2. Com. 9 juill. 2019, n° 17-22.626, *JCP* 2019, p. 958, obs. Ph. Simler ; *RDC* 2019/4, p. 35, obs. D. Houtcieff : un époux s'était porté caution des dettes de « AVTB », l'enseigne sous laquelle son épouse exerçait son activité. Il plaidait la nullité de son engagement car le débiteur n'était pas identifié. La cour d'appel qui avait rejeté ses demandes, voit son arrêt cassé : « Qu'en se déterminant ainsi, sans rechercher, comme elle y était invitée, si la mention manuscrite de l'acte de cautionnement permettait d'identifier le débiteur garanti, sans qu'il soit nécessaire de se référer à des éléments extérieurs à cette mention, quand ce débiteur doit être désigné dans la mention manuscrite apposée par la caution par son nom ou sa dénomination sociale, et ne peut l'être par une enseigne, la cour d'appel n'a pas donné de base légale à sa décision. »
3. Com. 5 avr. 2023, n° 21-20.905, *D.* 2023. 1765, n° 1, obs. J.-J. Ansault ; *RDBF* 2023, comm. 80, obs. D. Legeais.
4. Sur l'exigence de la stipulation de la durée, v. Com. 13 déc. 2017, n° 15-24.294, *JCP* 2018, p. 77, note J.-D. Pellier ; *CCC* 2018, comm. n° 35, obs. S. Bernheim-Desvaux ; *JCP E* 2018, p. 1253, obs. Ph. Simler. En l'espèce, le dirigeant d'une société se porte caution des dettes de celle-ci envers d'autres sociétés appartenant au même groupe. Assigné en paiement, il soulève la nullité du cautionnement au motif qu'il s'était engagé en qualité de caution « jusqu'au 3 janv. 2014, ou toute autre date reportée d'accord partie ». La Cour considère que le cautionnement est nul : « L'arrêt énonce exactement que la mention "pour la durée de..." qu'impose, pour un cautionnement à durée déterminée, l'article L. 341-2 du Code de la consommation, implique l'indication d'une durée précise. » Cette solution est à mettre en perspective avec des précédents dans lesquels la Cour avait retenu que la durée est un élément essentiel du cautionnement (Civ. 1re, 9 juill. 2015, n° 14-24.287).

que le cautionnement à durée indéterminée souscrit par une personne physique n'est pas nul et, au visa de l'article L. 341-2, que la mention par laquelle la caution s'engage « jusqu'au paiement des sommes dues » n'affecte pas le sens et la portée de la mention et reste accessible à la caution : « Attendu qu'après avoir énoncé qu'il se déduit de la combinaison des articles L. 341-2 et L. 341-6 du Code de la consommation que le cautionnement à durée indéterminée est licite, l'arrêt constate que la mention manuscrite apposée par M. Y, relative à la durée de ses engagements, stipule que le cautionnement est consenti "jusqu'au paiement effectif de toutes les sommes dues" ; qu'ainsi, dès lors que cette mention ne modifiait pas le sens et la portée de la mention manuscrite légale, c'est à bon droit que la cour d'appel en a déduit que les cautionnements litigieux n'étaient pas entachés de nullité pour violation de l'article L. 341-2 du Code de la consommation [1]. » En revanche, lorsque le cautionnement était à durée déterminée, la Cour maintenait la rigueur du formalisme en jugeant que le cautionnement devait contenir une mention précise de sa durée, sans qu'il soit possible de renvoyer à la durée du contrat principal : « La mention manuscrite de la durée du cautionnement doit être exprimée de manière précise et sans qu'il soit nécessaire de se reporter aux clauses imprimées de l'acte [2]. » Ces solutions aboutissaient à supprimer toute sécurité juridique en la matière.

Cinquièmement, des arrêts tout aussi nombreux concernaient la place de la signature. En toute rigueur, la caution devait apposer sa signature après chaque mention manuscrite qu'elle avait rédigée. La jurisprudence avait là encore assoupli ce formalisme étriqué. Elle avait ainsi jugé qu'une seule signature pouvait valablement être

---

1. Com. 15 nov. 2017, n° 16-10.504, *JCP E* 2018, p. 1010, note D. Legeais ; *D.* 2018. 392, note M.-P. Dumont-Lefrand ; *JCP* 2018, p. 367, obs. Ph. Simler ; *D.* 2018. 1884, obs. P. Crocq ; *RTD civ.* 2018. 179 et 184, obs. P. Crocq, et 199, obs. M. Nicod ; *CCC* 2018, comm. n° 19, obs. S. Bernheim-Desvaux ; *RDC* mars 2018, p. 63, obs. D. Houtcieff ; *Banque et Dr.* 2018, n° 177, p. 56, obs. F. Jacob ; *RDBF* 2018, comm. 3 et 6, obs. D. Legeais ; *RLDC* févr. 2018, p. 32, note I. Sérandour ; *JCP* 2018, p. 13, note Ph. Simler ; V. aussi : Y. Picod, « La réécriture prétorienne des prescriptions du code de la consommation concernant la mention manuscrite de la caution », *Dr. et patr.* mars 2018, Cah. Droit de la consommation, p. 2.
2. Com. 29 nov. 2023, n° 22-17.913, *D.* 2024. 301, note C. Kahn ; *D.* 2024. 1793, n° 3, obs. J.-J. Ansault ; *RTD civ.* 2024. 161, obs. C. Gijsbers ; *JCP* 2004, p. 464, n° 4, obs. Ph. Simler ; Com. 9 oct. 2024, n° 23-13.173, *JCP* 2025, p. 457, n° 2, obs. Ph. Simler.

apposée à la suite des deux mentions[1]. En revanche, elle avait estimé que le cautionnement devait être annulé lorsque la signature précédait la mention manuscrite[2].

B. Le formalisme depuis la réforme de 2021

89 **L'article 2297 du Code civil.** Le trouble et les incertitudes du droit positif étaient critiqués[3]. La réforme abroge les dispositions du Code de la consommation et consacre, dans le Code civil, une disposition unique à la question. Le Code civil redevient ainsi le réceptacle du droit commun du cautionnement.

90 **La mention générale (C. civ., art. 2297, al. 1er).** « À peine de nullité de son engagement, la caution personne physique appose elle-même la mention qu'elle s'engage en qualité de caution à payer au créancier ce que lui doit le débiteur en cas de défaillance de celui-ci, dans la limite d'un montant en principal et accessoires exprimé en toutes lettres et en chiffres. En cas de différence, le cautionnement vaut pour la somme écrite en toutes lettres. » Reprenant l'exigence d'une mention obligatoire sanctionnée par la nullité du contrat, ce texte apporte plusieurs modifications par rapport au droit antérieur.

D'abord, il vise tous les cautionnements souscrits par des personnes physiques alors que les textes antérieurs ne concernaient que les cautions personnes physiques qui s'étaient engagées au profit de « créanciers professionnels ». Il en résulte nécessairement une extension du domaine de l'exigence du formalisme protecteur.

---

1. Com. 2 oct. 2012, *D.* 2013. 1706, obs. P. Crocq ; *Gaz. Pal.* 12-13 déc. 2012, p. 11, obs. C. Albigès.
2. Com. 22 janv. 2013, *D.* 2013. 1706, obs. P. Crocq ; *Gaz. Pal.* 21 mars 2013, p. 15, obs. M.-P. Dumont-Lefrand ; Com. 17 sept. 2013 ; *D.* 2013. 2220, obs. V. Avéna-Robardet ; *Gaz. Pal.* 4-5 déc. 2013, p. 13, obs. M.-P. Dumont-Lefrand ; *JCP* 2013, p. 1256, n° 1, obs. Ph. Simler ; *JCP E* 2013, p. 1573, note D. Legeais. Voir aussi, admettant la validité du cautionnement lorsque la signature précède la mention manuscrite, qui est tout de même suivie d'un simple paraphe : Civ. 1re, 22 sept. 2016, n° 15-19.543, *JCP E* 2016, p. 1569, note D. Legeais ; *D.* 2016. 1925, obs. V. Avena-Robardet ; *JCP* 2016, p. 1224, n° 1, obs. Ph. Simler ; *Defrénois* 2017, n° 19, p. 29, obs. S. Cabrillac ; *RDC* 2017, p. 73, obs. A.-S. Barthez ; *D.* 2017. 1996, obs. P. Crocq. Cette solution peut s'expliquer par le fait que la Cour a considéré que le paraphe valait signature. Mais en sens contraire : Civ. 3e, 11 juill. 2024, n° 22-17.252, *D.* 2024. 1793, n° 3, obs. J.-J. Ansault.
3. G. Piette, « Solutions pour mettre un terme au contentieux relatif aux mentions manuscrites dans le cautionnement », *D.* 2017. 1064.

Ensuite, l'article 2297, alinéa 1er, n'impose plus de mention prédéterminée par le législateur, que la caution devrait recopier au mot près. L'objectif visé est de réduire le contentieux pléthorique auquel le Code de la consommation avait donné lieu et de laisser aux parties une plus grande liberté rédactionnelle. Il existe évidemment un risque qu'un nouveau contentieux, fondé sur l'appréciation de la clarté de la mention, se substitue à l'ancien. Par exemple, l'article 2297 ne contient plus aucune référence à la durée. De même, les juges auront sans doute à s'interroger sur l'éventuelle absence de mention des accessoires : alors que l'article 2295 nouveau dispose que « sauf clause contraire, le cautionnement s'étend aux intérêts et autres accessoires », l'article 2297 semble exiger de mentionner les accessoires ; ces accessoires pourraient donc ne pas être garantis s'ils ne sont pas visés dans la mention apposée par la caution.

Enfin, la réforme permet que la mention de l'article 2297 puisse ne pas être manuscrite. Le législateur a en effet supprimé la prohibition de la constitution des sûretés personnelles et réelles par voie électronique. Instituée par la loi n° 2004-575 du 21 juin 2004 *pour la confiance dans l'économie numérique*, cette interdiction figurait à l'article 1175 du Code civil. Selon le Rapport fait au président de la République, « lever ce frein, injustifié à l'ère du numérique, est indispensable pour inciter les opérateurs économiques internationaux à utiliser le droit français ». La voie est ainsi ouverte à la dématérialisation du cautionnement.

91 **La mention en cas de solidarité.** L'article 2297, alinéa 2, dispose que « si la caution est privée des bénéfices de discussion ou de division, elle reconnaît dans cette mention ne pouvoir exiger du créancier qu'il poursuive d'abord le débiteur ou qu'il divise ses poursuites entre les cautions. À défaut, elle conserve le droit de se prévaloir de ces bénéfices. » Là encore, aucune rédaction précise n'est imposée ce qui ouvrira sans doute la voie à un contentieux sur l'éventuelle imprécision ou inexactitude des termes choisis. Le texte consacre la solution qui avait été dégagée par la Cour de cassation : si la mention est incomplète ou inexacte, le cautionnement n'est pas nul, mais simple et conjoint (v. ss 88).

92 **Le mandat de se porter caution.** L'article 2297, alinéa 3, dispose que « la personne physique qui donne mandat à autrui de se porter caution doit respecter les dispositions du présent article ». Le mandat devra contenir les mentions exigées par les deux alinéas précédents à défaut de quoi le cautionnement souscrit sera nul (C. civ., art. 2297, al. 1er) ou simple (C. civ., art. 2297, al. 2).

§ 2. Les conditions de preuve

93 **Rappel.** Contrat unilatéral, le contrat de cautionnement est soumis à l'article 1376 (anc. 1326) du Code civil qui impose la mention, en chiffres et en lettres, de la somme due par celui qui s'oblige. De plus, l'article 2294 du Code civil, propre au cautionnement, dispose qu'il doit être « *exprès* ». Ces exigences sont des formalités probatoires, c'est-à-dire que leur absence ou leur insuffisance ne peut avoir aucune répercussion sur la validité du contrat : le contrat n'est pas prouvé mais il peut l'être, par tout moyen, si le créancier allègue un commencement de preuve par écrit ou une impossibilité morale de se procurer un écrit. La netteté de ce principe a pourtant été altérée par la jurisprudence qui a un temps fait de l'écrit *ad probationem* une exigence *ad validitatem*. On précisera alors le contenu (1), la fonction (2) et le domaine (3) de la mention manuscrite.

1. *Contenu de la mention manuscrite*

94 **Cautionnement d'une somme déterminée.** Lorsque la caution s'engage à payer une somme qui est arrêtée lors de la signature de l'acte, elle doit porter, de sa main, la mention, en chiffres et en lettres [1], de cette somme. Le cautionnement chiffré vise deux hypothèses : le cautionnement d'une somme déterminée (remboursement d'un prêt) et le cautionnement d'une somme indéterminée dans une limite déterminée (remboursement des dettes de la société dans la limite de x euros). Une difficulté épineuse a

1. Civ. 1re, 25 mai 2005, *D.* 2005. 1548, obs. V. Avena-Robardet ; *JCP* 2005. II, p. 10169, note S. Piedelièvre.

cependant concerné le sort des intérêts : la première chambre civile de la Cour de cassation exigeait que la caution écrive de sa main le montant et le taux des intérêts. Faute d'indication du taux de la main de la caution, l'acte n'était qu'un commencement de preuve par écrit [1]. Cette solution protégeait la caution mais tenait pour lettre morte l'article 2293 du Code civil disposant que le cautionnement d'une obligation principale s'étend à tous les accessoires de la dette. En revanche, la chambre commerciale retenait que l'article 1376 du Code civil ne s'appliquait pas aux accessoires de la dette principale [2] : la caution était donc tenue au paiement des intérêts qu'elle en ait ou non précisé le taux. Face à l'incohérence de ces solutions, la première chambre civile a opéré un revirement de jurisprudence en considérant que le cautionnement indéfini d'une obligation principale s'étend à tous les accessoires de la dette [3]. L'article 1376 du Code civil limite seulement l'exigence de la mention manuscrite à la somme ou à la qualité due, sans l'étendre à la nature de la dette, à ses accessoires ou à ses composantes [4]. De fait, la caution garantit les intérêts produits par la dette principale si elle s'y est engagée mais il n'est pas nécessaire que cet engagement soit repris dans une mention spéciale [5]. Au moment où les différentes chambres de la Cour de cassation avaient trouvé un point d'équilibre en restaurant l'article 2293 du Code civil et en cantonnant l'article 1376 à des seules questions probatoires, le législateur était venu bousculer cet édifice [6]. En effet, la loi imposait désormais à la caution, personne physique,

---

1. Civ. 1re, 23 juin 1992, *Bull. civ.* I, n° 194 ; Civ. 1re, 13 oct. 1999, *JCP* 2000. II, p. 10307, note J. Casey ; Civ. 1re, 29 févr. 2000, *D.* 2000, somm. 342, obs. V. Brémond ; *D.* 2001, somm. 691, obs. L. Aynès ; *JCP E* 2000, p. 801, note D. Legeais ; Civ. 1re, 10 juill. 2001, *JCP* 2001. I, p. 356, n° 1, obs. Ph. Simler.
2. Com. 16 mars 1999, *JCP* 1999. I, p. 156, n° 1, obs. Ph. Simler ; *JCP E* 1999, p. 1055, note D. Legeais ; *JCP* 1999. II, p. 10184, note J. Casey ; Com. 17 juill. 2001, *JCP* 2001. I, p. 356, n° 1, obs. Ph. Simler ; *adde* Ph. Simler, « Le cautionnement d'une dette s'étend de plein droit aux accessoires de celle-ci », *RJDA* 1999. Chron. 831.
3. Civ. 1re, 29 oct. 2002, *D.* 2002. 371, note J. Djoudi ; *D.* 2002, somm. 3334, obs. L. Aynès ; *JCP* 2002. II, p. 10187, note D. Legeais ; *Defrénois* 2003, p. 229, note S. Piedelièvre ; *RTD civ.* 2003. 122, obs. P. Crocq ; *JCP* 2003. I, p. 124, n° 1, obs. Ph. Simler.
4. Com. 4 févr. 2003, *D.* 2003. 1357, note B. Roman ; I. Tricot-Chamard, « Les vicissitudes de la mention manuscrite dans le cautionnement, suite ou fin ? », *JCP* 2004. I, p. 112.
5. Civ. 1re, 9 mars 2004, *D.* 2004. 2706, obs. L. Aynès.
6. V. P. Crocq, *RTD civ.* 2004. 121, dressant le constat de la jurisprudence combattue par la loi.

de rédiger une mention manuscrite portant sur les intérêts et les pénalités accessoires (C. consom., art. L. 331-1, anc. L. 341-2 : « Toute personne physique qui s'engage par acte sous seing privé en qualité de caution envers un créancier professionnel fait précéder sa signature de la mention manuscrite suivante et uniquement de celle-ci : en me portant caution de X, dans la limite de la somme de… couvrant le paiement du principal, des intérêts et, le cas échéant, des pénalités ou intérêts de retard et pour la durée de…, je m'engage à rembourser au prêteur les sommes dues sur mes revenus et mes biens si X n'y satisfait pas lui-même ») (v. ss 85)[1]. Ce texte a été abrogé au bénéfice de la nouvelle exigence de mention manuscrite qui figure désormais à l'article 2297 du Code civil (v. ss 89).

95 **Cautionnement d'une somme indéterminée.** Lorsque la caution s'engage à payer une somme dont le montant ne peut être connu au jour de la signature de l'acte (cautionnement d'un compte bancaire), on a plus de mal à respecter les exigences de l'article 1376 du Code civil. Depuis 1970, la jurisprudence exige que la caution porte « sur l'*instrumentum* une mention écrite de sa main exprimant, sous une forme quelconque mais de façon explicite, la connaissance de la nature et de l'étendue de l'obligation[2] ». Toute la question est alors de savoir jusqu'où aller dans l'explicite. Affirmant que certaines mentions comme « bon pour cautionnement solidaire et indivisible à concurrence de la somme de tous engagements en principal, plus intérêts, commissions et accessoires » n'étaient pas assez explicites, la Cour de cassation a un temps laissé croire qu'elle n'admettrait aucun cautionnement indéterminé[3]. Puis elle a affirmé que les dispositions de l'article 1376 du Code civil n'interdisaient pas le cautionnement de sommes indéterminées et a même précisé les éléments à prendre en compte pour s'assurer de ce que la caution avait eu conscience de l'étendue de son obligation : ainsi, « pour l'appréciation de ce caractère non équivoque, il faut tenir compte, non seulement des termes

1. P. Grosser, « La Cour de cassation et l'article 2293 du Code civil », in *Mélanges Goubeaux*, Dalloz-LGDJ, 2009, p. 203.
2. Civ. 1re, 3 mars 1970, *Bull. civ.* I, n° 80.
3. Civ. 1re, 19 avr. 1983, *JCP* 1983. II, p. 20122, note Ch. Mouly, Ph. Delebecque.

employés, mais également de la qualité, fonction, connaissance de la caution, de ses relations avec le créancier et le débiteur, ainsi que des caractéristiques de la dette [1] ». On mesure là encore la souplesse qu'autorise un droit jurisprudentiel, mais l'incertitude qu'il véhicule nécessairement.

2. *Fonctions de la mention manuscrite*

96 **Rôle de la jurisprudence.** Les fonctions de la mention manuscrite se mesurent à l'aune des sanctions qui sont apportées à son insuffisance ou à son absence : un important mouvement jurisprudentiel a conduit à passer d'une fonction probatoire à une fonction validante de la mention manuscrite. Si le retour à l'orthodoxie a été effectué, le précieux équilibre qui avait été finalement trouvé a été bouleversé par la loi du 1er août 2003.

97 **Étape n° 1 : la mention a une fonction probatoire.** En toute rigueur, l'insuffisance ou l'absence de la mention ne devrait avoir aucun retentissement sur la validité du cautionnement. Le cautionnement dont la mention est imparfaite est peut-être valable, mais il doit être prouvé ; l'*instrumentum* ne vaut alors que commencement de preuve par écrit. Les parties doivent alors amener des éléments extrinsèques (témoignages, commencement d'exécution, etc.) le complétant.

98 **Étape n° 2 : la mention a une fonction validante.** À partir de 1984, la première chambre civile a, par une combinaison audacieuse des articles 2292 et 1376 du Code civil, retenu que « les exigences relatives à la mention manuscrite ne constituent pas de simples règles de preuve, mais ont pour finalité la protection de la caution [2] ». L'absence ou l'insuffisance de la mention manuscrite entraînaient alors la nullité du cautionnement. La mention manuscrite était ainsi érigée en condition de validité du cautionnement. Dans le même temps, la chambre commerciale de la Cour s'en tenait à la position orthodoxe, refusant de céder aux sirènes de la protection de la caution par le formalisme [3].

1. Civ. 1re, 4 mars 1986, *D.* 1987. 342, note L. Aynès.
2. Civ. 1re, 22 févr. 1984, *JCP* 1985. II, p. 20442, note M. Storck.
3. Com. 6 juin 1985, *Defrénois* 1985, p. 1454, obs. J.-L. Aubert.

99 **Étape n° 3 : la mention a une fonction probatoire qui a pour finalité la protection de la caution.** Petit à petit, la première chambre civile a abandonné sa position : d'abord en retenant que les « règles de preuve », tirées des articles 1376 et 2292, avaient pour finalité la protection de la caution [1] ; ensuite en admettant que le cautionnement dépourvu de mention manuscrite ne valait que commencement de preuve par écrit [2]. La chambre commerciale a alors retenu la même formulation ambiguë selon laquelle les articles 1376 et 2292 constituent des règles de preuve qui ont pour finalité la protection de la caution [3].

100 Cantonné à la preuve du cautionnement, l'article 1326 (devenu 1376 depuis le 10 févr. 2016) retrouve sa fonction orthodoxe. L. Aynès note alors : « Mieux vaut tard que jamais : il faut décider que l'article 1326 n'a de rôle à jouer que lorsqu'est en cause la preuve du cautionnement, au sens strict du terme, ce qui est rare. Dans la plupart des cas, la caution ne nie pas son engagement, ni l'étendue de celui-ci, mais prétend en contester la validité. L'article 1326 ne doit lui être d'aucun secours [4]. »

3. *Domaine de la mention manuscrite*

101 **La matière commerciale.** Les exigences de la mention manuscrite sont écartées en matière commerciale où le principe de la liberté de la preuve prévaut. La réforme du 12 juillet 1980 prévoit cependant que la liberté de la preuve ne vaut qu'à l'égard des commerçants. Pour échapper à la mention manuscrite, il ne suffit donc pas que le cautionnement soit commercial, il faut encore que la caution ait la qualité de commerçant. Le cautionnement donné par un dirigeant de société, s'il est un cautionnement commercial (v. ss 38), reste donc soumis à l'exigence de mention manuscrite, car le dirigeant n'est pas commerçant.

102 **Les cautionnements donnés par acte authentique ou acte d'avocat.** Lorsque la caution s'engage par un acte authentique, l'exigence de

---

1. Civ. 1re, 15 nov. 1989, *D.* 1990. 177, note Ch. Mouly ; *JCP* 1990. II, p. 21422, note D. Legeais.
2. Civ. 1re, 15 oct. 1991, *JCP* 1992. II, p. 21923, note Ph. Simler.
3. Com. 26 juin 1990, *Defrénois* 1990, p. 1345, obs. L. Aynès.
4. Obs. L. Aynès, *D.* 2002, somm. 3334.

mention manuscrite disparaît car on considère que le rédacteur de l'acte a indiqué à la caution l'importance de son engagement [1]. L'article 1374, alinéa 3, du Code civil dispose en effet que l'acte reçu en la forme authentique par un notaire est, sauf disposition dérogatoire expresse, dispensé de toute mention manuscrite. En revanche, la jurisprudence décide que l'acte sous seing privé, par lequel une personne confie à un tiers la mission de se porter caution en son nom par acte authentique, doit comporter la mention manuscrite [2].

Ces solutions devraient également s'appliquer au cautionnement reçu par acte d'avocat puisque l'article 66-3-3 de la loi du 31 décembre 1971 (issu de L. 28 mars 2011) reprend les dispositions de l'article 1374, alinéa 3, à l'identique : « L'acte sous seing privé contresigné par avocat est, sauf disposition dérogeant expressément au présent article, dispensé de toute mention manuscrite exigée par la loi. »

Le fait que les cautionnements authentiques soient dispensés de mention manuscrite peut parfois être discuté. La Cour de cassation a en effet jugé que l'homologation par le juge des référés d'un accord entre les parties en litige, incluant le cautionnement d'un tiers, conférait à ce cautionnement valeur d'acte authentique, ce qui avait pour effet de la dispenser de toute mention manuscrite [3]. La solution a été discutée car les accords homologués peuvent être très variés : si la solution est justifiée quand le juge en est à l'origine (le juge aura vérifié que la caution est consciente de son engagement), elle peut être discutable quand un accord sous seing privé a été rédigé hors de sa vue et lui est présenté à l'homologation ; à moins qu'il n'entende la caution, il n'a aucun moyen de s'assurer de la qualité de son consentement.

1. Civ. 1re, 13 févr. 1996, *D.* 1996, somm. 265, obs. L. Aynès ; F. Guerchoun, « Faut-il privilégier le cautionnement authentique ? », *RLDC* avr. 2009. 31.
2. Civ. 1re, 7 nov. 2000, *D.* 2001, somm. 691, obs. L. Aynès ; *JCP* 2001. I, p. 315, n° 6, obs. Ph. Simler ; Ch. Albigès, « Le mandat de se porter caution », *D.* 2002. 706.
3. Com. 14 juin 2017, n° 12-11.644, *JCP* 2017, p. 866, note Ph. Simler ; *D.* 2017. 1748, note P. Bouathong ; *JCP* 2017, p. 1239, n° 6, obs. Ph. Simler ; *D.* 2017. 1998, obs. P. Crocq ; *JCP E* 2017, p. 1384, note D. Legeais.

CHAPITRE 2

Le déroulement du cautionnement

103 **Plan.** Le déroulement du cautionnement est visé aux articles 2298 à 2310 du Code. Suivant les distinctions qui y sont établies, on étudiera les effets que produit le cautionnement entre le créancier et la caution (SECTION 1), entre le débiteur et la caution (SECTION 2) et entre les cofidéjusseurs (SECTION 3).

SECTION 1

Les effets du cautionnement entre le créancier et la caution

104 **Rappel.** Entre le créancier et la caution, les rapports ne se nouent que si le débiteur n'a pas payé la dette à l'échéance convenue. On a déjà entrevu, à travers l'étude des cautionnements simples et solidaires (v. ss 37), combien ces rapports pouvaient être variés. Hormis ce point, qui commande largement l'action du créancier contre la caution, deux points particuliers sont notables : d'abord

le moment de l'exigibilité de la dette à l'égard de la caution (§1) ; ensuite l'obligation d'information qui pèse sur le créancier à l'égard de la caution (§ 2).

§ 1. L'exigibilité de la dette à l'égard de la caution

105 **Le principe/son application.** En principe, la dette sera exigible à l'encontre de la caution quand elle le sera à l'encontre du débiteur principal. Cette règle déduite du principe de l'accessoire (A) connaît parfois des difficultés d'application (B) liées à la prorogation ou à la déchéance du terme de l'obligation principale.

A. Le principe

106 **Règle de l'accessoire.** Le principe de l'accessoire commande que les modalités de l'obligation principale déteignent sur celles de l'obligation de la caution. Ainsi, si l'obligation principale est affectée d'un terme ou d'une condition, la caution ne peut être poursuivie tant que l'un ou l'autre n'est pas réalisé [1]. En d'autres termes, le créancier ne peut solliciter la caution tant qu'il ne peut pas poursuivre le débiteur. Ce principe revêt une grande importance pratique dans le cautionnement d'un compte-courant : lorsque le cautionnement est résilié sans que le compte ne soit clôturé, des règles précises s'appliquent pour déterminer ce que doit la caution au créancier (v. ss 169). Ce principe reçoit cependant, dans ses applications, quelques atténuations.

B. Les applications du principe

107 **Règle de l'accessoire et volonté de la caution.** La rigueur de la règle de l'accessoire s'accommode mal avec certaines situations où l'obligation principale voit son terme initial être modifié. La règle de l'accessoire ne saurait être appliquée trop rigoureusement. Il est en

1. Civ. 1re, 29 avr. 1997, *Defrénois* 1997, p. 1426, note L. Aynès.

effet certaines situations où la modification du terme est imposée au créancier. Dans ces situations, il semble normal que la caution ne puisse pas s'en prévaloir. Tel est le sens de l'article 2298, alinéa 2 : « Toutefois la caution ne peut se prévaloir des mesures légales ou judiciaires dont bénéficie le débiteur en conséquence de sa défaillance, sauf disposition spéciale contraire. » La référence aux dispositions contraires vise surtout le droit des procédures collectives. Il faut évoquer les hypothèses de prorogation (1) ou de déchéance (2) du terme de l'obligation principale.

1. *Prorogation du terme*

108 **Prorogation volontaire.** La prorogation est l'acte par lequel le créancier laisse au débiteur un délai supplémentaire pour s'exécuter. Il est évident que cette faveur faite au débiteur par le créancier ne libère pas la caution (C. civ., art. 2320). La question est de savoir si la caution pourra, elle aussi, profiter de cette prorogation ? Cela peut lui être favorable puisqu'elle ne payera pas immédiatement et bénéficiera, elle aussi, du délai avant d'être poursuivie ; mais cela peut se révéler dangereux pour elle : si le débiteur ne peut payer immédiatement, c'est que l'insolvabilité le guette ; or, plus la caution attend, plus son recours contre le débiteur devient illusoire. Ce risque expliquait le système mis en place par l'ancien article 2316 du Code civil : si la caution pouvait, si bon lui semblait, profiter de la prorogation, elle pouvait aussi refuser de la subir ; l'ancien article 2316 lui permettait alors de poursuivre le débiteur pour le forcer au paiement. C'était une hypothèse de recours contre le débiteur avant paiement [1]. La jurisprudence avait également admis que la caution pouvait payer le créancier à l'échéance et se retourner contre le débiteur [2].

Le nouvel article 2320 simplifie la question : « La simple prorogation de terme, accordée par le créancier au débiteur principal, ne décharge pas la caution. Lorsque le terme initial est échu, la caution peut soit payer le créancier et se retourner contre le débiteur, soit,

1. L'art. 2032, 4°, lui permet également d'intenter une action contre le débiteur, avant même d'avoir payé, pour être par lui indemnisée (sur cette action, v. ss 131 s.).
2. Com. 5 nov. 1971, *Bull. civ.* IV, n° 264.

en vertu des dispositions du livre V du Code des procédures civiles d'exécution, solliciter la constitution d'une sûreté judiciaire sur tout bien du débiteur à hauteur des sommes garanties. Elle est alors présumée justifier de circonstances susceptibles de menacer le recouvrement de sa créance, sauf preuve contraire apportée par le débiteur. » Ce texte reprend l'ancien 2316 article tout en l'adaptant à la suppression des recours avant paiement (sur cette question, v. ss 131 s.) pour renvoyer au droit commun des mesures conservatoires. Il réserve la possibilité pour la caution de payer le créancier et d'exercer contre le débiteur son recours après paiement. Enfin, même si le texte ne le précise pas, la caution appelée en paiement au terme initial pourrait opposer au créancier la prorogation conventionnelle du terme.

109 **Prorogation dans une procédure collective.** En matière de redressement judiciaire, deux situations doivent être rapprochées de la prorogation du terme : la suspension des poursuites et l'octroi de délais de paiement.

D'abord, l'ouverture d'une procédure arrête le cours des poursuites individuelles des créanciers contre le débiteur. Les cautions ne peuvent pas profiter de cette suspension des poursuites puisque l'ouverture de la procédure matérialise l'insolvabilité du débiteur contre laquelle le créancier cherchait à se prémunir. Ce principe connaît cependant une atténuation : l'article L. 622-28, alinéa 2, du Code de commerce suspend les poursuites des créanciers contre les seules cautions personnelles personnes physiques. Cette disposition s'appliquera essentiellement aux cautions, dirigeants de sociétés. Le législateur a ainsi entendu les encourager à provoquer l'ouverture de la procédure, sans crainte d'être immédiatement poursuivis sur leur patrimoine personnel[1]. Cette suspension des poursuites contre la caution n'empêche cependant pas le créancier de prendre des mesures conservatoires contre la caution. Il devra alors introduire une procédure visant à l'obtention d'un titre exécutoire dans le délai d'un mois, même si le débiteur principal fait l'objet d'un jugement d'ouverture. Dans ce cas,

1. Il est toutefois que la caution se prévale de ce texte, le juge ne pouvant le relever d'office (Cass., ch. mixte, 16 nov. 2007, *RTD com.* 2008. 168, obs. D. Legeais ; *D.* 2008. 2112, obs. P. Crocq).

l'instance engagée est suspendue jusqu'au jugement arrêtant le plan ou prononçant la liquidation [1].

Le tribunal peut, ensuite, accorder à l'entreprise des délais de paiement que les créanciers sont tenus de respecter. Ces délais profitent-ils, ou non, à la caution ? Une solution logique voudrait que ces délais ne puissent pas profiter à la caution : elle garantit en effet au créancier le paiement à l'échéance ; le fait que le débiteur ait obtenu du juge un sursis, souvent contre la volonté du créancier, réalise le risque contre lequel le créancier a entendu se prévaloir. L'article L. 626-11 du Code de commerce dispose cependant que les délais sont opposables aux cautions personnes physiques, simples et solidaires dans le plan de sauvegarde, tandis que l'article L. 631-20 disposait que les cautions ne pouvaient pas se prévaloir des facilités accordées au débiteur dans un plan de redressement [2]. Cette distinction se justifiait par le souci d'inciter les chefs d'entreprise à déclarer leurs difficultés au plus vite. La réforme de 2021 a sur ce point aligné les deux procédures : qu'il s'agisse désormais d'une sauvegarde ou d'un redressement, les délais obtenus par le débiteur bénéficieront aux cautions personnes physiques.

110 **Prorogation dans une procédure de surendettement conciliation.** Dans la procédure de conciliation, le débiteur négocie avec ses créanciers ; le créancier consent donc à la prorogation du terme. Dans ce contexte, il semblerait normal que la caution puisse bénéficier des délais, l'article 2298, alinéa 2, ne visant que les « mesures légales ou judiciaires ». Cette solution pourrait cependant être rapprochée des procédures amiables propres aux procédures de surendettement des particuliers (C. consom., art. L. 711-1 s.) : un arrêt rendu en matière de remises consenties dans un cadre conventionnel a considéré que, quoique volontaires, ces remises ne pouvaient être assimilées à des remises de dettes et profiter à la caution [3]. Le même raisonnement pourrait alors être tenu pour les délais.

1. Com. 24 mai 2005, *D.* 2005. 2084, obs. P. Crocq ; *D.* 2005. 1632, obs. A. Lienhard ; *JCP* 2005. I, p. 185, n° 3, obs. Ph. Simler.
2. Ph. Pétel, *Procédures collectives, op. cit.*, n° 271.
3. Com. 16 nov. 1996, *D.* 1997. 141, concl. J. Sainte-Rose, note T. Moussa ; *JCP* 1997. II, p. 903, note D. Legeais ; *RTD civ.* 1997. 190, obs. P. Crocq (v. ss 145).

2. *Déchéance du terme*

111 **Inopposabilité à la caution.** Il est de nombreuses hypothèses dans lesquelles une inexécution entraîne la déchéance du terme. Ainsi, dans un contrat de prêt, le défaut de paiement d'une échéance entraînera la déchéance du terme, c'est-à-dire que le prêteur pourra réclamer immédiatement à l'emprunteur la totalité des sommes lui restant dues. Cette déchéance du terme vaut-elle également pour la caution ? La jurisprudence [1] et la doctrine retiennent que la déchéance du terme de l'obligation principale ne s'étend pas à la caution. Le créancier devra donc attendre le terme initialement prévu pour poursuivre la caution.

§ 2. L'information de la caution

112 **Les raisons de l'information.** Au moment de la formation du contrat, une obligation d'information de la caution pèse sur certains créanciers (v. ss 56). Toutefois, il n'existe pas d'obligation d'information systématique de la caution au cours du contrat de cautionnement. En effet, bien souvent, la caution sera mieux informée que le créancier sur la situation du débiteur, soit qu'elle en soit un proche (cautionnement de famille), soit qu'elle en soit un dirigeant. Pourtant, l'information de la caution sur l'évolution du montant garanti s'est avérée utile en bien des circonstances : elle permet de rappeler à la caution l'existence de la garantie à laquelle elle a consenti ; elle lui permet, surtout, de résilier son cautionnement si elle estime le montant garanti trop important. Ces deux raisons ont permis la multiplication des régimes spécifiques obligeant l'information de certaines cautions. Cette diversité nuit à la cohérence de l'ensemble. Alors qu'elle répond à une finalité noble, l'information de la caution se noie dans des régimes qui s'entrecoupent et se chevauchent [2]. La réforme de 2021 a simplifié

1. Civ. 1re, 30 oct. 1984, *Bull. civ.* I, n° 290.
2. Y. Picod, « L'évolution de l'obligation d'information de la caution pendant l'exécution du contrat », *Mélanges Simler*, Dalloz-Litec, 2006, p. 395. A.-S. Barthez, « Désordre dans les sources du contrat de cautionnement : l'exemple de l'information de la caution », *RDC* 2008, p. 587.

le droit en abrogeant tous ces textes disparates (A) et en synthétisant l'obligation d'information dans un texte unique (B).

A. Avant la réforme de 2021

113 **L'article 48 de la loi du 1er mars 1984 (C. mon. fin., art. L. 313-22).** Cette disposition impose aux « établissements de crédit ayant accordé un concours financier à une entreprise, sous condition du cautionnement par une personne physique ou une personne morale » de communiquer annuellement aux cautions le montant des sommes dues par le débiteur principal et de leur rappeler comment elles peuvent résilier leur cautionnement [1]. Cette obligation d'information prend effet dès le premier exercice du prêt et perdure jusqu'à l'extinction de la dette [2]. La détermination du champ d'application de ce texte a donné lieu à un abondant contentieux : outre l'acception large donnée au mot « entreprise [3] », et celle, plus restrictive, donnée au mot « concours financier [4] », la jurisprudence retient notamment que l'information doit profiter aux dirigeants de sociétés [5]. La forme de la notification est libre : l'utilisation d'une lettre recommandée avec accusé de réception étant ruineuse pour les banques, la Cour de cassation

1. P. Bouteiller, « Incidences de la loi n° 84-148 du 1er mars 1984 relative à la prévention et au règlement amiable des difficultés des entreprises sur le contrat de cautionnement », *JCP E* 1984. I, p. 13512.
2. Cass., ch. mixte, 17 nov. 2006, *JCP* 2007. I, p. 158, n° 3, obs. Ph. Simler ; R. Libchaber, « Incertitudes sur l'effet substantiel des jugements », *D.* 2007. Chron. 842. Il avait été préalablement jugé que l'obligation d'information prenait fin avec la condamnation définitive de la caution puisque, en ce cas, la créance changeait de nature (Com. 13 déc. 2005, *JCP* 2006. I, p. 131, n° 6, obs. Ph. Simler). V. aussi Civ. 2e, 30 avr. 2025, n° 22-22.033 jugeant que la défaillance du débiteur principal, dont la caution personne physique doit être informée en application de l'art. L. 341-1, devenu L. 333-1 du C. consom., dès le premier incident de paiement non régularisé, ne dispense pas le créancier professionnel de son obligation d'information annuelle.
3. Civ. 1re, 23 mars 2004, *JCP* 2004. I, p. 188, n° 5, obs. Ph. Simler (à propos d'une activité notariale) ; Civ. 1re, 5 mai 2004 et 15 mars 2005, *JCP* 2005. I, p. 134, n° 2, obs. Ph. Simler ; *RDC* 2005, p. 841, obs. D. Houtcieff (à propos d'une SCI familiale) ; *idem* Civ. 1re, 28 juin 2006, *JCP* 2007. I, p. 212, n° 4, obs. Ph. Simler.
4. Com. 28 janv. 2014, *Gaz. Pal.* 19-20 mars 2014, p. 19, obs. C. Albigès, jugeant qu'un contrat de location avec option d'achat n'est pas un concours financier ; Com. 27 nov. 2024, n° 22-14.250, *JCP* 2025, p. 457, n° 4, obs. Ph. Simler, retenant la même solution pour le crédit-bail.
5. Com. 25 mai 1993, *JCP* 1993. II, p. 22147, note H. Croze ; Civ. 1re, 22 janv. 2009, *JCP* 2009. I, p. 150, n° 5, obs. Ph. Simler.

considère que l'information prévue par la loi est un fait juridique que la banque peut prouver par tous moyens [1]. La Cour a ainsi affirmé que la seule production de la copie d'une lettre était insuffisante pour attester de son envoi [2] ; elle a en revanche admis que la banque prouvait l'envoi de l'information en produisant copie de ces lettres et les « procès-verbaux d'huissier de justice attestant globalement des envois annuels [3] ». Le défaut d'information est sanctionné par la déchéance des intérêts conventionnels [4]depuis la dernière information donnée jusqu'à la suivante [5]. Toutefois, l'application du droit commun et l'allocation de dommages-intérêts à la caution qui a été privée de sa faculté de résiliation restent concevables [6].

114 **La loi du 31 décembre 1989 (C. consom., art. L. 314-17, anc. L. 313-9).** La loi « Neiertz » contient des dispositions relatives à l'information de la personne physique qui s'est portée caution d'une opération de crédit à la consommation ou de crédit immobilier. L'établissement de crédit doit en effet informer la caution du premier incident de paiement par le débiteur. Le défaut d'information emporte la déchéance des pénalités et intérêts de retard depuis l'incident de paiement jusqu'à la notification de l'information prescrite.

1. Com. 17 oct. 2000, *JCP E* 2000, pan. 1834, obs. P. Bouteiller.
2. Com. 5 avr. 2016, n° 14-20.908, *Gaz. Pal.* 21 juin 2016, p. 32, obs. C. Albigès ; Com. 19 janv. 2022, n° 20-17.553 et Civ. 1re, 25 mai 2022, n° 21-11.045, *D.* 2022. 1724, n° 8, obs. Ch. Gijsbers.
3. Com. 4 mai 2017, n° 15-20.352, *Gaz. Pal.* 27 juin 2017, p. 23, obs. C. Albigès ; Com. 6 juill. 2022, n° 20-17.355, *D.* 2022. 1724, n° 8, obs. Ch. Gijsbers.
4. Les intérêts légaux restent dus à compter de la mise en demeure : Civ. 1re, 2 oct. 2013, *Gaz. Pal.* 4-5 déc. 2013, p. 16, obs. Ch. Albigès.
5. Sur la difficulté d'appliquer cette règle au cautionnement d'une ouverture de crédit en compte-courant : Com. 10 janv. 2012, *D.* 2012. 1573, obs. P. Crocq ; *RTD com.* 2012. 178, obs. D. Legeais ; *Gaz. Pal.* 28-29 mars 2012, p. 14, obs. M.-P. Dumont-Lefrand ; *JCP* 2012, p. 327, obs. Ph. Simler.
6. Après avoir admis le recours au droit commun (Com. 20 oct. 1992, *JCP E* 1992, note D. Legeais ; *RTD civ.* 1993. 117, obs. J. Mestre ; Com. 8 déc. 1998, *JCP* 1999. I, p. 116, n° 7, obs. Ph. Simler ; Com. 17 oct. 2000, *RDBF* 2000, p. 352, obs. D. Legeais), la Cour de cassation décide désormais que « sauf dol ou faute lourde du dispensateur de crédit, l'omission des informations prévues par ce texte est sanctionnée par la seule déchéance des intérêts » (Com. 25 avr. 2001, *RTD com.* 2001. 751, obs. M. Cabrillac ; *JCP E* 2001, p. 1278, note D. Legeais ; *RTD civ.* 2001. 922, obs. P. Crocq ; Com. 11 juin 2002, *D.* 2002, somm. 3335, obs. L. Aynès). Dans un arrêt plus récent, la première chambre civile a adopté une démarche différente en retenant que « l'omission des informations prévues par Code mon. Fin., art. L. 313-22. Ne peut, sauf dol ou faute distincte, être sanctionnée que par la déchéance des intérêts » (Civ. 1re, 4 févr. 2003, *JCP* 2003. II, p. 10152, note L. de Gentili-Picard ; *RDC* 2003, p. 179, note D. Houtcieff).

115 **L'article 47-II de la loi du 11 février 1994.** La loi « Madelin » a étendu l'obligation d'information annuelle de la caution, assortie de ses sanctions, à tous les créanciers (particuliers, fournisseurs, etc.) dès lors qu'une personne physique cautionne la dette professionnelle d'un entrepreneur individuel. Ce texte bénéficie à la caution dirigeant social [1]. Cette extension pèche par idéalisme : il est en effet à craindre que les prêteurs non professionnels omettent de remplir ces obligations et s'exposent à la sanction radicale de la déchéance des intérêts. L'alinéa 3 du texte (issu de L. 29 juill. 1998) impose par ailleurs au créancier d'informer la caution du premier incident de paiement dès lors qu'il n'a pas été régularisé dans le mois suivant la date d'exigibilité. Toutefois le domaine de cette disposition est plus large que le précédent : sont concernés non seulement les cautionnements consentis au profit d'un entrepreneur individuel, mais encore les cautionnements consentis au profit d'une société.

116 **Les articles 101 et 102 de la loi du 29 juillet 1998 (C. civ., art. 2293, al. 2 ; C. consom., art. L. 333-1, anc. L. 341-1).** L'article 2293, alinéa 2, du Code civil mettait à la charge de tout créancier, quel qu'il soit, une obligation d'information annuelle au profit de la personne physique qui a consenti un cautionnement indéfini (*i. e.* un cautionnement pur et simple d'une somme déterminée, v. ss 67). Toutefois, la rédaction de ce texte était beaucoup plus approximative que celle des précédents : le défaut d'information était sanctionné par la « déchéance de tous les accessoires de la dette, frais et pénalités ». Fallait-il y voir une rédaction défectueuse par laquelle le législateur avait voulu, en réalité, renvoyer à la sanction prévue par la loi de mars 1984 ? Fallait-il y voir une volonté délibérée de renforcer la sanction par la déchéance totale ? L'incertitude était d'autant plus dommageable que les créanciers étaient souvent des profanes [2].

La loi avait également inscrit dans le Code de la consommation un nouvel article L. 333-1 imposant au créancier professionnel d'informer la personne physique s'étant portée caution du premier

1. Com. 27 nov. 2007, *RTD com.* 2008. 169, obs. D. Legeais ; *RTD civ.* 2008. 330, obs. P. Crocq ; *D.* 2008. 2109, obs. P. Crocq ; *Dr. et patr.* 10/2008, p. 92, obs. L. Aynès et Ph. Dupichot.

2. M. et S. Cabrillac, Ch. Mouly, Ph. Pétel, n° 276 ; P. Crocq, *RTD civ.* 1998. 955 ; G. Biardeaud, Ph. Florès, « Information annuelle de la caution et article 2293 du Code civil : mais où reste donc le contentieux ? », *D.* 2007. Chron. 174.

incident de paiement non régularisé [1]. C'est là le même mécanisme que celui précédemment entrevu.

117 **La loi du 1er août 2003.** La loi du 1er août 2003 (v. ss 35), en insérant un article L. 341-6 dans le Code de la consommation (devenu L. 333-2), crée une obligation d'information surnuméraire : « Le créancier professionnel fait connaître à la caution personne physique, au plus tard avant le 31 mars de chaque année, le montant du principal et des intérêts, commissions, frais et accessoires restant courir au 31 décembre de l'année précédente au titre de l'obligation garantie, ainsi que le terme de cet engagement. Si l'engagement est à durée indéterminée, il rappelle la faculté de révocation à tout moment et les conditions dans lesquelles celle-ci est exercée. » La sanction figure à l'article L. 343-6 : « Lorsque le créancier ne respecte pas les obligations prévues à l'article L. 333-2, la caution n'est pas tenue au paiement des pénalités ou intérêts de retard échus depuis la précédente information jusqu'à la date de communication de la nouvelle information [2]. »

Proche de l'article L. 313-22 (L. 1er mars 1984, anc. art. 48), la nouvelle disposition en recouvre partiellement le domaine et l'articulation des deux textes s'annonce délicate [3]. On a le sentiment que le législateur ne tient aucun compte du droit positif dans lequel la nouvelle disposition va s'insérer : « À légiférer comme sur du vide, le risque est grand de légiférer dans le vide [4]. »

B. Depuis la réforme de 2021

118 **Obligation d'information sur le montant de la dette.** L'article 2302 du Code civil dispose que « le créancier professionnel est tenu,

1. Civ. 1re, 1er mars 2023, n° 21-19.744, *D.* 2023. 1765, n° 6, obs. Ch. Gijsbers ; *Rev. Prat. Rec.* 2023, p. 15, chron. O. Salati.
2. Cette disposition ne s'applique pas aux contrats en cours (Com. 13 févr. 2007, *D.* 2007. 651, note V. Avéna-Robardet ; *JCP* 2007. I, p. 158, n° 4, obs. Ph. Simler).
3. V. par ex., Paris 19 nov. 2004, *JCP* 2005. I, p. 135, n° 3, obs. Ph. Simler considérant que « la déchéance encourue par le prêteur du fait du non-respect de l'information annuelle prévue par l'article 2016 alinéa 2 (devenu 2293, al. 2) du Code civil [...] est absorbée par celle prononcée du chef du non-respect par le prêteur de l'article L. 313-22 du Code monétaire et financier ».
4. D. Houtcieff, « Les dispositions applicables au cautionnement issues de la loi sur l'initiative économique », *JCP* 2003. I, p. 161.

avant le 31 mars de chaque année et à ses frais, de faire connaître à toute caution personne physique le montant du principal de la dette, des intérêts et autres accessoires restant dus au 31 décembre de l'année précédente au titre de l'obligation garantie, sous peine de déchéance de la garantie des intérêts et pénalités échus depuis la date de la précédente information et jusqu'à celle de la communication de la nouvelle information. Dans les rapports entre le créancier et la caution, les paiements effectués par le débiteur pendant cette période sont imputés prioritairement sur le principal de la dette. Le créancier professionnel est tenu, à ses frais et sous la même sanction, de rappeler à la caution personne physique le terme de son engagement ou, si le cautionnement est à durée indéterminée, sa faculté de résiliation à tout moment et les conditions dans lesquelles celle-ci peut être exercée. Le présent article est également applicable au cautionnement souscrit par une personne morale envers un établissement de crédit ou une société de financement en garantie d'un concours financier accordée à une entreprise. » Le texte consiste donc en une généralisation de l'ancien article L. 313-22 du Code monétaire et financier. Le Rapport fait au président de la République précise au sujet de cet article qu'« il est prévu depuis la loi n° 2016-1691 du 9 décembre 2016 relative à la transparence, à la lutte contre la corruption et à la modernisation de la vie économique, que la réalisation de cette obligation ne peut être facturée à la caution. Le nouvel article 2302 va plus loin en affirmant que cette information est fournie aux frais du créancier, ce qui lui interdit de la facturer au débiteur principal [1] ».

119 **Obligation d'information en cas de défaillance du débiteur.** L'article 2303 dispose : « Le créancier professionnel est tenu d'informer toute caution personne physique de la défaillance du débiteur principal dès le premier incident de paiement non régularisé dans le mois de l'exigibilité de ce paiement, à peine de déchéance de la garantie des intérêts et pénalités échus entre la date de cet incident et celle à laquelle elle en a été informée. Dans

1. A. Gouezel, « L'application dans le temps des nouveaux textes sur l'obligation d'information de la caution », *D.* 2024. 2118 (à propos de C. civ., art. 2302 et 2303).

les rapports entre le créancier et la caution, les paiements effectués par le débiteur pendant cette période sont imputés prioritairement sur le principal de la dette. »

120 **Obligation d'information et sous-cautionnement.** L'article 2304 prévoit le jeu des obligations d'information dans le sous-cautionnement : « Dans le mois qui en suit la réception, la caution communique à ses frais à la sous-caution personne physique les informations qu'elle a reçues en application des articles 2302 et 2303. » La caution étant le créancier de la sous-caution, il semble naturel qu'elle soit tenue à son égard des mêmes obligations que le créancier. Il est cependant possible que la caution ne soit pas un professionnel, ce qui crée alors une distorsion avec le domaine des articles 2302 et 2303. L'adage *ubi lex non distinguit non debemus distinguere* conduit à lui appliquer malgré tout l'article 2304 du Code civil.

SECTION 2

Les effets du cautionnement entre le débiteur et la caution

121 **Plan.** Les relations entre le débiteur et la caution naîtront lorsque la caution aura payé le créancier et se retournera contre le débiteur. Avant la réforme, le Code civil autorisait la caution à intenter deux types de recours : l'un après paiement ; l'autre avant paiement. La réforme de 2021 a supprimé les recours avant paiement, le Rapport au président de la République indiquant que « de nombreux cas prévus par ce texte sont en effet désuets. De plus, la faculté pour la caution d'être indemnisée alors qu'elle n'a pas encore payé est critiquable. » Malgré ce, la caution pourra pratiquer, avant d'avoir payé le créancier, une saisie conservatoire sur les biens du débiteur. Cette possibilité encourage à évoquer tour à tour les recours après paiement (§ 1) et avant paiement (§ 2).

§ 1. Les recours de la caution après paiement

122 **Dualité des recours.** Le Code civil donne deux fondements à la caution qui aurait payé le créancier et voudrait se retourner contre le débiteur. Elle dispose, d'une part, d'un recours, dit recours personnel, visé à l'article 2308 du Code civil : « La caution qui a payé tout ou partie de la dette a un recours personnel contre le débiteur tant pour les sommes qu'elle a payées que pour les intérêts et les frais » ; elle dispose, d'autre part, d'un recours subrogatoire visé à l'article 2309 du Code civil : « La caution qui a payé tout ou partie de la dette est subrogée dans les droits qu'avait le créancier contre le débiteur. » Ces deux recours n'ont pas le même fondement puisque l'un est fondé sur les relations qu'entretiennent le débiteur et la caution, et l'autre sur le mécanisme de la subrogation légale (C. civ., art. 1346) ; ils ne permettent pas non plus d'obtenir exactement les mêmes choses. En dépit de ces différences d'objet (B), les deux recours obéissent à des conditions communes (A).

A. Les conditions communes aux deux recours

123 **Trois conditions.** Quel que soit le fondement utilisé par la caution, il est nécessaire que trois conditions soient remplies : il faut d'abord que la caution ait payé de façon totale ou partielle le débiteur. Il faut ensuite que la caution n'ait pas renoncé à recourir contre le débiteur. On déduit cette renonciation des circonstances de la cause. Parfois, c'est l'intention libérale qui a animé la caution (v. ss 42) : il s'agit alors d'une donation indirecte, et il est normal d'admettre que la caution ne puisse se retourner contre le débiteur. Il faut enfin que la caution n'ait pas perdu son droit à se retourner contre le débiteur. Le Code civil, en son article 2311, vise en effet certaines hypothèses de négligence de la caution qui la privent de son droit de se retourner contre le débiteur : « La caution n'a pas de recours si elle a payé la dette sans en avertir le débiteur et si celui-ci l'a acquittée ultérieurement ou disposait, au moment du paiement, des moyens de la faire déclarer éteinte. Toutefois, elle peut agir en restitution contre le créancier. » Ce texte

suscite un abondant contentieux car les banques recourent souvent à des sociétés de caution mutuelle qui payent les banques au premier appel, sans parfois avoir même averti le débiteur. La Cour de cassation a adopté des positions variables sur l'application de ce texte. Dans un premier temps, elle a adopté une lecture souple des expressions « faire déclarer la dette éteinte [et] la caution n'a pas de recours ». Elle a ainsi considéré qu'« il résulte des constatations de l'arrêt qu'au moment du paiement effectué par la caution, les emprunteurs n'avaient pas de moyens de faire déclarer leur dette éteinte, mais disposaient de la possibilité d'obtenir l'annulation du contrat de prêt [et que] dès lors que cette annulation conduisait à ce qu'ils restituent à la banque le capital versé, déduction faite des sommes déjà payées, la cour d'appel en a déduit, à bon droit, que leur obligation de remboursement à l'égard de la caution devait être limitée dans cette proportion [1] ». On mesure que le texte a été appliqué alors, d'une part, que les débiteurs se trouvaient partiellement déchargés (bien que le texte prévoie une déchéance totale) et alors, d'autre part, qu'ils ne disposaient pas « des moyens pour faire déclarer la dette éteinte » (celle-ci ayant été annulée). Plus récemment, la Cour adopte une interprétation plus littérale du texte en retenant que, faute d'affecter l'existence même de l'obligation principale et renvoyant exclusivement à son exigibilité, l'absence de déchéance du terme de la dette à l'égard de l'un des codébiteurs solidaires garantis ne saurait être invoquée par l'autre pour neutraliser le recours de la caution *solvens* qui, sans l'avertir préalablement, aurait payé spontanément la banque [2]. Par ailleurs, la Cour a jugé que la caution ne devait pas se contenter d'avertir le débiteur de son proche paiement, mais qu'elle devait lui laisser un délai raisonnable lui permettant de faire connaître les moyens dont il dispose pour faire déclarer la créance éteinte [3]. Le nouveau texte employant les mêmes termes que l'ancien, on peut penser que cette solution sera maintenue.

1. Civ. 1re, 9 sept. 2020, n° 19-14.568, *D. actu.* 25 sept. 2020, obs. J.-D. Pellier ; *D.* 2020. 1789 ; *AJ contrat* 2020. 574, obs. D. Houtcieff.
2. Civ. 1re, 25 mai 2022, n° 20-21.488, *D.* 2022. 1724, n° 15, obs. J.-J. Ansault ; Civ. 1re, 14 févr. 2024, n° 22-24.463, *D.* 2024. 1793, n° 9, obs. J.-J. Ansault ; Civ. 1re, 18 déc. 2024, n° 23-16.679, *JCP* 2025, p. 457, n° 8, obs. Ph. Simler.
3. Com. 18 sept. 2024, n° 22-22.747, *JCP* 2025, p. 457, n° 8, obs. Ph. Simler.

B. L'objet différent des deux recours

124 **Plan.** On évoquera successivement le recours individuel et le recours subrogatoire et on distinguera pour chacun son fondement, son objet et la situation particulière d'une pluralité de débiteurs principaux. En tout état de cause, les cautions exercent les deux recours de façon cumulée [1].

1. *Le recours personnel (C. civ., art. 2308)*

125 **Fondement du recours.** Le recours personnel de la caution est fondé sur la nature même du cautionnement : après avoir payé le créancier, la caution doit pouvoir se retourner contre le débiteur [2]. La doctrine avance plusieurs fondements à cette action : le mandat tacite de payer qu'aurait donné le débiteur à la caution, ou la gestion d'affaires, lorsque la caution s'est engagée à l'insu du débiteur.

126 **Objet du recours.** Ce recours a pour objet non seulement le remboursement de ce que la caution a payé pour le compte du débiteur, mais encore les frais qu'elle a pu engager (avocats, frais de saisie des biens du débiteur dans le cadre du bénéfice de discussion, etc.), l'indemnisation des dommages subis par l'exécution de sa mission. De plus, le texte précise que les intérêts au taux légal courent contre le débiteur de plein droit au jour du paiement (c'est une application de l'art. 2001 : « L'intérêt des avances faites par le mandataire lui est dû par le mandant, à dater du jour des avances constatées »).

127 **Hypothèses d'une pluralité de débiteurs.** En cas de pluralité de débiteurs, l'ancien article 2307 disposait que « lorsqu'il y avait plusieurs débiteurs principaux solidaires d'une même dette, la caution qui les a tous cautionnés, a, contre chacun d'eux, le recours pour la répétition du total de ce qu'elle a payé ». On en déduisait

1. Civ. 1re, 29 nov. 2017, n° 16-22.820, *JCP* 2018, p. 367, obs. Ph. Simler. La Cour de cassation retient que la caution, qu'elle exerce un recours individuel ou un recours subrogatoire, ne peut bénéficier de la capitalisation des intérêts si cette capitalisation était prohibée (v. C. consom., anc. art. L. 312-23 devenu L. 313-52) dans le contrat principal (Civ. 1re, 20 avr. 2022, n° 20-23.617, *D.* 2022. 1724, n° 16, obs. J.-J. Ansault).

2. C. Farge, « Le recours personnel de la caution : la voie possible d'un renouveau du cautionnement », *D.* 2003. Chron. 892.

qu'il convenait de distinguer le cas de la caution ayant cautionné tous les débiteurs et le cas de la caution n'ayant cautionné que certains d'entre eux : en ce dernier cas, la caution ne pouvait pas se retourner contre les débiteurs qu'elle n'avait pas cautionnés sur le fondement du recours personnel ; en revanche, si elle les avait tous cautionnés, elle disposait d'un recours pour le tout contre chacun d'entre eux (C. civ., anc. art. 2307). Cette analyse était cependant critiquée au motif que, la dette étant unique pour l'ensemble des coobligés, il était logique de considérer que la caution puisse exercer un recours à l'encontre de chacun des débiteurs, peu important qu'elle ne se soit pas formellement engagée à l'égard de tous. La proposition était renforcée par le fait qu'on peut parfaitement cautionner une personne à son insu. La réforme de 2021 a donc aboli cette distinction en posant que « lorsqu'il y a plusieurs débiteurs principaux solidaires d'une même dette, la caution dispose contre chacun d'eux des recours prévus aux articles précédents » (C. civ., art. 2310).

2. *Le recours subrogatoire (C. civ., art. 2309)*

128 **Fondement du recours.** Le fondement de la solution est la subrogation légale [1]. La créance qu'avait le créancier contre le débiteur principal n'est pas éteinte, elle n'est que transférée, avec tous ses accessoires, à la caution. La caution est désormais le nouveau créancier du débiteur [2].

129 **Objet du recours.** L'objet du recours est uniquement les sommes versées par la caution. L'objet est donc plus réduit (les dommages-intérêts sont exclus), mais il y a malgré tout un avantage : la caution bénéficie de tous les accessoires, spécialement les sûretés réelles ou personnelles, qui garantissaient la dette. Ainsi, la caution qui a payé peut se retourner contre les autres cautions [3] ; de même,

1. R. Cabrillac, *Droit des obligations*, Dalloz, coll. « Cours », 2024, 16e éd., n° 455.

2. La Cour a jugé que la caution pouvait ainsi agir, sur le fondement de la subrogation, contre le débiteur, alors même que le créancier subrogeant serait privé de toute action en raison de la clôture pour insuffisance d'actif (Com. 12 mai 2009, *JCP* 2009, p. 135, n° 29-30, obs. Ph. Simler ; *D.* 2009. 2459, note E. Brocard).

3. Toutefois, même si ces cautions étaient solidaires, la caution subrogée devra diviser son recours pour éviter les recours en chaîne (v. ss 136).

elle bénéficie de la clause de réserve de propriété qui profitait au créancier qu'elle a désintéressé [1]. Il existe cependant des exceptions au principe de subrogation dans tous les accessoires de la créance. D'une part, certains accessoires, propres à la puissance publique (comme le privilège des impôts visé à CGI, art. 1908), sont intransmissibles. D'autre part, l'engagement pris par un tiers envers le créancier personnellement, même s'il garantit le droit de celui-ci, ne peut être invoqué par la caution subrogée : ainsi, la caution ne peut invoquer à l'encontre du fournisseur du crédit-preneur cautionné l'engagement souscrit en sa faveur de reprendre le matériel en cas de résiliation du contrat de crédit-bail [2].

130 **Hypothèse d'une pluralité de débiteurs.** Il n'y avait pas lieu de distinguer, avant la réforme, selon que la caution les a ou non tous cautionnés. La caution pouvait agir, selon les règles de la subrogation, contre n'importe lequel des codébiteurs pour le tout. Ainsi, « la caution qui a payé la dette est subrogée à tous les droits qu'avait le créancier contre le débiteur ; cette disposition s'applique, par sa généralité, au cas où la caution d'une dette solidaire n'a cautionné qu'un seul des débiteurs comme au cas où elle les a cautionnés tous [3] ». La solution est confirmée par le nouvel article 2310 du Code civil.

§ 2. Le recours de la caution avant paiement

131 **Principe du recours anticipé.** Lorsque la caution n'a pas encore payé, elle n'a subi aucune perte, si bien que l'on a quelques scrupules à admettre qu'elle puisse bénéficier d'un recours anticipé contre le débiteur. Pourtant, il est certaines hypothèses où la caution voit augmenter son risque de payer, et diminuer ses possibilités de recourir ultérieurement contre le débiteur. Dans un souci d'équité, les anciens articles 2309 et 2316 du Code civil

1. Com. 15 mars 1988, *D.* 1988. 330, note F. Perochon.
2. Com. 25 avr. 1983, *D.* 1984. 417, note Ph. Delebecque.
3. Civ. 6 juill. 1896, *S.* 1897. 1. 5, note Ch. Lyon-Caen.

permettaient alors à la caution d'agir contre le débiteur avant d'avoir payé le créancier [1]. Même s'ils ont été abrogés par l'Ordonnance de 2021, la caution pourra néanmoins pratiquer une mesure conservatoire contre le débiteur.

132 **Hypothèses du recours anticipé.** Il existait cinq hypothèses où l'on admettait le recours anticipé. D'abord, celle de la caution qui est poursuivie par le créancier (C. civ., art. 2309, 1°). En cette hypothèse, la caution appellera en garantie le débiteur et lui évitera les frais liés à un recours distinct qui serait intenté après paiement. L'article 2309, 2°, évoque ensuite la faillite ou la déconfiture du débiteur. Ce recours épouse alors les formes de la déclaration de créances par la caution. La troisième hypothèse reste d'école : c'est celle où le débiteur s'est obligé à rapporter décharge de la caution dans un certain temps. La quatrième hypothèse a déjà été entrevue : la caution peut exercer un recours avant paiement contre le débiteur lorsque la dette est devenue exigible par l'échéance de son terme et que le créancier ne poursuit pas le débiteur (à propos de la prorogation, v. ss 108). Enfin, dernière hypothèse, lorsque l'obligation principale était à durée indéterminée et que dix ans se sont écoulés, la caution peut intenter son recours avant paiement, signe qu'elle met fin à la garantie. L'objet du recours anticipé était discuté. L'orthodoxie voudrait qu'il ne puisse tendre ni à un remboursement ni à une indemnisation (le préjudice est hypothétique).

133 **Des mesures conservatoires.** C'est sans doute pour cette raison que l'ordonnance de 2021 les a supprimés. Mais rien n'empêche la caution de solliciter contre le débiteur une mesure conservatoire. L'avant-projet d'ordonnance diffusé par la Chancellerie le 18 décembre 2020 contenait d'ailleurs un article 2315 aux termes duquel « la caution peut, même avant d'avoir payé, pratiquer une mesure conservatoire sur tout bien du débiteur dans les conditions prévues au livre V du Code des procédures civiles d'exécution ». Le texte n'a pas été repris mais la solution ne fait guère de doutes.

1. Com. 21 janv. 2003, *RDC* 2003, p. 177, obs. D. Houtcieff.

SECTION 3

Les effets du cautionnement en cas de cofidéjusseurs

134 **Présentation.** Le terme de cofidéjusseurs, que la réforme de 2021 a supprimé, désigne les personnes qui se sont portées caution pour une même dette. L'article 2312 du Code dispose que « en cas de pluralité de cautions, celle qui a payé a un recours personnel et un recours subrogatoire contre les autres, chacune pour sa part[1] ». Le débiteur principal étant souvent insolvable, ce recours sera le seul moyen, pour la caution qui a payé, de se faire rembourser. Pourtant son fondement reste discuté : subrogation, gestion d'affaires, enrichissement sans cause, solidarité légale sont sollicités pour constituer un fondement juridique. L'équité semble pourtant suffisante.

135 **Les conditions du recours.** Il faut évidemment que la caution ait payé le créancier, en sa qualité de caution[2]. Le recours contre les autres cautions n'est donc pas recevable lorsque la caution n'a fait que prendre des mesures conservatoires contre le débiteur, mais n'a pas encore payé le créancier (v. ss 133).

136 **L'objet du recours.** La caution *solvens* peut se retourner, tant en exerçant un recours personnel qu'un recours subrogatoire, contre les autres cautions qui sont tenues « chacune pour sa part ». C'est le principe de division des poursuites, qui est également posé à l'article 1317 du Code civil. Toutefois, n'étant pas d'ordre public, les cautions peuvent contourner cette disposition et prévoir des règles de contribution différente, pouvant aller jusqu'à la dispense de toute contribution[3]. En l'absence de disposition, il faut arrêter les « parts » de chacune des cautions. Lorsque leurs engagements

1. J. Mestre, « La pluralité d'obligés accessoires », *RTD civ.* 1981. 1.
2. Il est cependant possible à la caution poursuivie d'appeler en garantie ses cofidéjusseurs : la garantie ne recevra exécution que lorsque la caution aura payé : Civ. 1re, 15 juin 2004, *D.* 2004. 2707, obs. L. Aynès ; *JCP* 2004. I, p. 188, n° 7, obs. Ph. Simler ; I. Desprès, « De l'inexistence du recours avant paiement entre cofidéjusseurs », *RLDC* nov. 2004. 23 et déc. 2004. 23.
3. Com. 11 juin 1991, *D.* 1991, somm. 386, note L. Aynès.

sont égaux, les cautions seront tenues par parts viriles. Ainsi, si trois cautions ont garanti de façon illimitée une dette de 120, celle qui a payé pourra exiger 40 de chacune des deux autres. De la même façon, si trois cautions ont un engagement limité à 30, celle qui a payé 30 pourra exiger d'elles 10. Lorsque leurs engagements sont inégaux, (un cautionnement illimité, un limité à 50, l'autre à 30), le système des parts viriles serait injuste. La Cour a donc décidé que « la fraction de la dette doit être supportée par chacune des cautions en proportion de son engagement initial [1] ».

1. Civ. 1re, 2 févr. 1982, *JCP* 1982. II, p. 19825, note Ph. Simler. Plusieurs calculs sont alors possibles, v. Ph. Simler, Ph. Delebecque, n° 161 ; pour une illustration, Com. 24 janv. 2006, *JCP* 2006. I, p. 195, n° 8, obs. Ph. Simler.

CHAPITRE 3

Le dénouement du cautionnement

137 **Dualité des causes d'extinction du cautionnement.** L'extinction du cautionnement peut avoir de nombreuses causes [1], l'article 2313 du Code civil disposant que « l'obligation de la caution s'éteint par les mêmes causes que les autres obligations ». Cette extinction revêt, pour la caution qui s'est engagée sans contrepartie, une importance particulière : plaider l'extinction du cautionnement sera souvent le seul moyen d'échapper aux poursuites du créancier. On distingue traditionnellement deux types d'extinction : l'extinction par voie d'accessoire, c'est-à-dire à la suite de l'obligation principale (SECTION 1), et l'extinction par voie principale, c'est-à-dire indépendamment de l'obligation principale (SECTION 2).

1. Ch. Mouly, *Les causes d'extinction du cautionnement*, Litec, coll. « Bibl. dr. entreprise », t. 10, préf. M. Cabrillac.

SECTION 1
Extinction du cautionnement par voie accessoire

138 **Caractère accessoire, opposabilité des exceptions inhérentes à la dette.** Le cautionnement étant un contrat accessoire (v. ss 21), il ne saurait survivre à l'extinction de l'obligation qu'il garantit. L'extinction de l'obligation principale rejaillit donc sur celle de la caution. L'article 2313, alinéa 2, dispose que l'obligation de la caution « s'éteint aussi par suite de l'extinction de l'obligation garantie ». Par-delà la généralité de ce texte, la diversité des modes d'extinction de l'obligation principale conduit à des situations très variées. On distinguera alors, parmi les modes d'extinction de l'obligation principale, ceux qui emportent satisfaction du créancier (§ 1) et ceux qui n'emportent pas satisfaction du créancier (§ 2).

§ 1. Extinction de l'obligation principale emportant satisfaction du créancier

139 **Paiement.** Le paiement de la dette principale par le débiteur emporte extinction de l'obligation de la caution. Lorsque le paiement n'est que partiel et que le cautionnement ne couvrait pas l'intégralité de la dette, il s'impute sur la partie non cautionnée de la dette (v. ss 69) : la caution reste donc tenue, dans la limite de son engagement, tant que le créancier n'a pas été intégralement satisfait. Lorsque le paiement a été fait par un tiers, ce tiers est subrogé dans les droits du créancier : la caution n'est donc pas libérée puisque la dette a été transmise au *solvens* s'il peut bénéficier des conditions de la subrogation.

140 **Dation en paiement.** Évoquée par l'article 1342-4, alinéa 2, du Code civil, la dation en paiement éteint en principe le cautionnement. Toutefois, l'ancien article 2315 du Code contenait une disposition particulière : si le créancier vient à être évincé de la chose qui lui a été donnée en paiement par le débiteur, la caution est

néanmoins libérée (alors que l'obligation principale n'est pas éteinte si le paiement est nul). On entendait par là protéger la caution en ne lui faisant pas supporter les risques d'une opération imprévue, plus aléatoire qu'un paiement en argent, décidée entre le créancier et le débiteur. La solution se maintiendra sans doute.

141 **Compensation.** La compensation vise l'hypothèse où le créancier est devenu débiteur de son débiteur et où les deux créances se compensent. L'ancien article 1294, alinéa 1er, disposant que « la caution peut opposer la compensation de ce que le créancier doit au débiteur principal », on en déduisait que la caution était libérée par la compensation. Toutefois, l'article 1294, alinéa 3, disposant que « le débiteur solidaire ne peut pareillement opposer la compensation de ce que le créancier doit à son débiteur », on s'était demandé si la caution solidaire pouvait bénéficier de l'extinction. La Cour n'avait pas admis que ce texte soit appliqué aux cautions solidaires[1]. Cette difficulté a été supprimée par l'ordonnance du 10 février 2016 puisque l'article 1347-6, alinéa 2, dispose désormais que « le codébiteur solidaire peut se prévaloir de la compensation intervenue entre le créancier et l'un de ses coobligés pour faire déduire la part divise de celui-ci du total de la dette ».

§ 2. Extinction de la dette principale n'emportant pas satisfaction du créancier

142 **Diversité des modes d'extinction.** Il existe de nombreux modes d'extinction d'une obligation sans que le créancier n'ait obtenu satisfaction. Le contentieux est ici très nourri puisque les cautions, appelées en paiement, plaideront souvent l'extinction de l'obligation principale, et donc leur libération. Des conséquences diverses sont attachées à l'annulation ou à la résolution de l'obligation principale (A), à la remise de dette (B), à la novation et aux notions qui s'en rapprochent (C), et à la prescription (D).

1. Civ. 1re, 1er juin 1983, *D.* 1984. 152, note J.-L. Aubert.

A. Annulation ou résolution de l'obligation principale

143 **Annulation ou résolution déjà prononcée.** Lorsque la sanction a été prononcée, il n'y a guère de difficultés : si l'obligation est nulle, résolue ou résiliée, le cautionnement s'éteint, faute d'objet. Une difficulté particulière se pose cependant quand l'annulation du contrat laisse subsister une obligation de restitution. Tel est le cas du contrat de prêt. Même annulé, il pèse sur l'emprunteur l'obligation de restituer la somme empruntée. La caution doit-elle couvrir cette restitution ? La Cour a répondu par l'affirmative en relevant que « tant que les parties n'ont pas été remises en l'état antérieur à la conclusion de leur convention annulée, l'obligation de restituer inhérente au contrat de prêt demeure valable ; dès lors, le cautionnement, en considération duquel le prêt a été consenti, subsiste tant que cette obligation valable n'est pas éteinte [1] ». La même solution s'applique aux hypothèses dans lesquelles la nullité laisse subsister des obligations. Tel est le cas pour les contrats de fourniture où, en dépit de leur annulation, la caution garantit le paiement des livraisons passées [2].

144 **Annulation ou résolution non encore prononcée.** Lorsque la sanction n'a pas encore été prononcée mais que la caution estime que l'obligation principale est nulle, il ne fait pas de doute qu'elle puisse agir pour obtenir la nullité absolue de l'obligation principale : tout intéressé peut demander la nullité, la caution aussi. Ainsi, la caution peut demander l'annulation de la vente qu'elle cautionne lorsqu'elle a un objet illicite (cession de clientèle civile). En revanche, un tel raisonnement peut-il être suivi lorsque la nullité n'est que relative ? La réponse à cette question repose sur les termes de l'article 2298. Ce texte dispose que « la caution peut opposer au créancier toutes les exceptions, personnelles ou inhérentes à la dette, qui appartiennent au débiteur, sous réserve des dispositions du deuxième alinéa de l'article 2293 » (c'est-à-dire le fait de se porter caution d'un incapable en toute connaissance de cause, v. ss 62). Ce texte entend combattre une jurisprudence qui était assez critiquée : en application de l'ancien article 2313 du Code civil, qui distinguait

1. Com. 17 nov. 1982, *D.* 1983. 527, note M. Contamine-Raynaud ; *JCP* 1984. II, p. 20216, note Ch. Mouly, Ph. Delebecque.
2. Com. 4 févr. 1986, *D.* 1987. 451, note L. Aynès.

les exceptions « inhérentes à la dette » (opposables par la caution) et les exceptions « purement personnelles au débiteur » (non opposables par la caution), une chambre mixte avait jugé que la caution ne pouvait pas opposer au créancier la nullité pour dol du contrat principal [1]. Cette jurisprudence méconnaissait le sens historique de l'ancien article 2313, qui ne visait qu'à rendre inopposable l'incapacité [2]. Elle va prendre fin, de façon certaine, pour les cautionnements conclus après l'entrée en vigueur de la réforme, et si la Cour de cassation s'en inspire, pour les cautionnements antérieurs. En l'état, les différentes chambres de la Cour semblent divisées : la première chambre civile a opéré un revirement de jurisprudence par anticipation en relevant que « si la prescription biennale de l'article L. 218-2 du code de la consommation procède de la qualité de consommateur, son acquisition affecte le droit du créancier, de sorte qu'il s'agit d'une exception inhérente à la dette dont la caution, qui y a intérêt, peut se prévaloir [3] ». La chambre commerciale, sur une tout autre question, maintient de son côté une jurisprudence inaugurée en 2015, attentatoire au caractère accessoire du cautionnement : « La fin de non-recevoir tirée du défaut de mise en œuvre d'une clause contractuelle qui institue une procédure de conciliation, obligatoire et préalable à la saisine du juge, ne concerne, lorsqu'une telle clause figure dans un contrat de prêt ou une convention de garantie de passif, que les modalités d'exercice de l'action du créancier contre le débiteur principal et non la dette de remboursement elle-même dont la caution est également tenue, de sorte qu'elle ne constitue pas une exception inhérente à la dette que la caution peut opposer [4]. » Compte tenu de l'important « stock » de

---

1. Cass., ch. mixte, 8 juin 2007, *D.* 2007. 1782, obs. V. Avéna-Robardet, 2201, note D. Houtcieff ; *JCP* 2007. II, p. 10138, note Ph. Simler et Act. 274, obs. J. Casey ; *CCC* 2007, comm. 269, obs. L. Leveneur ; *JCP E* 2007, p. 1861, obs. S. Piedelièvre ; *Dr. et patr.* 9/2007, p. 85, obs. Ph. Stoffel-Munck ; *RTD civ.* 2007. 805, obs. Ph. Théry ; *RTD com.* 2007. 833, obs. A. Martin-Serf.

2. A.-S. Barthez et D. Houtcieff, *Les sûretés personnelles*, LGDJ, 2010, n°s 77 s. et 475 s. ; Ph. Simler et P. Delebecque, *Droit civil. Les sûretés. La publicité foncière*, 7e éd., Dalloz, 2016, n° 112 ; C. Mouly, *Les causes d'extinction du cautionnement*, Litec, 1979, n°s 142 s.

3. Civ. 1re, 20 avr. 2022, n° 20-22.866, *JCP E* 2022, p. 1187, note J.-D. Pellier. Au soutien de leur décision, les juges observent que le maintien de la solution ancienne « conduirait à traiter plus sévèrement les cautions ayant souscrit leur engagement avant l'entrée en vigueur de l'ordonnance ».

4. Com. 6 juill. 2022, n° 20-20.085, *D.* 2022. 1724, n° 11, obs. Ch. Gijsbers ; V. déjà Com. 13 oct. 2015, n° 14-19.734, *D.* 2016. 628, note V. Mazeaud, et 1279, obs. A. Leborgne, et 1955, obs. P. Crocq ; *RTD civ.* 2015. 917, obs. P. Crocq, 932, obs. P. Théry, et 2016. 114, obs. H. Barbier ;

cautionnements conclus avant le 1er janvier 2022, et de l'imposant contentieux en puissance qui lui est attaché, on ne peut qu'appeler de nos vœux la réunion prochaine d'une chambre mixte afin de résorber cette divergence de vues...

B. Remise de dettes

145 **Remise de dettes classique.** La remise de dette, accordée par le créancier au débiteur, libère la caution (C. civ., art. 1350-2, al. 1er). C'est là une conséquence directe du caractère accessoire du cautionnement. Elle a toutefois été remise en cause par un arrêt ayant décidé que la renonciation du créancier à poursuivre le débiteur principal n'emportait pas extinction de l'obligation et, dès lors, ne libérait pas la caution [1]. Même si elle repose sur la distinction entre la « renonciation à poursuivre » et l'existence même de l'obligation, cette solution est contraire à l'article 2290 selon lequel le cautionnement ne peut être contracté sous des conditions plus onéreuses que l'obligation principale (v. ss 35). En dépit de cette incertitude, on doit rapprocher la remise de dettes classique de certaines remises qui sont accordées au débiteur (et imposées aux créanciers) dans le cadre de différentes procédures collectives ouvertes à l'encontre du débiteur (pour les délais, v. ss 109 s.). Il faut alors distinguer les procédures judiciaires des procédures amiables.

146 **Dans un règlement judiciaire.** Pour savoir si la remise profite, ou non, à la caution, il fallait distinguer comme en matière de remise d'octroi de délai (v. ss 109) : s'il s'agissait d'un plan de sauvegarde, les cautions pouvaient se prévaloir de ses dispositions (C. com., art. L. 626-11, al. 2) ; en revanche, en cas de redressement, les cautions ne pouvaient opposer au créancier les remises imposées par le tribunal (C. com., art. L. 631-20). On retrouvait donc ici la volonté d'inciter le dirigeant à solliciter, au plus tôt, une procédure de sauvegarde. La réforme de 2021 aligne les deux procédures : la caution personne physique peut désormais bénéficier des remises dans les deux cas.

RTD com. 2016. 177, obs. B. Bouloc. De même, Com. 12 oct. 2022, n° 21-15.990, *Rev. sociétés* 2023, p. 304, n° 5, note T. de Ravel d'Esclapon ; *D.* 2023. 1765, n° 4, obs. Ch. Gijsbers.

1. Com. 22 mai 2007, *D.* 2007. 1999, note O. Deshayes et 1656, obs. V. Avéna-Robardet ; *JCP* 2007. I, p. 212, n° 8, obs. Ph. Simler.

C. Novation et notions voisines

147 **Novation.** La novation est la substitution à une obligation ancienne, qui est éteinte, d'une obligation nouvelle. Elle s'opère par changement de débiteur, de créancier, ou d'objet (C. civ., art. 1329). L'article 1334 dispose alors que « l'extinction de l'obligation ancienne s'étend à tous ses accessoires ». C'est là une application normale du caractère accessoire du cautionnement : l'obligation initiale est éteinte, le cautionnement l'est aussi, à moins naturellement que la caution manifeste un nouveau consentement. La novation doit alors être précisément distinguée de notions voisines qui n'emportent pas nécessairement extinction du cautionnement [1] : la délégation, la cession de contrat, le renouvellement du contrat et la transformation du débiteur.

148 **Délégation.** La délégation est l'opération par laquelle un débiteur donne au créancier un autre débiteur qui s'oblige envers le créancier (C. civ., art. 1336). En principe, la délégation n'opère point novation : le débiteur initial reste tenu envers le créancier ; la caution également [2].

149 **Cession de contrat.** La cession de contrat, abordée aux articles 1216 et suivants du Code civil, peut également conduire à un changement dans la personne des contractants initiaux [3]. Ainsi, la cession par le débiteur d'un contrat de bail à un tiers emporte libération de la caution : si elle reste tenue des loyers impayés par le débiteur initial, elle ne saurait garantir les dettes nées du nouveau locataire [4]. Plus étonnement, la jurisprudence avait également retenu que lorsque le propriétaire cédait l'immeuble à un tiers, la caution était libérée et que son cautionnement ne pouvait être étendu en faveur du second bailleur [5]. Pourtant, par application de l'article 1743 du Code civil,

1. V. par ex., Civ. 1re, 20 mai 2003, *RDC* 2003, p. 174, obs. D. Houtcieff jugeant que le réaménagement de la dette n'emporte pas novation.
2. C'est là la figure de la délégation imparfaite. Cependant, les parties peuvent convenir qu'elle sera parfaite (*i. e.* novatoire) : en ce cas, le débiteur initial est libéré envers le créancier ; la caution également.
3. C. Berger, « Le sort de la caution en cas de cession de contrat dans le cadre d'une procédure collective », *D.* 2003. Chron. 1682.
4. Com. 21 nov. 1995, n° 93-20.387, *Bull. civ.* IV, n° 267.
5. Com. 29 oct. 1999, *D.* 2000. 224, note L. Aynès ; Ch. Larroumet, *D.* 2000. Chron. 155 ; *RTD civ.* 2000. 679, obs. R. Libchaber ; *JCP E* 2000, p. 416, note O. Gout.

c'est bien le même contrat qui continue. Ces arguments ont conduit l'assemblée plénière à opérer un revirement de jurisprudence sur ce point [1].

150 **Renouvellement et reconduction.** Les renouvellements et reconductions d'une obligation emportent création d'une nouvelle obligation (C. civ., art. 1214 et 1215). Cette différence de nature explique alors que les solutions retenues en matière de renouvellement ou de reconduction diffèrent profondément de celles retenues pour la prorogation (v. ss 108 s.). Le caractère accessoire du cautionnement interdit en effet de l'étendre à une autre obligation que celle initialement convenue. Dès lors, « la tacite reconduction n'entraînant pas prorogation du contrat principal mais donnant naissance à un nouveau contrat, est justifié le rejet de la demande en paiement par la caution de la somme due au titre d'une tacite reconduction, dès lors que le cautionnement, accessoire au contrat principal, n'avait pas été renouvelé [2] ».

151 **Changement de forme sociale, fusion, absorption.** Enfin, lorsque le débiteur est une personne morale, il est possible qu'il subisse une transformation à la suite d'un changement de forme sociale, d'une fusion ou d'une absorption. La jurisprudence considère que le changement de forme sociale (une SARL devient une SA) n'entraînant pas création d'une nouvelle personne morale, la caution demeure tenue de son obligation de garantie [3]. En revanche, la fusion-absorption emporte dissolution de la société et transmission universelle de son patrimoine à la société nouvelle. Il y a donc une nouvelle personne juridique. De fait, la caution est libérée des dettes postérieures à la fusion lorsque la société débitrice fait l'objet d'une fusion [4]. La question de la fusion de la

1. Cass., ass. plén., 6 déc. 2004, *JCP* 2005. II, p. 10010, note S. Piedelièvre ; *D.* 2005. 70, note V. Avéna-Robardet, 227, obs. L. Aynès et 2085, obs. P. Crocq ; *RTD com.* 2005. 51, obs. J. Monéger et 404, obs. D. Legeais ; *RDC* 2005, p. 406, obs. D. Houtcieff ; *adde* Ph. Simler, « L'acquéreur de l'immeuble loué bénéficie du cautionnement du locataire souscrit au profit du vendeur », *RJDA* 2005. Chron. 295.
2. Com. 11 févr. 1997, *JCP* 1997. I, p. 4033, n° 3, obs. Ph. Simler. *Adde,* M.-E. André, « Le sort des cautions en cas de poursuite de la relation cautionnée », *Mélanges Mouly,* Litec, 1998, t. II, p. 265.
3. Com. 2 oct. 1979, *Bull. civ.* IV, n° 240 ; Com. 9 avr. 1973, *D.* 1973. 753, note Ph. Malaurie.
4. Com. 20 janv. 1987, *D.* 1987, somm. 453, obs. L. Aynès ; Com. 17 juill. 2001, Civ. 3e, 16 févr. 2000, *JCP* 2001. I, p. 356, obs. Ph. Simler ; Com. 8 nov. 2005, *D.* 2005. 2876 (2e esp.), note

société créancière avait été débattue. Après avoir jugé que la fusion du créancier libérait la caution des dettes postérieures [1], la Cour avait décidé que la fusion-absorption entraînait la transmission universelle du patrimoine de la société absorbée à la société absorbante pour en déduire qu'« en cas de fusion-absorption d'une société propriétaire d'un immeuble donné à bail, la caution garantissant le paiement des loyers est, sauf dispositions contraires, transmise de plein droit à la société absorbante [2] ». Si certains auteurs en déduisaient un revirement de jurisprudence, d'autres, relevant que les créances de loyers couvertes étaient déjà nées au moment de la cession, y voyaient une application classique du principe. La Cour leur a donné raison puisqu'elle a jugé que la caution était libérée des dettes non encore nées en cas de fusion du créancier [3].

Ces solutions jurisprudentielles sont désormais consacrées par le nouvel article 2318 du Code civil qui dispose que « en cas de dissolution de la personne morale débitrice ou créancière par l'effet d'une fusion, d'une scission ou de la cause prévue au troisième alinéa de l'article 1844-5, la caution demeure tenue pour les dettes nées avant que l'opération ne soit devenue opposable aux tiers ; elle ne garantit celles nées postérieurement que si elle y a consenti à l'occasion de cette opération ou, pour les opérations affectant la société créancière, par avance ».

D. Prescription

152 **Prescription et défaut de déclaration dans une procédure de redressement judiciaire.** Lorsque l'obligation principale est prescrite, le cautionnement s'éteint également. C'est là une application traditionnelle de la règle de l'accessoire et du principe selon lequel

A. Lienhard. V. lorsque la fusion revêt un effet rétroactif, Com. 23 mars 1999, *D.* 1999. 699, note S. Grataloup.

1. Com. 17 juill. 2001, *D.* 2001. 2414, obs. A. Lienhard ; *JCP* 2001. I, p. 356, obs. Ph. Simler.
2. Com. 8 nov. 2005, *D.* 2005. 2876 (1er esp.), note A. Lienhard ; *JCP* 2005 p. I. 10170, note D. Houtcieff ; *JCP* 2006. I, p. 123, n° 17, obs. A.-S. Barthez et I. 131, n° 9, obs. Ph. Simler ; *Dr. et patr.* 2/2006, p. 126, obs. Ph. Dupichot. *RTD com.* 2006. 145, obs. P. Le Cannu et 179, obs. D. Legeais.
3. Com. 14 mai 2008, *RD. banc. fin.* 2008. Comm. 115, obs. A. Cerles ; *JCP* 2008. I, p. 211, n° 7, obs. Ph. Simler ; Com. 30 juin 2009, *D.* 2009. 2163, obs. A. Lienhard ; *JCP* 2009. I, p. 492, n° 7, obs. Ph. Simler.

la caution peut opposer au créancier toutes les exceptions inhérentes à la dette (v. ss 138). La Cour de cassation avait pu considérer que toutes les hypothèses de prescription n'étaient pas « inhérentes à la dette » au sens de l'ancien article 2293 : elle avait ainsi considéré que la prescription biennale prévue à l'article L. 218-2 du Code de la consommation constituait une exception purement personnelle au débiteur principal, procédant de sa qualité de consommateur auquel un professionnel a fourni un service, de sorte qu'elle ne pouvait être opposée au créancier par la caution [1]. Cette jurisprudence est condamnée par le nouvel article 2298 du Code civil : « La caution peut opposer au créancier toutes les exceptions, personnelles ou inhérentes à la dette, qui appartiennent au débiteur, sous réserve des dispositions du deuxième alinéa de l'article 2293 » (v. ss 144).

On peut alors rapprocher de cette solution le défaut de déclaration par le créancier dans la procédure de redressement du débiteur. Cette question donnait lieu à un volumineux contentieux que la loi du 26 juillet 2005 *de la sauvegarde des entreprises* tarira sans doute. Avant cette loi, l'article L. 621-46 du Code de commerce disposait que la créance non déclarée était éteinte. Se posait alors la question de savoir si cette extinction profitait, ou non, à la caution ? À l'appui d'une réponse négative, on fait valoir que la libération de la caution produirait un effet contraire à son but. La caution garantit l'insolvabilité du débiteur, dès lors, elle devrait payer lorsqu'il est placé en redressement. Pourtant en dépit d'une précision textuelle, on ne voyait pas pourquoi on écarterait ici la dimension accessoire du cautionnement. Bien plus, le créancier est le seul à même de prendre toutes les mesures conservatoires pour protéger sa créance. S'il est négligent et qu'il laisse la dette s'éteindre, il est normal que la caution en profite. La Cour de cassation s'est donc prononcée pour la libération de la caution [2]. Le

1. Civ. 1re, 11 déc. 2019, n° 11-12.019, *D.* 2020. 523, note M. Nicolle ; *Gaz. Pal.* 18 févr. 2020, p. 34, obs. M.-P. Dumont.

2. Com. 17 juill. 1990, *D.* 1990. 494, note A. Honorat. Cette solution est en revanche écartée pour les garanties financières professionnelles que la Cour a qualifiées de garanties autonomes dans le seul but de contourner l'inconvénient qui résultait de la qualification d'accessoire (Cass., ass. plén., 4 juin 1999, *JCP* 1999. II, p. 10152, note M. Behar-Touchais ; *JCP* 2000. I, p. 209, n° 8, obs. Ph. Simler ; Civ. 1re, 28 nov. 2001, Civ. 3e, 3 oct. 2001, Com. 25 juin 2002, *JCP* 2003. I, p. 124, n° 10, obs. Ph. Simler ; v. ss 179).

nouvel article L. 622-26 du Code de commerce supprime l'extinction de la créance qui n'aurait pas été déclarée : le créancier ayant omis de déclarer pourra donc poursuivre la caution. Dans ce cas, la caution peut, en revanche, songer à invoquer l'article 2314 en faisant valoir qu'elle a été privée de la possibilité d'être subrogée dans les droits du créancier contre le débiteur défaillant. D'abord admise de façon implicite [1], la solution a été affirmée avec clarté : « Lorsque le créancier a omis de déclarer sa créance, peu important la nature de celle-ci, la caution est déchargée de son obligation si cette dernière avait pu tirer un avantage effectif du droit d'être admise dans les répartitions et les dividendes, susceptible de lui être transmis par subrogation [2]. » La solution peut malgré tout être discutée en relevant que l'article 2314 du Code civil exige que le préjudice subi par la caution soit dû au fait exclusif du créancier (v. ss 171). Or, dans cette hypothèse, la caution pouvait facilement échapper au préjudice causé par l'absence de déclaration du créancier en déclarant elle-même sa propre créance, fut-elle encore conditionnelle.

SECTION 2

Extinction du cautionnement par voie principale

153 **Plan.** S'il peut s'éteindre à la suite de l'obligation principale, le cautionnement peut, comme tout engagement contractuel, s'éteindre pour des causes qui lui sont propres. Ces modes d'extinction peuvent s'inspirer du droit commun des obligations (§ 1) ou d'une cause propre au cautionnement, fondée sur l'idée de faute du créancier (§ 2).

1. Com. 12 juill. 2011, *D.* 2011. 1894, obs. A. Lienhard ; *RTD civ.* 2011. 782, obs. P. Crocq ; *JCP* 2011, p. 901, note N. Dissaux ; *JCP E* 2012, p. 117, n° 3, obs. Ph. Pétel.
2. Com. 19 févr. 2013, *D.* 2013. 565, obs. A. Lienhard ; *D.* 2013. 1706, obs. P. Crocq ; *RTD civ.* 2013. obs. P. Crocq ; *Gaz. Pal.* 20-21 mars 2013, p. 20, obs. M.-P. Dumont-Lefrand ; *JCP* 2013, p. 585, n° 9, obs. Ph. Simler ; *JCP E* 2013, p. 1216, n° 7, obs. Ph. Pétel.

§ 1. Extinction fondée sur le droit commun des obligations

154 **Obligation de couverture et de règlement.** La caution peut être tenue de deux obligations : une obligation de règlement qui l'oblige à payer le créancier et une obligation de couverture au terme de laquelle elle garantit le créancier [1] (v. ss 64). L'une (A) et l'autre (B) obéissent à des modes d'extinction particuliers.

A. Extinction de l'obligation de règlement

155 **Plan.** La caution est tenue d'une obligation de règlement lorsqu'elle garantit des dettes présentes ou lorsque, garantissant des dettes futures, son obligation de couverture s'est métamorphosée en obligation de règlement. L'extinction de cette obligation de règlement entraîne des effets distincts à l'égard du débiteur principal (1) et des cofidéjusseurs (2).

1. *Effets de l'extinction de l'obligation de règlement à l'égard du débiteur*

156 **Principe.** Le principe est ici que l'extinction de l'obligation de la caution n'a aucun effet sur l'existence de la dette du débiteur. Lorsque la caution est libérée sans avoir payé, le débiteur reste tenu ; le créancier a, dans cette hypothèse, perdu la sûreté qui garantissait sa créance. Lorsque l'obligation de règlement s'éteint à la suite du paiement de la caution, le débiteur est libéré à l'égard du créancier, mais il s'expose aux différents recours dont dispose contre lui la caution (v. ss 121 s.). En d'autres termes, la règle de l'accessoire ne joue qu'à sens unique : l'extinction de l'obligation principale entraîne celle du cautionnement ; mais l'extinction de l'obligation de règlement de la caution n'entraîne pas celle de l'obligation principale.

157 **Applications : remise de dette, compensation, confusion.** Lorsque le créancier consent une remise de dette à la caution, elle « ne

1. Civ. 1re, 2 juin 2004, *JCP* 2005. II, p. 10004, note O. Rivoal.

libère pas le débiteur principal » (C. civ., art. 1350-2, al. 2). Lorsque la caution est créancière du créancier, il s'opère entre eux une compensation et cette compensation « n'éteint pas la dette principale garantie mais uniquement, à due concurrence, l'obligation de cette seule caution [1] ». De plus, le débiteur principal ne peut pas, pour refuser de payer, opposer la compensation de ce que le créancier doit à la caution. La règle est logique : elle empêche au débiteur principal de contraindre la caution à payer [2]. Lorsque la caution acquiert la qualité de créancier, il s'opère une confusion qui éteint l'obligation de règlement à laquelle était tenue la caution. Pourtant, le créancier n'a pas été satisfait, ce qui justifie que la confusion qui s'opère dans la personne de la caution n'entraîne point l'extinction de l'obligation principale (C. civ., art. 1349-1).

2. *Effets de l'extinction de l'obligation de règlement à l'égard des cofidéjusseurs*

158 **Principe.** En principe, la libération d'une caution est sans effet sur l'engagement des cofidéjusseurs. À moins qu'elles n'aient fait de l'engagement de la caution libérée une condition de leur propre engagement [3], les autres cautions restent donc tenues en dépit de la libération de l'une d'elles. La libération de l'une des cautions entraîne pourtant des effets importants : si cette libération est consécutive à une satisfaction du créancier, l'obligation des cofidéjusseurs envers lui sera diminuée d'autant ; si cette libération s'opère sans satisfaction du créancier, les cofidéjusseurs ne pourront en bénéficier.

159 **Applications : remises de dette, compensation, novation.** Avant la réforme sur le droit du contrat du 10 février 2016, l'article 1287,

1. Com. 13 mars 2012, n° 10-28.635, *D.* 2013. 1706, obs. P. Crocq ; *RTD com.* 2012. 389, obs. D. Legeais ; *JCP* 2012, p. 616, note Ph. Simler. Dans le même sens : Com. 6 juill. 2022, n° 20-17.279, *D.* 2022. 1724, n° 10, obs. Ch. Gijsbers ; *RTD civ.* 2022. 674, obs. Ch. Gijsbers ; *JCP* 2022, p. 995, note M. Mignot, et 1063, n° 7, obs. Ph. Simler ; *Gaz. Pal.* 18 oct. 2022, n° GPL441b2, obs. M.-P. Dumont. Retenant la même solution à l'égard des cofidéjusseurs à l'égard desquels le créancier n'a pas commis de faute : Com. 25 janv. 2023, n° 21-12.220, *D.* 2023. 1102, note F. Danos ; *JCP E* 2023, p. 1070, note J.-D. Pellier ; *D.* 2023. 1765, n° 8, obs. Ch. Gijsbers.
2. Com. 13 mars 2012, *D.* 2012. 1043, note A. Dadoun ; *D.* 2012. 1573, obs. P. Crocq.
3. Civ. 1re, 18 mai 1978, *Bull. civ.* I, n° 195.

alinéa 3, disposait que la remise de dette accordée à l'une des cautions ne libérait pas les autres. La règle devait toutefois être précisée : si le cautionnement était simple, la remise de dette accordée à l'une des cautions était sans réelle influence sur les autres, puisque chacune restait tenue au paiement de sa part virile ; si le cautionnement était solidaire, l'application de la règle eût été bien rigoureuse pour les cautions. C'est la raison pour laquelle le nouvel article 1350-2, alinéa 2, du Code civil, issu de la réforme du 10 février 2016, dispose alors que « la remise consentie à l'une des cautions solidaires ne libère pas le débiteur principal mais libère les autres à concurrence de sa part ». Toutefois, les remises obtenues par une caution dans le cadre d'une procédure de redressement dirigée contre elle dérogent, comme pour le débiteur principal (v. ss 146), à ces règles. Ces remises ne font que constater l'insolvabilité de la caution et restent sans influence sur les obligations des autres cautions.

La compensation intervenue entre le créancier et l'une des cautions diminue d'autant le montant de la dette globale. Elle vient donc limiter l'engagement des cofidéjusseurs [1]. Toutefois, pour les mêmes raisons que précédemment, il faut admettre que seule la caution intéressée peut invoquer le bénéfice de compensation.

L'obligation de la caution envers le créancier peut s'éteindre par le fait d'une novation. En toute rigueur, cette novation devrait rester sans incidence sur l'obligation des autres cautions. Pourtant, la Cour de cassation a admis que « la novation par changement de débiteur opérée à l'égard de deux cautions solidaires libère la troisième [2] ». Cette solution était critiquable car elle revenait à mieux traiter les cautions solidaires que les cautions simples et à faire triompher la logique de la solidarité sur celle du cautionnement. La Cour de cassation est ensuite revenue à une position plus orthodoxe [3].

1. V. cependant, Com. 8 déc. 1998, *JCP* 1999. I, p. 116, n° 7, obs. Ph. Simler.
2. Civ. 1re, 11 janv. 1984, *JCP* 1986. II, p. 20647, note B.-H. Dumortier.
3. Com. 7 déc. 1999, *D.* 2001, somm. 697, obs. L. Aynès ; *JCP* 2000. I, p. 257, n° 12, obs. Ph. Simler : « La novation opérée à l'égard de l'une des cautions n'a pas pour effet de libérer le débiteur principal et, par suite, pas davantage les autres cautions solidaires, sauf convention contraire ».

B. Extinction de l'obligation de couverture

160 **Causes/effets.** L'obligation de couverture est l'engagement qu'a pris la caution de garantir des dettes futures (v. ss 64). La caution peut mettre fin à cette obligation de couverture afin d'être libérée pour l'avenir. Les causes de l'extinction (1) précéderont l'étude de ses effets (2).

1. *Causes de l'extinction de l'obligation de couverture*

161 **Diversité.** Appelées en paiement par le créancier, les cautions plaideront souvent leur libération en raison de l'extinction de l'obligation de couverture à laquelle elles étaient tenues. Il en résulte un contentieux nourri parmi lequel on doit distinguer, de façon traditionnelle, l'arrivée du terme d'un cautionnement à durée déterminée (a) et la résiliation unilatérale d'un cautionnement à durée indéterminée (b). Toutefois, les cautions, ayant souvent omis de résilier leur engagement, plaideront la découverte d'un terme tacite à leur engagement. Cette argumentation connaît des fortunes variables (c).

a. *L'arrivée du terme d'un cautionnement à durée déterminée*

162 **Vigilance des cautions.** Lorsque le cautionnement est donné pour une durée déterminée, l'arrivée du terme constitue l'extinction naturelle du contrat. Pendant sa durée d'efficacité, il ne peut être résilié par la caution [1].

Il est parfois délicat de distinguer la durée du cautionnement du délai ouvert au créancier pour agir contre elle. En toute rigueur, un cautionnement donné pour une durée déterminée couvre les dettes nées pendant la durée de validité du cautionnement : une fois la durée écoulée, la caution, qui ne garantit plus les dettes nées sur la tête du débiteur, peut encore être poursuivie pendant le délai de la prescription. Cette règle peut néanmoins être aménagée par les parties qui peuvent stipuler un délai particulier au-delà

1. V. par ex., jugeant que la caution d'un prêt dont le terme a été stipulé ne peut résilier unilatéralement, Civ. 1re, 27 juin 1995, *D.* 1996. 276, note S. Piedelièvre.

duquel le créancier ne pourra plus agir contre la caution. Alors que l'on serait naturellement tenté d'analyser cette stipulation comme un abrègement conventionnel du délai de prescription, dont la loi prévoit explicitement la validité (C. civ., art. 2254), la Cour de cassation préfère y voir un délai conventionnel de forclusion [1], échappant donc à la plupart des causes de suspension et d'interruption de la prescription. La même solution s'impose lorsque les parties n'ont pas expressément employé le terme forclusion : « La clause qui fixe un terme au droit d'agir du créancier institue un délai de forclusion, quand bien même le terme de "forclusion" ne serait pas mentionné dans cette clause [2]. » En revanche, le simple fait que la durée de l'engagement de la caution soit plus longue que celle du crédit garanti (par ex. la caution est tenue pour la durée du prêt plus deux ans) ne constitue pas une forclusion : « En l'absence de stipulation contractuelle expresse limitant dans le temps le droit de poursuite du créancier, le fait que la caution soit appelée à payer postérieurement à la date limite de son engagement est sans incidence sur l'obligation de la caution portant sur la créance née avant cette date [3]. »

b. *La résiliation unilatérale d'un cautionnement à durée indéterminée*

163 **Principe de la résiliation unilatérale.** L'article 2315 dispose que « lorsqu'un cautionnement de dettes futures est à durée indéterminée, la caution peut y mettre fin à tout moment, sous réserve de respecter le délai de préavis contractuellement prévu ou, à défaut, un délai raisonnable ». En application du principe général de prohibition des engagements perpétuels, la caution peut, à tout

1. Com. 26 janv. 2016, n° 14-23.285, *D.* 2016. 682, note J. François, et 1955, obs. P. Crocq ; *RTD civ.* 2016. 368, obs. H. Barbier ; Com. 15 oct. 2013, n° 12-21.704, *RTD civ.* 2014. 120, obs. H. Barbier, 155, obs. P. Crocq, et 705, obs. P. Théry.
2. Com. 10 mai 2024, n° 22-21.320, *D.* 2024. 1793, n° 9, obs. Ch. Gijsbers ; *JCP* 2024, p. 1132, n° 10, obs. Ph. Simler.
3. Com. 29 mai 2024, n°s 22-24.267 et 22-21.041, *D.* 2024. 1793, n° 8, obs. Ch. Gijsbers ; *RTD civ.* 2024. 695, obs. Ch. Gijsbers ; V. déjà en ce sens, Com. 1er juin 2023, n° 21-23.850, *D.* 2023. 1340, note J. François, et 1765, obs. Ch. Gijsbers ; pour une critique de la motivation employée, Ch. Gijsbers, « Retour sur la durée du cautionnement de dette présente », *RTD civ.* 2023. 697.

moment, mettre fin au cautionnement d'une dette à durée indéterminée. C'est une déclinaison de l'article 1211 du Code civil. En ce cas, c'est seulement son obligation de couverture qui est résiliée, laissant entière l'obligation de règlement des dettes échues antérieurement à la date de la résiliation (v. ss 168). Certains créanciers, tenus d'une obligation d'information à l'égard des cautions, doivent d'ailleurs leur rappeler annuellement, outre le montant de la dette restant due, leur faculté de révocation à tout moment ainsi que les conditions dans lesquelles elle doit être exercée [1].

164 **Preuve de la résiliation unilatérale.** Comme pour la preuve de la correcte exécution de l'obligation d'information, la preuve de la résiliation est parfois délicate à amener. En tout état de cause, c'est à la caution qui prétend avoir résilié d'en faire la preuve. De plus, la résiliation courant à compter de la réception de la lettre par le créancier [2], la caution doit prouver la réception effective par le créancier de la lettre de résiliation. La Cour de cassation est sur ce point particulièrement exigeante [3].

c. *La découverte d'un terme tacite*

165 **Position du problème et casuistique.** Puisque les cautions omettent fréquemment de résilier leur cautionnement d'une dette à durée indéterminée et qu'un terme n'a souvent pas été clairement stipulé, les cautions cherchent parfois à être délivrées par la découverte d'un terme implicite : l'argumentation consiste à dire que les cautions ne se sont engagées qu'en considération de certaines circonstances qui ont disparu au jour où le créancier les poursuit [4]. Cette recherche des volontés, toujours aléatoire, est ici particulièrement néfaste puisqu'elle navigue entre deux écueils : la protection de la caution et la sûreté du crédit. Il en résulte une casuistique que l'on peut apprécier à travers le décès de la caution ou la perte d'une qualité de la caution.

1. Par ex., L. 1er mars 1984, art. 48 (v. ss 112).
2. Ph. Simler, Ph. Delebecque, n° 186 ; M. et S. Cabrillac, Ch. Mouly, Ph. Pétel, n° 311.
3. Com. 22 juin 1999, *JCP* 2000. I, p. 209, n° 7, obs. Ph. Simler.
4. Un raisonnement similaire pourrait être fondé sur l'*intuitus personae* (D. Houtcieff, « Contribution à l'étude de l'*intuitus personae*, Remarques sur la considération de la personne du créancier par la caution », *RTD civ.* 2003. 3) ou sur la disparition de la cause de l'engagement de la caution en cours de contrat mais la vision restrictive de la Cour de cassation condamne cette argumentation à l'échec (v. ss 70).

166 **Le décès de la caution.** Le décès de la caution a longtemps été sans influence. Son engagement se transmettait à ses héritiers qui restaient tenus dans les mêmes conditions que leur auteur [1]. Cette solution était inspirée de l'ancien article 2294 du Code civil disposant que « les engagements des cautions passent à leurs héritiers [...] si l'engagement était tel que la caution y fût obligée ». La conséquence pratique était donc que les héritiers, à moins qu'ils n'aient eu l'idée de résilier l'engagement de leur auteur, restaient tenus même si, au jour du décès, le débiteur ne devait encore rien au créancier. Cette jurisprudence a été abandonnée par un arrêt de 1982 dont les faits montrent bien les dangers auxquels étaient exposées les cautions : un dirigeant de société avait, en 1964, signé un contrat de cautionnement pour les dettes de sa société ; il meurt en 1966 ; la société est mise en redressement judiciaire en 1973 ; les héritiers, qui n'avaient pas résilié, sont poursuivis en 1977. La Cour retient alors qu'« ayant relevé qu'aucune dette n'existait à la charge du débiteur principal au moment du décès de la caution, la caution, n'étant pas tenue à cette date, ne pouvait transmettre à ses héritiers d'engagements pour des dettes nées postérieurement à son décès [2] ». L'obligation de couverture prend donc fin au décès de la caution ; les héritiers ne peuvent être tenus que des dettes nées antérieurement au décès [3]. La solution est consolidée par l'article 2317 du Code civil qui dispose désormais que « les héritiers de la caution ne sont tenus que des dettes nées avant le décès ».

167 **La perte par la caution de la qualité l'ayant poussé à contracter.** Cette circonstance n'a en revanche jamais été reconnue comme constituant une cause d'extinction de l'obligation de couverture. Le dirigeant de société, poursuivi alors qu'il n'en est plus à la tête, le conjoint, poursuivi alors qu'il a divorcé, sont les situations les plus fréquentes. La Cour retient que « le dirigeant d'une société qui se porte caution des dettes que celle-ci viendrait à contracter

1. Com. 14 nov. 1966, *RTD civ.* 1967, obs. J. Chevallier.
2. Com. 29 juin 1982, *D.* 1983. 360, note Ch. Mouly ; *GAJC* n° 274.
3. La Cour a décidé que la clause qui laisserait survivre l'obligation de couverture au-delà du décès de la caution serait nulle car constitutive d'un pacte sur succession future (Com. 13 janv. 1987, *D.* 1987, somm. 453, obs. L. Aynès).

continue d'être tenu des dettes nées après la cessation de ses fonctions, à moins qu'il n'ait expressément stipulé que le cautionnement était lié à l'exercice de ses fonctions et cesserait de plein droit de produire effet lorsqu'il y serait mis fin [1] ». La cessation des fonctions n'entraîne donc pas seule l'extinction du cautionnement ; il est d'autant plus nécessaire de rédiger une clause en ce sens ou de procéder à une résiliation du cautionnement que la banque n'a ni à informer le dirigeant cédant ses parts qu'il reste tenu, en dépit de l'engagement donné par le nouveau dirigeant [2], ni à l'avertir de l'octroi d'un nouveau prêt [3].

2. *Effets de l'extinction de l'obligation de couverture*

168 **Principe.** L'article 2316 dispose que « lorsqu'un cautionnement de dettes futures prend fin, la caution reste tenue des dettes nées antérieurement, sauf clause contraire ». Lorsque l'obligation de couverture disparaît, la caution ne garantit plus les obligations qui naîtront postérieurement ; en revanche, elle demeure tenue de celles nées antérieurement, sans prendre en considération la date de leur exigibilité. Par exemple, une caution pourra être tenue au paiement des loyers antérieurs à sa résiliation dès lors qu'ils étaient demeurés impayés [4].

169 **Applications : le compte-courant.** Ce principe pose certains problèmes lorsqu'est cautionné un compte-courant : en effet, entre le moment où cessent l'obligation de couverture et l'exigibilité du solde (la clôture du compte), le compte peut continuer à fonctionner. On doit dès lors, pour déterminer l'éventuelle obligation de règlement de la caution, suivre les principes suivants : au jour de la cessation de l'obligation de couverture, on établit un solde

1. Com. 30 mai 1989, *Bull. civ.* IV, n° 166 ; F. Buy, « Le sort du cautionnement en cas de cession de contrôle », *Dr. et patr.* juill.-août 2003, p. 58.
2. Com. 29 janv. 2002, *D.* 2002, somm. 3335, obs. L. Aynès ; *JCP* 2002. I, p. 184, n° 19, obs. A.-S. Barthez ; *RDBF* 2002, p. 72, obs. D. Legeais ; *RTD civ.* 2003. 124, obs. P. Crocq ; G. Dehano, « La substitution de caution, remède à la situation inconfortable du dirigeant caution », *RTD com.* 2005. 447.
3. Com. 8 janv. 2008, *RTD civ.* 2008. 328, obs. P. Crocq ; *RTD com.* 2008. 405, obs. D. Legeais ; *RDC* 2008, p. 422, obs. D. Houtcieff ; *Dr. et patr.* 10/2008, p. 91, obs. L. Aynès et Ph. Dupichot.
4. Com. 11 mai 1993, *D.* 1993, somm. 314, obs. L. Aynès ; *JCP* 1993. II, p. 22188, note Ph. Delebecque.

provisoire tenant compte des opérations en cours ; ce solde provisoire n'est pas exigible car le compte n'est pas clôturé. Le montant du solde provisoire est un plafond au-delà duquel la caution ne pourra pas être tenue. Toutes les avances faites par la banque après ce moment ne concernent plus la caution mais toutes les remises effectuées par le débiteur et portées en compte diminuent l'obligation de règlement de la caution [1]. Ainsi, alors même que le solde provisoire pourrait être négatif et le solde définitif négatif, la caution pourrait ne pas être tenue. C'est comme si, à l'égard de la caution, l'indivisibilité du compte-courant ne jouait plus [2].

La réforme de 2021 a inséré un article 2319 qui dispose que « la caution du solde d'un compte courant ou de dépôt ne peut plus être poursuivie cinq ans après la fin du cautionnement ». Cette disposition vise à protéger la caution dans l'hypothèse où une longue durée s'écoule entre la fin du cautionnement et la clôture du compte. La caution risquait en effet d'être tenue perpétuellement, sans pouvoir invoquer la prescription puisque la dette n'était pas exigible tant que le compte n'était pas clôturé [3]. La disposition nouvelle encadre ce risque.

§ 2. Extinction fondée sur une faute du créancier

170 **Situation de la caution.** Engagée sans contrepartie, la caution est dans une position particulièrement vulnérable. Elle est à la merci de certains comportements du créancier qui pourraient venir amoindrir ses espoirs de recours contre le débiteur. L'article 2314

1. Com. 22 nov. 1972, n° 71-10.745, *RTD com.* 1973. 309, obs. M. Cabrillac et J.-L. Rives-Lange.
2. Civ. 1re, 28 oct. 1997, *JCP* 1998. I, p. 103, n° 9, obs. Ph. Simler ; *RTD civ.* 1998. 150, obs. M. Bandrac ; R. Bonhomme, « Reconnaissance ou négation du différé de compte courant », *Mélanges Mouly*, Litec, 1998, t. II, p. 275 ; v. sur la clause de renonciation à se prévaloir des remises en crédit postérieures au terme ou à la résiliation de l'engagement, Com. 10 déc. 2002 et Rennes 30 mai 2002, *JCP* 2003. I, p. 124, n° 7, obs. Ph. Simler ; Com. 1er juill. 2003, *LPA* 24 nov. 2003, p. 6, obs. D. Houtcieff ; *D.* 2004. 48, note J. Djoudi.
3. M. Cabrillac, « Obligation de couverture, obligation de règlement et cautionnement du solde du compte courant », *in Mélanges Mouly*, t. 2, Litec, 1998, p. 293.

du Code civil prévoit alors une disposition particulière : le bénéfice de cession d'actions ou de subrogation.

171 **Présentation.** L'expression est trompeuse. La caution qui a payé le créancier est subrogée dans les droits du créancier désintéressé. L'article 2314 prévoit justement l'hypothèse où ce recours de la caution est devenu, par la faute du créancier, illusoire : « Lorsque la subrogation aux droits du créancier ne peut plus, par la faute de celui-ci, s'opérer en sa faveur, la caution est déchargée à concurrence du préjudice qu'elle subit. Toute clause contraire est réputée non écrite.

La caution ne peut reprocher au créancier son choix du mode de réalisation d'une sûreté ». La caution est donc déchargée envers le créancier, alors que l'obligation principale demeure. Trois conditions doivent cependant être remplies : la première tient à la nature des droits perdus, la deuxième à la faute du créancier, la troisième au préjudice qui en résulte pour la caution. De plus, la réforme apporte une précision destinée à briser la jurisprudence.

172 **La nature des droits perdus.** L'ancien article 2314 visait les « droits, hypothèques et privilèges » perdus par le créancier. La jurisprudence entendait largement cette expression en retenant que « l'article 2037 (devenu 2314) n'est applicable qu'en présence de droits qui comportent un droit préférentiel conférant au créancier un avantage particulier pour le recouvrement de sa créance [1] ». Ainsi, si le texte était inapplicable à la simple négligence du créancier qui, ne s'intéressant pas aux biens du débiteur, laissait amoindrir son patrimoine, il trouvait en revanche application en cas de perte d'une hypothèque, d'un privilège, d'un droit de rétention, d'une clause de réserve de propriété, mais aussi d'une action en revendication ou d'une action en résolution [2]. Il a ainsi été jugé que le texte s'applique lorsque, n'ayant pas déclaré sa créance dans la procédure collective du débiteur, le créancier se retournait contre la caution [3]. En ne conservant que le terme de « droits », la

1. Civ. 1re, 21 mars 1984, *Bull. civ.* I, n° 111.

2. E. Cordelier, « À propos de l'article 2037, observations sur le droit de préférence », *RTD com.* 2004. 667 ; pour quelques exemples, v. *JCP* 2004. I, p. 188, n° 10, obs. Ph. Simler ; Com. 15 juin 2011, *Gaz. Pal.* 21 déc. 2011. 17, obs. M.-P. Dumont-Lefrand.

3. Paris 3 mars 2006, *JCP* 2006. I, p. 195, n° 6, obs. Ph. Simler.

réforme consolide cet acquis jurisprudentiel et simplifie le droit. Plus que la nature du droit perdu, la date de sa constitution importe : il est en effet nécessaire que les droits aient existé antérieurement au contrat de cautionnement [1]. En effet, la caution ne saurait reprocher au créancier de ne pas avoir conservé un droit qu'il pouvait ne pas acquérir et sur lequel, par conséquent, elle ne pouvait pas compter.

173 **La faute du créancier.** L'article 2314 du Code mentionne la « faute » du créancier [2]. Toutes les fautes pourront être prises en compte : faute intentionnelle ou de négligence, faute d'omission ou résultant d'un acte positif. Commet ainsi une faute le créancier qui se dessaisit de son gage, celui qui omet de renouveler l'inscription d'une hypothèque, ou encore celui qui ne se prévaut pas d'une cession de loyer à titre de garantie [3]. On s'est aussi demandé si le créancier commettait une faute en n'exerçant pas une simple faculté. La chambre commerciale a ainsi jugé que l'inscription d'un gage automobile n'était qu'une faculté pour le créancier… de sorte qu'il ne commettait pas de faute en n'y procédant pas [4]. La doctrine remarquait alors que toute publicité ou renouvellement d'inscription étaient toujours des simples facultés pour le créancier. Une Chambre mixte a donc décidé que commettait une faute le créancier qui, ayant obtenu une inscription provisoire de nantissement de fonds de commerce, avait omis de la confirmer par une inscription définitive [5]. Dans la même veine, la Cour avait retenu que « si l'attribution judiciaire du gage ne constitue qu'une faculté pour le créancier, ce dernier, lorsqu'il est par ailleurs garanti par un cautionnement, commet une faute au sens de l'article 2314 si, en s'abstenant de demander cette attribution, il prive la caution

1. Civ. 1re, 17 oct. 1995, *D.* 1996, somm. 268, obs. L. Aynès ; Com. 15 févr. 2000, *Bull. civ.* IV, n° 28.
2. Com. 2 avr. 1996, *D.* 1996, somm. 268, obs. L. Aynès.
3. Com. 3 mai 2006, *D.* 2006. 1364, obs. V. Avéna-Robardet, 1639, note D. Houtcieff et 2859, obs. P. Crocq ; *JCP* 2006. I, p. 195, n° 7, obs. Ph. Simler ; *Defrénois* 2006, p. 1386, note S. Piedelièvre.
4. Com. 19 déc. 2006, *D.* 2007. 369, obs. V. Avéna-Robardet.
5. Cass., ch. mixte, 17 nov. 2006, *D.* 2006. 2907, obs. V. Avéna-Robardet ; *JCP* 2007. I, p. 158, n° 13, obs. Ph. Simler ; *JCP E* 2007, p. 2775, note D. Houtcieff ; Com. 17 févr. 2009, *JCP* 2009. I, p. 136, n° 10, obs. M. Cabrillac ; *JCP* 2009. I, p. 150, n° 14, obs. Ph. Simler ; Com. 25 nov. 2008, *RDBF.* 2009, comm. 7, obs. D. Legeais.

d'un droit qui pouvait lui profiter [1] ». Cette jurisprudence semble condamnée par l'ordonnance. L'article 2314, alinéa 3, dispose que « la caution ne peut reprocher au créancier son choix du mode de réalisation d'une sûreté ».

En revanche, certains comportements du créancier ne sont pas fautifs : ainsi, l'acceptation par le créancier d'une réduction de sa créance, participant de la nature judiciaire d'un plan d'apurement, n'est pas constitutive d'une faute ayant privé, à due concurrence, la caution de son recours subrogatoire [2]. De même, il n'y a pas de faute du créancier si la perte des droits résulte d'un fait imputable à la caution ou au débiteur.

174 **Le préjudice pour la caution.** Il faut que la caution démontre que la perte du droit lui est préjudiciable [3]. L'article 2314 ne sera ainsi pas applicable lorsque le droit préférentiel perdu était, en toute hypothèse, voué à l'inefficacité : ainsi le non-renouvellement d'une hypothèque qui n'aurait pas permis à la caution de venir en rang utile ne lui cause aucun préjudice. Si c'est à la caution de prouver la perte du droit [4] c'est en revanche au créancier qu'il revient, pour ne pas encourir la décharge, d'établir que la subrogation devenue impossible par sa faute n'aurait, de toute façon, pas été efficace [5].

1. Com. 8 mars 2017, n° 14-29.819 ; 13 mai 2003, n° 00-15.404 : *D.* 2003. 1629, obs. V. Avena-Robardet ; *D.* 2004. 52, obs. P.-M. Le Corre ; *RTD com.* 2003. 803, obs. B. Bouloc ; *RTD com.* 2004. 156, obs. A. Martin-Serf ; Com. 17 févr. 2009, n° 07-20.458, *D.* 2009. 625 ; *RTD civ.* 2009. 555, obs. P. Crocq ; *RTD com.* 2009. 425, obs. D. Legeais.
2. Com. 22 oct. 1996, *JCP E* 1997. I, p. 4004, n° 3, obs. M. Cabrillac.
3. Com. 19 oct. 2010, *JCP* 2011, p. 226, n° 7, obs. Ph. Simler ; Com. 12 juill. 2011, *JCP* 2011, p. 901, note N. Dissaux.
4. Civ. 1re, 13 nov. 1996, *D.* 1997, somm. 166, obs. L. Aynès.
5. Com. 27 févr. 1996, *D.* 1996, somm. 269, obs. L. Aynès ; *RTD civ.* 1996. 439, obs. P. Crocq ; Civ. 1re, 18 mai 2004, *JCP* 2004. I, p. 188, n° 10, obs. Ph. Simler. Com. 8 avr. 2015, n° 13-22.969, *Gaz. Pal.* 24-28 mai 2015, p. 20, obs. M.-P. Dumont-Lefrand.

TITRE 2

LES MÉCANISMES INDUISANT UN EFFET EXCLUSIF DE SÛRETÉ

175 **Un effet exclusif de sûreté.** Si le cautionnement est l'archétype des sûretés personnelles, il est devenu une sûreté incertaine ; il en résulte que, n'ayant plus les faveurs des créanciers, le cautionnement est délaissé au profit d'autres sûretés. « L'histoire et le droit comparé montrent en effet que, lorsque le cautionnement est trop affaibli par l'augmentation des protections législatives, la pratique recherche d'autres formes de garantie personnelle beaucoup plus rigoureuses [1]. » Le principal inconvénient du cautionnement réside dans son caractère accessoire : plaqué sur une obligation principale, il en épouse toutes les vicissitudes. La pratique a donc développé des mécanismes palliant ces inconvénients [2]. Leur particularité est que ces mécanismes ont pour effet exclusif de procurer une sûreté au créancier ; ils ont été voulus en tant que tels et l'effet produit ne résulte ni de la loi, ni d'une situation mais de la volonté des parties. Pourtant, ces différents mécanismes se

1. Ch. Mouly, « Pour la liberté des garanties personnelles », *Banque* 1987. 1166.
2. Ph. Simler, « Les solutions de substitution au cautionnement », *JCP* 1990. I, p. 3427 ; « Nouvelles sûretés pour créanciers échaudés », *Cah. dr. entr.* 1989. 5.

distinguent parfois difficilement du cautionnement tant ce dernier exerce un fort pouvoir d'attraction. L'article 2287-1, issu de l'ordonnance du 23 mars 2006, dispose : « Les sûretés personnelles régies par le présent titre sont le cautionnement, la garantie autonome et la lettre d'intention [1]. »

1. La rareté des illustrations conduit à taire le ducroire (M. et S. Cabrillac, Ch. Mouly, Ph. Pétel, n° 374) et le constitut : hésitant entre cautionnement ou garantie autonome, l'engagement du constituant n'a pour objet ni la dette du débiteur principal ni une somme forfaitaire mais une obligation nouvelle. V. F. Jacob, *Le constitut ou l'engagement autonome de payer la dette d'autrui à titre de garantie*, LGDJ, coll. « Bibl. dr. privé », t. 294, 1998, préf. Ph. Simler. Sur les garanties financières professionnelles, v. ss 181.

CHAPITRE 1

Les garanties autonomes

176 **Présentation.** Ces garanties se caractérisent par l'autonomie de l'engagement du garant [1] : « Une garantie autonome est un engagement de payer une certaine somme, pris en considération d'un contrat de base et à titre de garantie de son exécution mais constitutif d'une obligation indépendante du contrat garanti et caractérisé par l'inopposabilité des exceptions tirées de ce contrat [2]. » Nées dans un contexte international, ces garanties pénètrent peu à peu le droit national [3]. L'article 2321 du Code civil les définit comme « l'engagement par lequel le garant s'oblige, en considération d'une obligation souscrite par un tiers, à verser une somme soit à première demande, soit suivant des modalités convenues [4] ». La nature (SECTION 1) de la garantie autonome précédera l'étude de son régime juridique (SECTION 2).

1. On les nomme également garantie à première demande ou garantie indépendante.
2. Ph. Simler, *Cautionnement et garanties autonomes*, Litec, 3e éd., 2000, n° 856.
3. Ch. Mouly, « L'avenir de la garantie indépendante en droit interne », *Mélanges Breton-Derrida*, Dalloz, 1991, p. 267 ; F. Jacob, « L'avenir des garanties autonomes, 15 ans après », *Mélanges Simler*, Dalloz-Litec, 2006, p. 409.
4. A. Prüm, « La consécration légale des garanties autonomes », *Mélanges Simler*, Dalloz-Litec, 2006, p. 409.

SECTION 1

La nature des garanties autonomes

177 **Plan.** Qualifier les garanties autonomes, cela suppose d'en analyser la structure (§ 1) afin de déterminer si, oui ou non, on peut rattacher cette opération à une figure préexistante (§ 2).

§ 1. La structure de l'opération

178 **Le montage contractuel.** La structure des garanties autonomes s'est dessinée dans les opérations du commerce international : un entrepreneur désireux d'obtenir un marché et souhaitant offrir à son contractant des garanties de bon achèvement (le donneur d'ordre) demande à sa banque (le garant) de s'engager envers son contractant (bénéficiaire) à lui payer une somme d'argent au cas où le marché ne serait pas correctement exécuté. L'engagement du garant est alors totalement indépendant de l'obligation du donneur d'ordre. Cette indépendance de l'engagement du garant se mesure dans la mise en œuvre de la garantie à son encontre. Le plus souvent, la banque s'engage en effet à payer le bénéficiaire sans que ce dernier ait à justifier le bien-fondé de sa demande et sans pouvoir lui opposer une quelconque contestation. On parle alors, dans cette hypothèse, de garantie à première demande.

179 **Les avantages recherchés.** On mesure par-là l'avantage que confère la garantie autonome au bénéficiaire : confronté à une mauvaise exécution du contrat, il obtiendra un dédommagement immédiat sans attendre l'issue aléatoire et lointaine du procès en responsabilité. On fait alors valoir que la garantie autonome équivaut à un dépôt de fonds ou de valeurs qui n'aurait pas eu lieu puisque le bénéficiaire aurait accepté qu'il soit remplacé par l'engagement de payer, à première demande, pris par une banque.

§ 2. La qualification de l'opération

180 **Le débat doctrinal.** La nature juridique des garanties autonomes a longtemps divisé la doctrine, jusqu'à ce qu'interviennent plusieurs arrêts de la Cour de cassation. Le débat portait plus précisément sur deux points : d'abord, ces garanties pouvaient-elles ou non être assimilées au cautionnement ? Pour les uns, les garanties autonomes étaient des cautionnements particuliers dans lesquels le bénéficiaire (créancier) était dispensé d'apporter la preuve de son droit contre le débiteur. C'était donc par un arrangement d'ordre probatoire que le bénéficiaire de la garantie était dispensé d'établir que les conditions de mise en œuvre de cette garantie étaient établies [1]. Pour les autres, les garanties autonomes ne pouvaient être analysées comme des cautionnements : dépourvues de tout caractère accessoire, ces garanties étaient, au pire, des cautionnements nuls, au mieux, autre chose, un contrat *sui generis*. Ensuite, on se demandait si cet engagement, qualifié ou non de cautionnement, n'était pas nul pour défaut de cause : dans la mesure où le garant peut être tenu au paiement alors même que le donneur d'ordre ne doit rien, ne faut-il pas reconnaître que cet engagement est dépourvu de cause ? La difficulté a là encore été tournée : l'engagement d'un garant à première demande est causé dès lors que le donneur d'ordre a un intérêt économique à la conclusion du contrat de base, peu important qu'il n'y soit pas partie [2].

181 **L'apport jurisprudentiel.** La jurisprudence est venue, par deux arrêts, préciser la nature de l'opération : « Cet engagement ne constituait pas un cautionnement mais une garantie autonome, ce qui interdisait à la banque de se prévaloir des exceptions que le donneur d'ordre pouvait opposer au bénéficiaire tenant à l'inexécution du contrat les unissant [3]. »

1. J. Stoufflet, « La lettre de garantie internationale », *RJ com.* 1982. 76.
2. Com. 19 avr. 2005, *D.* 2005. 2086, obs. P. Crocq ; *JCP* 2005. I, p. 185, n° 9, obs. Ph. Simler, II. 10075, note S. Piedelièvre ; *Dr. et patr.* 2/2006, p. 131, obs. Ph. Dupichot ; *contra* Ph. Malaurie, L. Aynès, P. Crocq, n° 335 pour lesquels la cause de l'engagement du garant repose dans les relations qu'il entretient avec le donneur d'ordre et non dans le contrat de base.
3. Com. 20 déc. 1982, *D.* 1983. 365, note M. Vasseur ; *GAJC* n° 279-280.

Depuis ces arrêts ayant consacré l'originalité et la validité de l'opération, le contentieux s'est déplacé et concerne aujourd'hui la distinction, pas toujours facile, entre le cautionnement et la garantie autonome. Faute en est à l'imprécise et approximative rédaction de contrats de « cautionnement à première demande ». Les juges scrutent la volonté des parties et s'assurent, à travers les termes du contrat, de leur volonté d'instituer une garantie autonome [1] ; mais ils vérifient également que, en dépit de la lettre des contrats, l'engagement du garant n'est pas identique à l'obligation du donneur d'ordre [2].

Plus récemment encore, l'hésitation entre la qualification de cautionnement et celle de garantie autonome a pu se révéler à propos des garanties financières professionnelles : certains professionnels sont en effet obligés de souscrire, pour le compte de leurs clients desquels ils détiennent des fonds, une garantie leur en assurant le remboursement. Alors que la qualification classique était celle de cautionnement [3], un arrêt de l'Assemblée plénière s'est prononcé en faveur de la qualification de garantie autonome, afin d'écarter l'extinction de la garantie à laquelle aurait inévitablement conduit l'admission de son caractère accessoire [4]. Pourtant des études démontrent que ces garanties financières sont plus proches de la technique de l'assurance que du cautionnement ou de la garantie autonome [5].

1. Com. 15 juin 1999, *Bull. civ.* IV, n° 126 : « Faute de stipulation exprimant leur autonomie, des garanties accordées par une banque ne constituent, en l'espèce que des cautionnements ». Paris 3 avr. 2002, *D.* 2002. 1750, note V. Avena-Robardet.
2. Com. 13 déc. 1994, *D.* 1995. 209, rapp. Le Dauphin, note L. Aynès : « en dépit de l'intitulé de l'acte et de la mention manuscrite de paiement à première demande, il ne s'agit pas d'un engagement autonome dès lors qu'il a pour objet la propre dette du débiteur principal ou fait référence à celle-ci » ; Com. 9 mars 2022, n° 19-24.990, *D.* 2024. 1724, n° 2, obs. Ch. Gijsbers ; Com. 13 mars 2024, n° 22-15.438, *D.* 2024. 1793, n° 1, obs. Ch. Gisbers ; *Gaz. Pal.* 2024, n° 14, p. 6, obs. C. Albiges ; *JCP E* 2024, n° 19-20, p. 34, n° 1139, obs. D. Legeais ; *JCP* 2024, p. 415, note F. Dannenberger ; *JCP* 2024, p. 464, n° 15, obs. Ph. Simler ; Com. 22 janv. 2025, n° 23-18.328, *JCP* 2025, p. 457, n° 12, obs. Ph. Simler.
3. Civ. 1re, 10 janv. 1995, *D.* 1995. 178, note L. Aynès.
4. Cass., ass. plén., 4 juin 1999, *JCP* 1999. II, p. 10152, note M. Béhar-Touchais ; *RTD civ.* 1999. 665, obs. P. Crocq.
5. S. Cabrillac, *Les garanties financières professionnelles*, Litec, coll. « Bibl. dr. entreprise », t. 50, préf. Ph. Pétel, 2001 ; « Garanties financières professionnelles », *Dr. et patr.* juill.-août 2002, p. 52.

SECTION 2

Le régime juridique des garanties autonomes

182 **Un régime embryonnaire.** Le régime des garanties autonomes est encore embryonnaire. Se développant dans le contexte très particulier du commerce international, de nombreuses difficultés propres au cautionnement ne se retrouvent pas : ainsi, puisque le garant est quasiment toujours une banque, la question du respect des exigences de l'article 1376 ne s'est jamais posée ; pourtant, il ne fait guère de doute que, donnée dans une relation interne, la garantie devrait respecter le texte. De même, puisque les garanties autonomes sont toujours données pour couvrir l'exécution d'obligations déterminées, les problèmes suscités par l'obligation de couverture dans le cautionnement ne se posent pas ici. Les réformes touchant, directement ou indirectement, le droit des sûretés ont étoffé le régime des garanties autonomes, soit qu'elles interdisent d'y recourir, soit qu'elles les assimilent au cautionnement.

Ainsi, la réforme du 23 mars 2006 a pris soin d'éviter que les opérateurs recourent trop facilement à la garantie autonome : par exemple, l'article L. 314-19 (anc. L. 313-10-1) du Code de la consommation dispose que la garantie ne peut être souscrite à l'occasion d'un crédit mobilier ou immobilier de consommation ; de même, l'article 22-1-1 de la loi du 6 juillet 1989 précise que la garantie ne peut être souscrite qu'en lieu et place du dépôt de garantie et dans la limite prévue par les textes (soit deux mois de loyer).

En revanche, méconnaissant la distinction entre les sûretés accessoires et les autonomes, la loi du 26 juillet 2005 a assimilé garanties autonomes et cautionnements sur de nombreux points notamment en ce qui concerne le bénéfice des délais et des remises octroyés au débiteur et l'arrêt du cours des intérêts (v. ss 109 et 146).

Le régime juridique des garanties autonomes se focalise sur deux difficultés [1] : à partir de quel moment le garant est-il obligé au paiement (§ 1) ? quels sont les recours ouverts à la suite de ce paiement (§ 2) ?

§ 1. L'obligation au paiement

183 **Principe.** Le garant est, en principe, obligé au paiement sans pouvoir opposer les exceptions que pourrait opposer le débiteur (C. civ., art. 2321, al. 3). C'est là la principale conséquence du caractère autonome de son engagement. On se désintéresse de l'exécution ou l'inexécution du contrat de base : dès lors que certaines conditions formelles seront remplies, le garant devra payer. Deux figures se retrouvent alors : l'engagement du garant précise soit qu'il ne paiera que sur présentation de documents établissant l'inexécution du contrat de base, soit qu'il paiera sur simple demande du bénéficiaire, sans aucune justification (C. civ., art. 2321, al. 1er). Cette dernière hypothèse, la plus fréquente, expose donc le garant à ce que le bénéficiaire n'appelle sa garantie alors que le contrat a été correctement exécuté.

184 **Atténuations.** Atténuant le principe de l'autonomie de l'engagement du bénéficiaire, la jurisprudence a alors cherché à limiter les conditions de l'appel en garantie. C'est pourtant seulement en cas de fraude ou d'abus manifeste du bénéficiaire dans l'appel en garantie de la banque que le juge pourra interdire le paiement : ainsi, la simple constatation que les marchandises livrées par le donneur d'ordre au bénéficiaire étaient conformes au contrat ne caractérise pas l'existence d'une fraude ou d'un abus manifeste du bénéficiaire [2] ; en revanche, la constatation judiciaire, au jour de l'appel en garantie, de la résolution du contrat aux torts du bénéficiaire rendrait son appel en garantie abusif. Cette solution

1. Sur le fait que la garantie autonome ne suit pas l'obligation garantie, v. C. civ., art. 2321, al. 4, et Com. 31 janv. 2017, n° 15-19.158, *RDC* 2017, p. 253, obs. P. Crocq ; p. 278, obs. A.-S. Barthez ; *RTD civ.* 2017, p. 451, obs. P. Crocq ; *JCP* 2017, p. 310, note Ph. Simler ; J.-J. Ansault, « Le sort de la garantie autonome à l'aune de la restructuration du bénéficiaire », *RDBF* mars-avr. 2017, Étude 6.
2. Com. 7 juin 1994, *JCP E* 1994. II, p. 22312, note J. Stoufflet.

se trouve consacrée par l'article 2321, alinéa 2, du Code civil qui dispose que « le garant n'est pas tenu en cas d'abus ou de fraude manifestes du bénéficiaire ou de collusion de celui-ci avec le donneur d'ordre ».

§ 2. Les recours

185 **Problématique.** La question des recours nés de l'opération appelle à concilier le caractère autonome de la garantie avec les dangers d'une mise en œuvre intempestive de la garantie par le bénéficiaire. Cette conciliation entre deux logiques conduit à distinguer des recours exclus et des recours admis.

186 **Recours exclus.** Favorables aux bénéficiaires, les garanties autonomes sont très rigoureuses pour le garant, mais également pour le donneur d'ordre contre lequel le garant ne manquera pas de se retourner après avoir payé le bénéficiaire. Cette action probable du garant contre le donneur d'ordre explique que, bien souvent, le donneur d'ordre cherchera à bloquer le versement de la somme convenue au bénéficiaire. La jurisprudence n'admet pas de semblables recours : ainsi, lorsque le donneur d'ordre se prétend créancier du bénéficiaire et entend saisir, entre les mains du garant, la somme qui lui est destinée, la Cour condamne à l'échec son action car elle lui permet de revenir sur le caractère direct et irrévocable de l'engagement du garant [1].

187 **Recours admis.** En revanche, le dénouement de l'opération, c'est-à-dire le paiement par le garant, ouvre naturellement des recours entre les différents protagonistes. Recours, d'abord, du garant qui a payé contre le donneur d'ordres : si l'existence d'un recours personnel ne fait guère de doute, celle d'un recours subrogatoire est plus discutable ; en effet, l'ancien article 1251, 3°, du Code civil imposait que le garant soit tenu « pour d'autres ». Or, le garant n'est pas tenu, en raison de l'autonomie de son engagement, « pour » le

1. Com. 14 oct. 1981, *D.* 1982. 301, note M. Vasseur ; *JCP* 1982. II, p. 19815, note Ch. Gavalda et J. Stoufflet.

donneur d'ordres [1]. La réforme du 10 février 2016 a cependant supprimé la mention « pour d'autres » (v. C. civ., art. 1346), ce qui rend ce recours possible. Recours, ensuite, du donneur d'ordres contre le bénéficiaire si le premier estime que le second a mis en œuvre la garantie de façon injustifiée : il faut alors que le donneur d'ordres démontre qu'il n'avait aucune dette envers le bénéficiaire pour obtenir la restitution de la somme versée.

1. Cependant, la jurisprudence ouvre la subrogation légale à ceux qui, en payant une dette, leur fût-elle personnelle, libèrent à due concurrence celui sur qui doit définitivement peser l'obligation (Com. 9 mai 1990, *Bull. civ.* IV, n° 146). Cette solution conduit donc à admettre sans réserve la possibilité d'un recours subrogatoire.

CHAPITRE 2

Les lettres d'intention

188 **Définition et utilisation.** La lettre d'intention est définie par l'article 2322 du Code civil comme « l'engagement de faire ou de ne pas faire ayant pour objet le soutien apporté à un débiteur dans l'exécution de son obligation envers le créancier ». C'est donc un document par lequel un tiers exprime à un créancier son intention de soutenir le débiteur, afin que ce dernier soit en mesure de respecter son engagement [1]. Encore appelées lettres de confort, de parrainage ou de patronage, ces garanties sont essentiellement utilisées par les groupes de sociétés, une société mère promettant à un banquier, créancier d'une de ses filiales, de faire tout son possible pour qu'elle tienne les engagements qu'elle a souscrits. La nature juridique des lettres d'intention est placée sous le signe de la diversité (SECTION 1) ; leur régime juridique est, là encore, très parcellaire (SECTION 2).

1. R. Baillod, « Les lettres d'intention », *RTD com.* 1992. 544.

SECTION 1
La nature juridique des lettres d'intention

189 **L'intensité variable des lettres d'intention.** Grandement dépendante de sa rédaction, la lettre d'intention peut épouser des formes très variées. Aucune qualification ne s'impose d'elle-même. Tout dépend des termes employés par les parties. Les lettres d'intention peuvent donc être, pour leur auteur, plus ou moins contraignantes.

190 **Engagement d'honneur.** La lettre d'intention ne formalise parfois qu'un engagement moral, auquel le juge ne saurait reconnaître un caractère contraignant. Par exemple, une société peut informer un banquier des liens qui existent entre elle et sa filiale et l'inviter à lui apporter son concours. Dans de telles circonstances, il n'y a aucun engagement juridique mais un simple engagement d'honneur [1]. Dépourvues d'effet obligatoire, ces lettres restent cependant utiles : permettant l'intervention d'une société de renom, à l'assise financière importante, elles favoriseront peut-être l'octroi d'un crédit par le banquier.

191 **Engagement juridique.** La lettre d'intention peut cependant constituer un engagement juridique, c'est-à-dire assorti d'une sanction. Là encore, une grande variété est de mise. En dépit de sa qualification de lettre d'intention, le document peut comporter, pour la société mère, l'engagement de payer la dette de sa filiale. En cette hypothèse, il faut requalifier la lettre d'intention en cautionnement [2]. Mais la lettre peut aussi comporter, non pas un engagement de payer la dette du débiteur, mais celui de faire en sorte qu'il exécute correctement ses obligations. Par exemple, la société mère peut s'engager à faire tout son possible pour soutenir sa filiale ou encore à amener des capitaux en cas de difficultés

1. B. Oppetit, « L'engagement d'honneur », *D.* 1979. Chron. 107.
2. Com. 21 déc. 1987, *JCP* 1988. II, p. 21113, note J.-C. Montanier ; *Banque* 1988. 361, obs. J.-L. Rives-Lange ; *GAJC* n° 278 : « Celui qui, par une manifestation non équivoque et éclairée de sa part, déclare se soumettre envers le créancier à satisfaire l'obligation du débiteur si celui-ci n'y satisfait pas lui-même se rend caution de cette obligation. »

financières. Cet engagement de faire, susceptible d'être résolu en des dommages-intérêts, peut constituer, en fonction des termes employés, une obligation de moyens ou une obligation de résultat. En ces hypothèses, la lettre d'intention se distingue du cautionnement et devient une garantie originale [1].

SECTION 2

Le régime juridique des lettres d'intention

192 **Conditions de la lettre d'intention.** Lorsqu'elle se distingue du cautionnement, la lettre d'intention échappe aux dispositions qui le régissent. Ainsi, l'article 1376 du Code civil, relatif aux engagements de payer une somme d'argent, ne saurait s'appliquer à une obligation de faire. Plus largement, la lettre d'intention ne revêt aucun caractère accessoire (la société mère ne paye pas la dette d'autrui mais exécute une obligation qui lui est personnelle). Il en résulte que les nombreuses règles fondées sur le caractère accessoire du cautionnement ne peuvent être appliquées : par exemple, l'omission par le créancier de la déclaration de créance à la procédure collective ouverte contre le débiteur ne libère pas le parrain. On s'est encore demandé si la lettre d'intention devait être soumise, lorsqu'elle émane d'une société anonyme, à l'autorisation préalable du conseil d'administration prévue à l'article L. 225-35 du Code de commerce. Ce texte vise seulement les « cautionnements, aval et garanties ». La Cour de cassation décide que l'autorisation est requise lorsque la lettre fait naître une obligation de résultat [2].

1. I. Najjar, « L'autonomie de la lettre de confort », *D.* 1989. Chron. 217 ; Com. 18 avr. 2000, *D.* 2001, somm. 700, obs. L. Aynès ; *JCP* 2001. I, p. 315, n° 10, obs. Ph. Simler : « Mais attendu que, recherchant la commune intention des parties, la cour d'appel qui, par une appréciation exempte de dénaturation, a retenu que la société n'avait pris aucun engagement de se substituer purement et simplement à ceux de sa filiale à l'égard des banques pour le cas où celle-ci serait défaillante, a pu en déduire que la société était tenue d'une obligation de moyen. »
2. Com. 26 janv. 1999, *D.* 1999. 577, note L. Aynès ; *JCP* 1999. I, p. 156, n° 7, obs. crit. Ph. Simler.

193 **Effets de la lettre d'intention.** Les effets de la lettre d'intention dépendent grandement de l'intensité de l'obligation contractée. Le parrain s'expose au paiement de dommages-intérêts s'il n'exécute pas son obligation. Le montant de ces dommages sera égal au préjudice subi par le créancier, c'est-à-dire au montant de la dette restée impayée. Cependant, s'il ne pesait sur le parrain qu'une obligation de moyens, le créancier devra prouver une faute de sa part. En revanche, s'il s'agissait d'une obligation de résultat, le simple fait que le créancier soit demeuré impayé démontre l'inexécution du parrain. Le fait de savoir si la lettre donne naissance à une obligation de résultat ou à une obligation de moyens est discuté et la jurisprudence reste fluctuante : deux types de rédaction retiennent particulièrement l'attention. Lorsque la lettre prévoit que la société mère fera « tout le nécessaire [1] » ou « fera en sorte que [2] », l'obligation est, pour la Cour de cassation, de résultat. L'explication est donnée par L. Aynès : « La prestation que promet le signataire est ce qui est nécessaire pour permettre à l'emprunteuse de disposer d'une trésorerie suffisante. L'exécution de cette promesse peut prendre des formes variées (augmentation du capital, avance en compte-courant, etc.) ; telle est la souplesse de la lettre de confort ; mais elle va jusqu'à la fourniture à l'emprunteuse des moyens nécessaires au remboursement de la dette. Cette promesse de trésorerie suffisante débouche sur une promesse de la fournir, le cas échéant, c'est-à-dire de payer une somme d'argent entre les mains du débiteur. Or, les obligations de payer sont de résultat [3]. » En revanche, si la société mère indique qu'elle « mettra tout en œuvre », il s'agit d'une obligation de moyens [4]. La distinction paraît bien subtile... Plus accessoirement, la lettre

1. Com. 26 févr. 2002, *D.* 2002. 1273, obs. A. Lienhard ; *JCP E* 2002, p. 1003, note D. Legeais ; *RTD com.* 2002. 525, obs. M. Cabrillac ; Com. 9 juill. 2002, *JCP* 2003. I, p. 124, n° 11, obs. Ph. Simler ; *D.* 2002, somm. 3332, obs. L. Aynès, 2327, obs. A. Lienhard ; *D.* 2003. 545, note B. Dondero ; Com. 11 janv. 2005, *JCP* 2005. I, p. 185, n° 11, obs. Ph. Simler ; N. Rontchevsky, « Faire le nécessaire », *Mélanges Simler*, Dalloz-Litec, 2006, p. 417.

2. Com. 20 févr. 2007, *D.* 2007. 807, obs. X. Delpech ; *JCP* 2007. II, p. 10082, note F. Descorps-Declère, I. 212, n° 14, obs. Ph. Simler ; Com. 17 mai 2011, *JCP* 2011, p. 863, note A. Dumery.

3. L. Aynès, obs. ss Com. 9 févr. 2002, *D.* 2002. 3331.

4. Com. 15 févr. 1991, *RTD civ.* 1991. 332, obs. J. Mestre ; Com. 4 oct. 1994, *JCP* 1995. I, p. 3851, obs. Ph. Simler.

d'intention se distingue également, dans les effets qu'elle entraîne, du cautionnement : le parrain ne pourra invoquer, pour se libérer, l'article 2314 qui est propre au cautionnement (v. ss 171) ; de même, l'établissement de crédit créancier ne sera débiteur d'aucune obligation d'information à l'égard du parrain.

TITRE 3

LES MÉCANISMES INDUISANT UN EFFET OCCASIONNEL DE SÛRETÉS

194 **Un effet occasionnel de sûretés.** De nombreux mécanismes peuvent produire un effet comparable à celui d'une sûreté, sans pourtant en être principalement une. La question est alors de savoir si ces mécanismes méritent ou non d'être qualifiés de sûretés (v. ss 19 s.). Même si l'effet produit est le résultat d'une situation objective ou de circonstances plus ou moins éloignées de la volonté des parties, il est parfois, pour le créancier, aussi efficace qu'une sûreté classique. On ne peut donc pas passer sous silence ces techniques même si, répétons-le, elles ne correspondent pas à la définition la plus orthodoxe des sûretés. Ces mécanismes puisent leur origine dans le droit des obligations (CHAPITRE 1) et dans le droit des assurances (CHAPITRE 2).

CHAPITRE 1

Mécanismes issus du droit des obligations

195 **Richesse du droit des obligations.** Le droit des obligations offre de nombreuses figures susceptibles d'être utilisées afin de garantir à un créancier la correcte exécution, par son débiteur, de l'obligation qu'il a souscrite. On évoquera la solidarité et l'indivisibilité (SECTION 1), la promesse de porte-fort (SECTION 2) et la délégation (SECTION 3).

SECTION 1

La solidarité et l'indivisibilité

196 **Modalités de l'obligation induisant un effet de sûreté.** Traditionnellement présentées comme des modalités de l'obligation, la solidarité et l'indivisibilité permettent de mettre une même dette à la charge de plusieurs codébiteurs. On conçoit alors que cet avantage soit parfois recherché, en tant que tel, par les créanciers : chaque débiteur sera alors garant de l'insolvabilité des autres ; chacun sera tenu à titre principal d'une même dette [1]. La solidarité et

1. V. M. et S. Cabrillac, Ch. Mouly, Ph. Pétel, n° 382.

l'indivisibilité se distinguent ainsi du cautionnement où la caution est tenue à titre accessoire de la même dette que le débiteur et des garanties autonomes où sont créées des obligations nouvelles pour servir de garantie à une obligation principale.

§ 1. La solidarité

197 **Sources et diversité.** Seule la solidarité passive, c'est-à-dire la solidarité qui unit plusieurs débiteurs, peut produire un effet de sûreté. Ayant plusieurs débiteurs, le créancier peut demander à chacun la totalité de la dette. La solidarité peut puiser sa source dans la loi (solidarité des époux pour les dettes ménagères, solidarité des partenaires liés par un pacte civil de solidarité) ou dans le contrat. En ce cas, il faut qu'elle soit expressément stipulée (C. civ., art. 1310), à moins que la dette soit commerciale. En plus de ces sources variées, la solidarité peut couvrir deux hypothèses : la plus classique est sans doute celle où les codébiteurs sont également intéressés à la dette ; mais il peut aussi arriver que la dette ne concerne qu'un débiteur et que les autres se soient engagés solidairement. Cette dernière hypothèse est celle du codébiteur solidaire non intéressé à la dette [1], dont la distinction avec le cautionnement est parfois délicate [2].

198 **Effets dans les rapports du créancier avec les codébiteurs.** Chaque codébiteur est tenu au tout envers le créancier. Plusieurs

1. D.-R. Martin, « L'engagement du codébiteur solidaire adjoint », *RTD civ.* 1994. 49 ; Civ. 1re, 17 nov. 1999, *JCP* 2000. I, p. 209, n° 9, obs. Ph. Simler ; *D.* 2000. 407, note P. Ancel.

2. Un protocole de cession d'actions permettait au cessionnaire de se substituer un tiers et prévoyait qu'il resterait alors garant de la bonne exécution du contrat et solidaire du paiement du prix. Le tiers substitué n'ayant pas payé et étant insolvable, les cédants avaient assigné le cessionnaire initial en paiement. Il se défendait en faisant valoir que l'engagement de payer la dette d'autrui constituait un cautionnement qui devait être annulé pour n'avoir pas respecté le formalisme de la mention et la règle de la proportionnalité. La Cour rejette son pourvoi : « la cour d'appel a exactement déduit que M. Y ne s'était pas engagé à payer la dette du cessionnaire substitué mais en était demeuré le codébiteur solidaire, de sorte que son engagement personnel ne revêtait pas un caractère accessoire et, partant, n'était pas soumis aux règles du cautionnement » (Com. 8 juin 2017, n° 15-28.438 : *D.* 2017. 1689, note J. François ; *JCP E* 2017, p. 1539, note C. Aubry de Maromont ; *RTD civ.* 2017. 660, obs. H. Barbier ; *RTD civ.* 2017. 679, obs. P.-Y. Gautier ; *RDC* 2017, p. 630, obs. D. Houtcieff ; *JCP* 2017, p. 1239, obs. Ph. Simler ; *Defrénois* 2017, n° 21, p. 25, obs. J.-B. Seube).

distinctions avec le cautionnement solidaire doivent cependant être notées. La principale réside dans l'opposabilité des exceptions : alors que la caution peut opposer au créancier les exceptions inhérentes à la dette et personnelles au débiteur, le codébiteur solidaire ne peut opposer au créancier les exceptions qui sont personnelles aux autres ; il pourra donc rester tenu alors que les autres seront libérés.

199 **Effets dans les rapports des codébiteurs entre eux.** La solidarité n'affecte que l'obligation à la dette mais pas la contribution à la dette. C'est-à-dire que lorsque le codébiteur solidaire qui, ayant payé intégralement, se retourne contre ses coobligés, il est tenu de demander à chacun sa part virile (C. civ., art. 1317, al. 1er). Toutefois, les intéressés peuvent avoir prévu d'autres règles de répartition.

§ 2. L'indivisibilité

200 **Intérêt.** L'indivisibilité vise les obligations dont l'exécution n'est pas susceptible de division, soit matérielle soit intellectuelle (C. civ., art. 1320). L'indivisibilité matérielle, fondée sur l'objet de la prestation, est étrangère à l'idée de sûreté. En revanche, l'indivisibilité intellectuelle peut s'en rapprocher : les parties peuvent ainsi convenir qu'une obligation matériellement divisible (payer une somme d'argent) sera indivisible. L'intérêt majeur de cette précision est de faire échapper l'obligation à la division qui résulterait du décès du débiteur laissant plusieurs héritiers. En ce cas, le créancier peut demander la totalité de la dette à n'importe quel héritier.

SECTION 2

La promesse de porte-fort

201 **Présentation.** L'article 1203 rappelle le principe de l'impossibilité de s'engager pour autrui : « On ne peut s'engager en son nom propre que pour soi-même. » Ainsi, je ne peux promettre que Paul

vous vendra sa maison. Si je le fais, Paul demeure libre. Pourtant l'article suivant semble apporter une restriction : « On peut se porter fort en promettant le fait d'un tiers. » En réalité, il n'y a pas là une atteinte à l'effet relatif, seul le promettant étant tenu de dommages-intérêts si le tiers refuse de tenir l'engagement[1]. On mesure par là le rapprochement possible avec l'idée de sûreté.

202 **Utilisation comme sûreté.** Le mot « fait » du tiers, employé par l'article 1204, est l'objet de bien des polémiques : certains considèrent que ce « fait » ne peut consister qu'en un acquiescement au contrat[2] ; d'autres en revanche pensent que le fait du tiers peut consister en l'exécution d'un contrat[3] ; il en résulte que le porte-fort peut être utilisé comme une garantie : le tiers garantit que le débiteur exécutera son contrat ; à défaut, il remplira ses obligations[4]. Cette distinction a été clairement posée par un arrêt du 13 décembre 2005 où la Cour a jugé que « celui qui se porte fort pour un tiers en promettant la ratification par ce dernier d'un engagement est tenu d'une obligation autonome dont il se trouve déchargé dès la ratification du tiers, tandis que celui qui se porte fort de l'engagement par un tiers s'engage accessoirement à l'engagement principal souscrit par le tiers à y satisfaire si le tiers ne l'exécute pas lui-même[5] ». Les mots choisis (obligation

1. Civ. 1re, 7 mars 2018, n° 15-21.244, *JCP* 2018, p. 604, note A. Latil ; *JCP E* 2018, p. 1418, n° 6, obs. M.-P. Dumont ; *CCC* 2018, comm. n° 104, obs. L. Leveneur ; *RTD civ.* 2018. 396, obs. H. Barbier ; *RDC* 2018, p. 341, obs. Th. Genicon ; *RDC* 2018, p. 252, obs. G. Viney ; *JCP* 2018, p. 1221, obs. Ph. Simler ; *D.* 2019. 279, obs. M. Mekki. Une transaction est conclue entre une entreprise et son salarié. La société se porte fort qu'une autre société maintiendra des relations contractuelles avec le salarié. L'autre société ne tient pas son engagement. La cour d'appel avait considéré que l'inexécution de cette promesse justifiait la résolution de la transaction. L'arrêt est cassé pour violation des articles 1184 et 1210 dans leur rédaction antérieure à la réforme : « L'inexécution d'une promesse de porte-fort ne peut être sanctionnée que par la condamnation de son auteur à des dommages et intérêts. »
2. J. Mestre, *RTD civ.* 1987. 306 ; J.-L. Aubert, J. Flour, *Les obligations*, n° 473 ; F. Terré, Ph. Simler, Y. Lequette, *Les obligations*, n° 484.
3. Ph. Simler, « Solutions de substitution au contrat de cautionnement », *JCP* 1990. I, p. 3427.
4. Civ. 1re, 18 avr. 2000, *RTD civ.* 2000. 832, obs. J. Mestre, B. Fages.
5. Com. 13 déc. 2005, *D.* 2006. 298, note X. Delpech, 2857, obs. P. Crocq ; *JCP* 2006. II, p. 10021, note Ph. Simler ; *JCP E* 2006, p. 1342, note P. Grosser ; *RTD civ.* 2006. 305, obs. J. Mestre et B. Fages ; *CCC* 2006, comm. 63, obs. L. Leveneur ; *Defrénois* 2006, p. 414, note E. Savaux ; *Dr. et patr.* 10/2006, p. 96, obs. Ph. Stoffel-Munck ; *adde* D. Arlie, « Pour une juste conception du porte-fort d'exécution », *D.* 2006. Chron. 2244 ; Com. 18 déc. 2007, *JCP* 2008. I, p. 152, n° 13, obs. Ph. Simler ; *Banque et Dr.* 2008. 118, obs. N. Rontchevsky ; *Dr. et patr.* 10/2008, p. 90, obs. L. Aynès et Ph. Dupichot.

autonome, accessoirement, etc.) pour marquer la distinction n'étaient pas très explicites de sorte que les chambres de la Cour s'éloignent de la solution. La Chambre commerciale retient que « le porte-fort, débiteur d'une obligation de résultat autonome, est tenu envers le bénéficiaire de la promesse des conséquences de l'inexécution de l'engagement promis [1] ». La Chambre civile retient de son côté que « la promesse de porte-fort est un engagement personnel autonome d'une personne qui promet à son contractant d'obtenir l'engagement d'un tiers à son égard [2] ».

SECTION 3

La délégation

203 **Notion de délégation.** La délégation est l'opération « par laquelle une personne, le délégant, obtient d'une autre, le délégué, qu'elle s'oblige envers une troisième, qui l'accepte comme débiteur » (C. civil, art. 1336). Généralement présentée comme un mode d'extinction des obligations, la délégation peut parfois revêtir la fonction de sûreté. Il faut alors, pour percevoir cette fonction, préciser les différentes variétés de délégation : la délégation peut d'abord être parfaite c'est-à-dire que l'adjonction d'un nouveau débiteur a pour effet de libérer le débiteur initial. Il n'y a ici aucun rapport avec la notion de sûreté. Mais la délégation peut également être imparfaite c'est-à-dire que, n'opérant pas novation par changement de débiteur, elle procure au créancier deux débiteurs alors qu'il n'en avait qu'un initialement. Le débiteur (délégant) offre au créancier (délégataire) un autre débiteur (délégué garant).

204 **Utilisation comme sûreté.** La délégation imparfaite peut alors être rapprochée d'une sûreté personnelle : il faut cependant distinguer deux hypothèses de délégation imparfaite. Dans certains cas, le délégué aura accepté de s'obliger envers le créancier parce qu'il

1. Com. 1er avr. 2014, n° 13-10.629 ; *RDC* 2014, p. 625, obs. J. Klein ; *CCC* 2014, comm. n° 150, obs. L. Leveneur ; *JCP* 2014, p. 752, obs. Y. Dagorne-Labbé ; *D.* 2014. 1185, note B. Dondero.
2. Civ. 1re, 16 avr. 2015, n° 14-13.694 ; *Gaz. Pal.* 24-28 mai 2015, p. 15, obs. M.-P. Dumont-Lefrand.

était lui-même débiteur du débiteur. Il est délicat, en cette hypothèse, de dire qu'il s'agit d'une sûreté : en payant le créancier, le délégué éteint la dette du débiteur, mais il éteint également celle qu'il avait envers lui, excluant par là toute idée de recours contre lui. Or l'on sait l'importance de ce recours dans la qualification de sûreté personnelle (v. ss 23). Ceci explique que ce type de délégation ne nécessite pas l'autorisation du Conseil d'administration (v. ss 74). Dans d'autres cas, le délégué aura accepté de s'engager envers le créancier alors qu'aucun rapport d'obligation n'existait au préalable entre lui et le débiteur. S'il paye, il éteint une dette qui ne lui est pas personnelle et qui est propre au délégant. Il dispose alors d'un recours contre lui. Cette hypothèse de délégation est alors très proche des sûretés personnelles déjà examinées. Elle s'en distingue cependant.

205 **Régime.** La délégation imparfaite se distingue aisément du cautionnement : la caution s'oblige à payer la dette même du débiteur ; le délégué contracte envers le délégataire une obligation nouvelle, indépendante de celle du délégant [1]. Il en résulte que le délégué ne peut opposer les exceptions résultant des rapports existants entre le délégant et le délégataire [2]. En revanche, la distinction d'avec la garantie autonome est plus ténue. La jurisprudence est en la matière assez confuse : si certaines décisions les différencient, d'autres les assimilent.

1. Ch. Lachièze, « La délégation-sûreté », *D.* 2006. Chron. 234.
2. V. cependant, Civ. 1re, 17 mars 1992, *D.* 1992. 481, note L. Aynès ; *RTD civ.* 1992. 765, obs. J. Mestre ayant retenu que le délégué pouvait opposer au délégataire l'extinction de la dette du délégant envers le délégataire.

CHAPITRE 2

Mécanismes issus du droit des assurances

206 **Assurances/sûretés.** *A priori*, la technique du droit des assurances demeure étrangère au concept de sûreté. L'assurance est en effet un contrat par lequel un assuré se garantit d'un risque particulier ; or, l'assurance d'un risque et la garantie de l'exécution d'une obligation sont deux opérations bien distinctes. Pourtant, le monde des assurances coïncide avec celui des sûretés dans deux hypothèses particulières.

207 **Assurance-décès-invalidité.** Le prêteur fait souvent souscrire à l'emprunteur une assurance destinée à couvrir le remboursement du prêt en cas de chômage, d'invalidité ou de décès. Le bénéficiaire de l'assurance est le créancier qui est assuré d'être intégralement remboursé en dépit de l'insolvabilité de son débiteur.

208 **Assurance-crédit.** L'assurance-crédit est un contrat par lequel un assureur s'engage, moyennant paiement de primes, à indemniser le créancier des pertes qu'il pourrait subir en cas d'insolvabilité de son débiteur et de non-recouvrement de sa créance. En toute rigueur, l'assurance-crédit se distingue aisément du cautionnement : la première est un engagement principal qui trouve sa contrepartie dans le versement des primes ; le second est un engagement accessoire dont l'objet est la dette même du débiteur. Toutefois, la distinction est parfois délicate car les compagnies d'assurances peuvent cautionner les dettes d'un débiteur.

La personne du souscripteur sert alors de critère : si le souscripteur est le créancier, il s'agit d'un contrat d'assurance ; si le souscripteur est le débiteur, il s'agit d'un cautionnement [1].

1. V. toutefois, M. et S. Cabrillac, Ch. Mouly, Ph. Pétel, n° 377.

SECONDE PARTIE

LES SÛRETÉS RÉELLES

209 **Absence de définition.** Le Code civil de 1804 ne comportait pas de définition de la sûreté réelle. La réforme du 15 septembre 2021 a inséré un article 2323 selon lequel « la sûreté réelle est l'affectation d'un bien ou d'un ensemble de biens, présents ou futurs, au paiement préférentiel ou exclusif du créancier ». Si l'on s'attache à une vision restrictive, ne seront qualifiées de sûretés réelles que les institutions mises en place par le législateur pour conférer au créancier un droit au paiement préférentiel : les privilèges, les gages, les hypothèques. Mais, adoptant une vision plus large, on peut étendre la qualification à toutes les institutions, situations ou règles procurant à un créancier un avantage sur les autres : droit de rétention, utilisation de la propriété comme sûreté. Comme pour les sûretés personnelles, il existe donc un noyau dur des sûretés réelles et des techniques permettant d'aboutir à un résultat similaire. Aussi, devant la difficulté de retenir une approche notionnelle des sûretés réelles, une approche fonctionnelle est sans doute plus prometteuse : la finalité des sûretés réelles est en effet d'assurer à un créancier un paiement préférentiel par rapport aux autres créanciers du débiteur. En cela, « les sûretés réelles ne sont guère que des anticorps formés en réaction contre la loi du concours [1] ».

1. M. et S. Cabrillac, Ch. Mouly, Ph. Pétel, n° 503.

Conscient de l'éclatement ou de la dilution [1] de la notion de sûreté réelle, on peut toutefois en préciser les traits caractéristiques (§ 1), en dessiner l'évolution (§ 2) et en proposer des classifications (§ 3).

§ 1. Les traits caractéristiques des sûretés réelles

A. Traits caractéristiques principaux des sûretés réelles

210 **La technique de l'affectation et la création d'un droit réel accessoire.** Les sûretés réelles se caractérisent par la technique qu'elles sollicitent : elles améliorent la situation du créancier par l'affectation qui lui est faite d'un bien ou d'un ensemble de biens appartenant au débiteur. Le créancier jouit donc d'un droit particulier sur les éléments de l'actif de son débiteur. Ce droit sera souvent qualifié de droit réel accessoire : il s'agit d'un droit réel, car il porte directement sur des biens appartenant au débiteur ; mais ce droit réel n'est qu'accessoire car, se distinguant des droits réels principaux, il ne confère à son titulaire aucune des utilités économiques de la chose [2]. Le créancier ne se voit doté que des attributs juridiques des droits réels : le droit de préférence et, parfois, le droit de suite. La mise en œuvre de ces deux prérogatives illustre les difficultés et les enjeux de la matière.

211 **Droit de préférence.** Le droit de préférence permettra au créancier de se faire payer en priorité, avant tout autre créancier chirographaire, sur le prix du bien qui lui est affecté en sûreté. Cependant, l'hypothèse de plusieurs sûretés réelles portant sur un même bien obligera à recourir à des procédures de classement. On s'aperçoit ainsi que le droit des sûretés réelles est dépendant de choix de politique législative afin de savoir quel créancier mérite d'être payé en priorité.

1. M. et S. Cabrillac, Ch. Mouly, Ph. Péteļ, n° 501.
2. V. cependant l'utilisation de la propriété, droit réel principal, comme sûreté (v. ss 465 s.).

212 **Droit de suite.** Parfois, la sûreté réelle conférera à son bénéficiaire un droit de suite. Le droit de suite permettra alors au créancier d'exercer son droit de préférence alors que le bien, assiette de la sûreté, a été transmis à un tiers. Cependant, la reconnaissance d'un tel droit au créancier expose les tiers à un grand danger : la meilleure façon d'éviter qu'ils acquièrent un bien en ignorant qu'il est le siège d'une sûreté réelle est alors d'organiser un système efficace de publicité. Tel est encore loin d'être le cas en France : si la publicité foncière est satisfaisante, celle des garanties mobilières reste très embryonnaire, ce qui est une cause de leur relative inefficacité.

B. Traits caractéristiques secondaires des sûretés réelles

213 **Vers un droit commun des sûretés réelles ?** En dépit de leur diversité, les sûretés réelles présentent d'autres traits caractéristiques, ferments d'un véritable droit commun ou d'un régime primaire des sûretés réelles [1]. Ces traits sont particulièrement marqués dans les sûretés réelles classiques et ils tendent à s'exporter vers les sûretés réelles nouvelles. Ainsi, les sûretés réelles sont généralement indivisibles : le droit de rétention, le gage, l'hypothèque, les privilèges spéciaux sont indivisibles car le bien grevé est entièrement affecté à l'ensemble des dettes qu'il garantit ; même si la créance se divise, chacun des créanciers peut saisir la totalité du bien grevé ; inversement, si la dette se divise, le bien grevé répond entièrement de chaque fraction de la dette [2]. Autre facteur d'unification des sûretés réelles, la constitution des sûretés obéit au même type de règles même si l'information des tiers sur leur existence est encore très insuffisante ; de même, lorsque le bien, objet de la sûreté, disparaît, la sûreté est reportée sur l'indemnité qui sera versée par l'assurance ; c'est surtout le droit des procédures

1. V. J. Mestre, E. Putman et M. Billiau, *Droit commun des sûretés réelles, traité de droit civil*, LGDJ, 1996 ; M. et S. Cabrillac, Ch. Mouly, Ph. Pétel, n° 517 ; O. Gout, « Quel droit commun pour les sûretés réelles ? », *RTD civ.* 2013. 255.
2. L'avant-projet de réforme porté par l'Association Capitant prévoit que « la sûreté réelle est indivisible ; elle subsiste en entier et sur tous les biens affectés jusqu'au complet paiement, nonobstant la division de l'assiette ou de la créance garantie » (Avant-projet, art. 2326).

collectives qui contribue à dessiner un régime juridique homogène des sûretés réelles [1]. Sacrifiés dans la loi de 1985, les créanciers munis de sûretés réelles ont vu leur sort amélioré par la réforme de 1994 [2], même si les principes directeurs des sûretés réelles sont souvent neutralisés par la logique de la procédure collective [3].

§ 2. Évolution des sûretés réelles

214 **Liberté contractuelle et développement croissant.** L'évolution du droit des sûretés réelles est particulièrement heurtée [4]. Elles « abondent et se renouvellent [5] ». On s'était pourtant demandé si, comme les droits réels, les sûretés réelles n'étaient pas en nombre limité et ne relevaient pas du seul pouvoir créateur du législateur. La jurisprudence, par le célèbre arrêt *Caquelard* [6], a considéré que la liste des droits réels n'étant pas limitative, les parties pouvaient librement en créer de nouveaux sans que leur soit opposé un quelconque *numerus clausus*. Le pouvoir créateur des parties est cependant limité par certaines règles générales tenant à la structure des sûretés préexistantes : une hypothèque sans droit de préférence n'est plus une hypothèque ; un droit de rétention sans détention effective n'est plus un droit de rétention ; une hypothèque portant sur l'ensemble d'un patrimoine est inconcevable... Les parties ne peuvent donc modifier une sûreté en lui enlevant un élément fondamental ou en étendant une sûreté au-delà du domaine que lui a reconnu le législateur. La liberté contractuelle est donc bornée « par les principes généraux qui régissent la

1. M. et S. Cabrillac, Ch. Mouly, Ph. Pétel, n° 520.
2. M. Cabrillac, Ph. Petel, juin 1994, « Le printemps des sûretés réelles », *D.* 1994. Chron. 243 ; Ph. Delebecque, « Sûretés réelles et procédures collectives », *Dr. et patr.* juill.-août 2002, p. 49.
3. P. Crocq, « L'ordonnance du 18 novembre 2008 et le droit des sûretés », *RPC* janv. 2009, p. 75 ; M. Farge et O. Gout, « L'impact du nouveau droit des entreprises en difficulté sur le droit des sûretés », *RLDC* mars 2009. 25 ; obs. D. Legeais, *RDBF* janv.-févr. 2009, p. 17 ; obs. Ph. Dupichot, *Dr. et patr.* 4/2009, p. 129.
4. M. Cabrillac, « Les sûretés réelles, entre vins nouveaux et vieilles outres », *Mélanges Catala*, Litec, 2001, p. 709 ; S. Cabrillac et *al.*, *Évolution des sûretés réelles*, Rencontres Université-Notariat, Lexis-Nexis, 2008.
5. Ph. Simler, Ph. Delebecque, n° 262.
6. Req. 13 févr. 1834, *D.* 1834. I. 218 ; *S.* 1834. 1. 205 ; *GAJC* n° 60.

propriété et le contrat[1] ». Cette limitation de la créativité des parties s'illustre en particulier lorsqu'il s'agit de statuer sur la validité de sûretés constituées à l'étranger et ne répondant à aucun modèle reconnu par le droit français[2]. Les parties sont donc libres de créer de nouvelles sûretés réelles pourvu que le montage réalisé ne contrevienne à aucune règle et ne soit pas constitutif de fraude : il en résulte un véritable foisonnement des sûretés réelles. En dépit de ce foisonnement, deux facteurs de l'évolution des sûretés réelles sont notables.

215 **Corrélation avec les nouvelles richesses.** D'abord le développement des sûretés réelles est plaqué sur celui des richesses : toute création de richesse appelle nécessairement son utilisation comme instrument de crédit ; ainsi, les clientèles, les brevets, les propriétés littéraires et artistiques, les fonds ruraux[3] constituent de nouveaux biens dont la pratique a su faire le siège de nouvelles sûretés[4]. À nouveau bien, nouvelle sûreté ?

216 **Simplicité et efficacité.** Ensuite, les sûretés réelles répondent à la double « aspiration de la simplicité et de l'efficacité[5] ». Cependant la satisfaction de ces deux objectifs conduit à des ajustements permanents pour trouver la sûreté la plus efficace qui saura rester la moins compliquée. Il en résulte une évolution cyclique que l'on a pu qualifier de tendance régressive du droit[6]. Ainsi, la fiducie, première sûreté réelle, conférait au créancier un droit de propriété sur le bien qui lui était remis, en toute confiance, en espérant qu'il le rendrait au débiteur lorsqu'il l'aurait payé. Cette sûreté était très efficace mais elle présentait de lourds inconvénients : elle privait le débiteur de l'utilisation de son bien (il ne pouvait ni l'utiliser, ni l'affecter à d'autres garanties) et le laissait dans l'incertitude quant

1. G. Marty, P. Raynaud, Ph. Jestaz, n° 8.
2. M. Cabrillac, « La reconnaissance en France des sûretés réelles sans dépossessions constituées à l'étranger », *Rev. crit. DIP* 1979. 487 ; Paris 19 janv. 1979, *Rev. crit. DIP* 1976. 126, obs. P. Lagarde.
3. I. Teyssié, « Une nouvelle sûreté : le nantissement de fonds agricole », *RD rur.* 2006. 25 ; Ch. Campels, « Le fonds agricole, Premiers regards », *RD rur.* 2006. 22.
4. C. Lisanti, *Les sûretés conventionnelles sur meubles incorporels*, thèse Montpellier, 2000.
5. M. Grimaldi, « Problèmes actuels des sûretés réelles », *in Les garanties du financement*, LGDJ, 1998, p. 155.
6. B. Oppetit, « L'apparition des tendances régressives du droit », *in Droit et Modernité*, PUF, 1998, p. 113.

à sa restitution effective. Pour pallier ces inconvénients, on a ensuite conféré au créancier la simple possession du bien : tel est le cas du gage classique ou de l'antichrèse. Plus simples à mettre en œuvre, ces sûretés confèrent au créancier la jouissance du bien gagé et, parfois, la possibilité d'en percevoir les fruits. L'étape décisive dans la simplification est l'invention des gages sans dépossession. Le créancier n'a ni la propriété ni la possession du bien : il n'en conserve que les attributs juridiques c'est-à-dire le droit de préférence et, éventuellement, le droit de suite. Ce raffinement et cette simplification croissants se font cependant au détriment de l'efficacité. On observe alors, en réaction, un retour aux techniques primitives, plus frustes : des techniques nouvelles utilisent la propriété, qui sera transmise ou retenue, pour garantir des créances (v. ss 464 s.).

§ 3. Classification des sûretés réelles [1]

217 **Classification des sûretés réelles d'après leurs effets : nantissement, hypothèque, privilèges.** L'ancien article 2323 du Code civil disposait que « les causes légitimes de préférence sont les privilèges et hypothèques ». Une trilogie devenue classique appelait pourtant à distinguer le nantissement, l'hypothèque et les privilèges. Le nantissement est une sûreté où le débiteur se dessaisit d'une chose pour la remettre au créancier qui en devient possesseur mais pas propriétaire : le gage, portant sur des meubles et l'antichrèse, sur des immeubles, sont donc des nantissements. Pourtant, le législateur avait multiplié les gages sans dépossession (v. ss 237) conduisant à une altération de la notion. L'hypothèque se caractérise par le fait que le débiteur conserve la propriété, la possession et la jouissance de son bien ; l'appréhension directe de la chose est remplacée par le droit de suite et de préférence qui est reconnu au créancier. Réservées aux immeubles en suivant la lettre du Code [2], les hypothèques peuvent pourtant porter sur des

1. L. Andreu, « Les insuffisances de la nomenclature légale des sûretés réelles », *LPA* 5 juin 2009, p. 5 ; J.-D. Pellier, « Réflexions sur la classification des sûretés réelles », *LPA* 24 avr. 2014, p. 7.
2. C. civ., art. 2119 : « Les meubles n'ont pas de suite par l'hypothèque » ; E. Putman, « Sur l'origine de la règle "meubles n'ont pas suite en hypothèque" », *RTD civ.* 1994. 543.

meubles : la loi a ainsi reconnu des hypothèques maritimes, fluviales et aériennes ; mais de nombreux mécanismes, abusivement qualifiés de gages, sont en réalité plus proches des hypothèques. Enfin, le privilège est une sûreté que donne la loi à un créancier en raison de la nature de sa créance ; les privilèges n'entraînent pas de dépossession et confèrent au créancier un simple droit de préférence (C. civ., art. 2330 : « Ils donnent le droit d'être préféré aux autres créanciers. Sauf disposition contraire, ils ne confèrent pas de droit de suite. Ils se reportent sur la créance de prix du débiteur à l'égard de l'acquéreur »). Recouvrant des hypothèses très différentes (il y aurait plus de 170 types de privilèges), les privilèges s'épuisent dans une impossible quête d'unité [1].

Cette classification des sûretés en fonction des effets qu'elles produisent est parfois critiquée. Certains n'y voient qu'une « architecture baroque, produit de l'histoire qui, sous son apparente simplicité, n'a d'autre mérite que de ménager nos habitudes mentales au prix d'une certaine confusion et de problèmes artificiels dont on aurait pu faire l'économie [2] ». De fait, l'ordonnance de septembre 2021 a considérablement atténué l'importance de cette trilogie en privilégiant l'assiette de la sûreté plus que les effets qu'elle produisait (v. ss 219 et 239).

218 **Classification des sûretés réelles d'après leur source.** L'article 2324 du Code civil dispose que « la sûreté réelle est légale, judiciaire ou conventionnelle selon qu'elle est accordée par la loi à raison de la qualité de la créance, par un jugement à titre conservatoire, ou par une convention ». Les sûretés légales sont attachées de plein droit par la loi à une créance en raison de sa qualité (l'ensemble des privilèges) ou de la personnalité du créancier (l'hypothèque légale entre époux). Les sûretés conventionnelles sont celles que la loi propose aux usagers et qui naissent de la rencontre des volontés du constituant et du créancier. Les sûretés judiciaires sont celles que les créanciers peuvent faire inscrire à titre conservatoire, sur autorisation du juge. Le critère de l'origine des sûretés réelles ne

1. M. Dagot, « La notion de privilège », *Mélanges Mouly*, Litec, 1998, t. II, p. 335.
2. M. et S. Cabrillac, Ch. Mouly, Ph. Pétel, n° 506.

revêt pourtant pas une importance démesurée. L'origine de la sûreté ne lui confère en effet aucun régime spécifique.

219 **Classification des sûretés réelles d'après leur assiette.** L'ordonnance du 15 septembre 2021 a procédé à une nouvelle classification des sûretés en fonction de leur assiette. L'article 2324, alinéa 2, dispose que la sûreté réelle « est mobilière ou immobilière, selon qu'elle porte sur des biens meubles ou immeubles » ; l'alinéa suivant qu'elle est « générale lorsqu'elle porte sur la généralité des meubles et des immeubles ou des seuls meubles ou des seuls immeubles. Elle est spéciale lorsqu'elle ne porte que sur des biens déterminés ou déterminables, meubles ou immeubles. » On mesure donc qu'il y a en réalité des sûretés qui portent sur la totalité de l'actif du débiteur (meubles et immeubles), sur ces seuls meubles ou sur ces seuls immeubles.

220 **Plan.** Même si ces différentes classifications se retrouvent au sein des développements, elles passent sous silence un point important de la matière. Comme les sûretés personnelles, les créanciers se livrent à une course à la sûreté réelle la plus efficace. Il en résulte qu'au-delà du noyau dur des sûretés réelles, existent des garanties qui sont des sûretés par voies détournées [1]. On distinguera donc, parmi les sûretés réelles, celles qui sont conçues comme telles (Titre 1) et celles qui sont des sûretés réelles par voies détournées (Titre 2).

1. V. M. et S. Cabrillac, Ch. Mouly, Ph. Pétel, p. 413 et 431.

TITRE 1

LES SÛRETÉS RÉELLES CLASSIQUES

221 **Plan.** Les sûretés réelles classiques recouvrent les privilèges, les nantissements et les hypothèques. Toutefois, cette classification peut être aujourd'hui critiquée : d'une part, les privilèges sont si disparates qu'il est délicat de les ranger derrière une unique bannière ; d'autre part, et surtout, l'évolution législative contemporaine a fait apparaître des sûretés mobilières sans dépossession, dont la nature est écartelée entre celle du gage et celle de l'hypothèque. Aussi, abandonnant le critère de l'effet des sûretés réelles, on sollicitera celui de leur assiette en évoquant les sûretés portant sur l'ensemble du patrimoine du débiteur (CHAPITRE 1), celles qui ne portent que sur ses meubles (CHAPITRE 2) et celles qui ne portent que sur des immeubles (CHAPITRE 3).

CHAPITRE 1

Les sûretés portant sur l'ensemble du patrimoine du débiteur

222 **Présentation.** Les sûretés portant sur l'ensemble du patrimoine du débiteur sont les privilèges généraux grevant tant les meubles que les immeubles du débiteur (v., pour les autres privilèges, ss 278 et 417). Le privilège puisant son origine dans la loi et constituant une faveur faite au créancier en raison de la qualité de sa créance, ces privilèges sont reconnus aux créances les plus dignes d'être protégées ; toutefois, n'ayant pas à être publiés, ils demeurent occultes et, en cela, exposent les autres créanciers à être doublés par des créanciers privilégiés dont ils ignoraient l'existence.

223 **Évolution.** L'évolution des privilèges portant sur l'ensemble du patrimoine du débiteur illustre bien le difficile équilibre à trouver entre la faveur faite au créancier et l'efficacité des sûretés. En effet, si le Code de 1804 connaissait ces privilèges, il en avait une vision « parcimonieuse [1] » : n'ayant pas à être publiés, ces privilèges ruinaient la sécurité juridique puisque, restant secrets, ils se

1. Ph. Malaurie, L. Aynès, P. Crocq, n° 460.

révélaient au jour de la déconfiture du débiteur, doublant ainsi tous les autres créanciers munis de sûretés. Pourtant, le nombre des privilèges généraux s'est accru au XXe siècle, essentiellement au profit du Trésor et de la sécurité sociale, sans que l'on juge opportun d'organiser une publicité en contrepoint. Le décret du 4 janvier 1955 *portant réforme de la publicité foncière* est venu réorganiser la situation en limitant les privilèges portant sur l'ensemble du patrimoine des débiteurs : les privilèges généraux ont été transformés soit en hypothèques légales soumises, en tant que telles, à inscription, soit en privilèges mobiliers généraux. Seuls deux privilèges généraux ont survécu : le privilège des frais de justice et le privilège des salaires. La loi de 1985 sur les procédures collectives y a depuis ajouté le privilège des créanciers postérieurs au jugement d'ouverture. On précisera donc les créances garanties par ces privilèges (SECTION 1) et les effets produits par le privilège (SECTION 2).

SECTION 1
Les créances garanties par le privilège

§ 1. Les créances de salaires

224 **Fondement du privilège.** On peut avancer deux justifications à la reconnaissance d'un privilège assortissant les créances de salaires. D'abord, les salariés ne profitant pas des bénéfices de la société, il est normal qu'ils n'en subissent pas le risque. Ensuite, et surtout, le salaire est aujourd'hui devenu la source essentielle des revenus des ménages [1]. Acquérant ainsi une fonction quasi alimentaire, les créances de salaire ont échappé à l'hécatombe qui a frappé les privilèges généraux en 1955. Cependant, le privilège des salaires

1. P. Catala, « Les transformations du patrimoine dans le droit civil moderne », *in Famille et Patrimoine*, PUF, 2000, p. 9.

se dédouble aujourd'hui et il faut distinguer le privilège simple qui s'applique dans les situations normales et le superprivilège qui joue dans les situations où le paiement des salaires est fortement compromis, c'est-à-dire en cas d'ouverture d'une procédure de redressement ou de liquidation judiciaire contre l'employeur.

225 **Privilège simple.** Le privilège simple bénéficie à tous ceux qui sont engagés dans les liens d'un contrat de travail. Il couvre les six derniers mois de salaire ainsi que leurs accessoires : indemnités de congés payés, de résiliation abusive, de licenciement (v. C. civ., art. 2331 pour les meubles et art. 2377 pour les immeubles). En ce qui concerne les auteurs, compositeurs et artistes, l'article 131-8 du Code de la propriété intellectuelle a institué un privilège en garantie du paiement des redevances pour les trois dernières années [1]. La Cour de cassation a décidé que le privilège ne couvrait pas les créances de contrefaçon [2].

226 **Superprivilège.** Lorsque le débiteur des salaires fait l'objet d'une procédure de redressement ou de liquidation, la loi accorde aux salariés une garantie supplémentaire. Depuis un décret-loi du 8 août 1935, les « rémunérations [3] » de toute nature dues aux salariés pour les soixante derniers jours de travail sont garanties par un « superprivilège » dont le règlement est facile à mettre en œuvre [4], même si les créances ne sont couvertes que dans la limite d'un plafond mensuel égal à deux fois le plafond mensuel retenu pour le calcul des cotisations de sécurité sociale. Ce superprivilège doit en effet être payé en priorité sur les fonds disponibles entre les mains de l'administrateur ou sur les premières rentrées de fonds (C. trav., art. L. 3253-2).

1. P.-Y. Gautier, *Propriété littéraire et artistique*, 11e éd., PUF, 2019, n° 356.
2. Civ. 1re, 24 mars 1993, *JCP* 1993. II, p. 22167, note J.-C. Fourgoux ; L. Aynès, P.-Y. Gautier, « De l'application stricte des privilèges », *D.* 1994. Chron. 93.
3. Sur la détermination de ces rémunérations, v. F. Derrida, « Le "superprivilège" des salariés dans les procédures de règlement judiciaire et de liquidation des biens », *D.* 1973. Chron. 59. Sont couvertes par le super-privilège, dans le cadre d'un contrat à durée déterminée, les indemnités de fin de contrat, les indemnités compensatrices de congés payés et celles qui sont dues pour inobservation du délai-congé. En revanche, ne sont pas couvertes les indemnités de licenciement et de rupture abusive.
4. C. Saint-Alary-Houin, « L'efficacité des sûretés garantissant les créances salariales », *Dr. soc.* 1987. 842.

Mais le législateur a également devancé une difficulté pratique : le superprivilège serait illusoire si le débiteur ne disposait d'aucun actif permettant de payer les salariés. Aussi, une loi du 27 décembre 1973 a organisé la prise en charge de ce superprivilège par le recours à une assurance obligatoire pour les employeurs (C. trav., art. L. 3253-6). Le système mis en place est particulièrement complexe et mouvant [1]. L'Association nationale pour la gestion du régime d'assurance des salaires (AGS) verse au représentant des créanciers les sommes manquantes afin de régler les créances dues à la date du jugement déclaratif (C. trav., art. L. 3253-14), celles résultant de la rupture d'un contrat de travail au cours de la période d'observation ou de liquidation, et celles dues postérieurement au jugement d'ouverture. L'AGS est alors subrogée dans les droits des salariés qu'elle a désintéressés : toutefois, elle conservera son superprivilège pour les créances antérieures au jugement ; pour les autres sommes avancées, l'AGS ne peut se prévaloir que du privilège des salaires [2].

§ 2. Les frais de justice

227 **Fondement du privilège.** Les frais de justice sont ceux qui sont engagés par un créancier pour sauvegarder et réaliser l'actif du débiteur. Le créancier qui expose ces frais rend incidemment service à tous les autres créanciers. On lui a donc réservé une priorité sur le produit de la réalisation de l'actif du débiteur (C. civ., art. 2331 pour les meubles et art. 2377 pour les immeubles). On s'est pourtant demandé si cette priorité de paiement était réellement un privilège : en effet, les frais de justice ne sont pas des dettes de la personne dont les biens sont réalisés mais plutôt une dette de tous les créanciers poursuivants. La qualification de prélèvement a donc parfois été avancée. On peut pourtant maintenir la qualification de privilège en considérant que la personne dont les

1. Ph. Pétel, *Procédures collectives*, 11e éd., Dalloz, coll. « Cours », 2023, nos 411 s.
2. Sur la question des recours de l'AGS, B. Soinne, « Le remboursement de l'AGS », *Dr. soc.* 1986. 685 ; M. Ramackers, « Le superprivilège des salariés, la subrogation de l'AGS et le redressement judiciaire : du mythe à la réalité ? » *D.* 1989. Chron. 301.

biens sont réalisés devient débitrice des frais de justice qu'elle doit supporter [1].

228 **Créances garanties.** Les frais de justice sont très variés : ils recouvrent les dépenses relatives à la conservation juridique des biens comme des frais de scellés ou d'inventaire, comme la rémunération d'un séquestre ou des mandataires judiciaires ; ils recouvrent également les frais de réalisation des biens comme les dépenses liées à une saisie ou à une vente forcée. Toutefois, tous ces frais ne bénéficieront pas nécessairement du privilège : il faut, d'une part, que les frais aient été exposés dans l'intérêt commun de tous créanciers ; le privilège, d'autre part, ne pourra être opposé qu'aux créanciers qui ont profité des frais exposés (v. C. civ., art. 2331 et 2377 disposant que les frais de justice sont privilégiés « sous la condition qu'ils aient profité au créancier auquel le privilège est opposé »). Ainsi, les frais engagés au profit exclusif d'un créancier (frais résultant de la reconnaissance d'une créance, de l'établissement d'un titre exécutoire, de la réalisation d'une expertise comptable) ne sont pas couverts par le privilège. De la même façon, le créancier ayant pris l'initiative d'une saisie vente ne peut opposer le privilège pour les frais occasionnés par cette mesure au bailleur d'immeuble qui fait valoir son propre privilège, en dehors de la procédure de distribution [2]. Ainsi, l'exigence d'utilité « détermine à la fois le cercle des personnes auxquelles le privilège est opposable et son assiette [3] ».

§ 3. Les créanciers de l'article L. 622-17 du Code de commerce

229 **Fondement du privilège.** On a toujours admis que, dans l'hypothèse d'une procédure collective, les créanciers postérieurs au jugement d'ouverture devaient être payés avant les créanciers antérieurs : ils

1. M. et S. Cabrillac, Ch. Mouly, Ph. Pétel, n° 586 ; Ph. Simler, Ph. Delebecque, n° 630.
2. Rapp. Com. 5 déc. 1995, *D.* 1996, somm. 389, obs. S. Piedelièvre ; *RTD civ.* 1996. 433, obs. P. Crocq.
3. M. et S. Cabrillac, Ch. Mouly, Ph. Pétel, n° 588.

font en effet confiance à l'entreprise à un moment où la défiance (le spectre d'une possible liquidation) serait plutôt de mise. L'article L. 622-17 du Code de commerce vise alors « les créances nées régulièrement après le jugement d'ouverture pour les besoins du déroulement de la procédure ou de la période d'observation, ou en contrepartie d'une prestation fournie au débiteur pour son activité professionnelle pendant cette période » tandis que l'article L. 641-13 II dispose que « si elles ne sont pas payées à l'échéance, elles sont payées par priorité avant toutes les autres à l'exception de... » (pour le classement des privilèges, v. ss 265 s.) [1].

230 **Créances garanties.** Le texte précise les trois conditions que doivent remplir les créances pour bénéficier du privilège : être « nées régulièrement [...] après le jugement d'ouverture [et] pour les besoins de la procédure ».

La créance doit donc être née après le jugement d'ouverture. Il faut ici distinguer fait générateur et exigibilité de la créance : ainsi, des cotisations de sécurité sociale afférentes aux salaires dus pour un travail accompli avant le jugement, mais exigibles après, ne sont pas des créances de l'article 40 [2] ; en revanche, les créances issues de contrat à exécution successive et nées de prestations accomplies après le jugement en sont [3]. Plus que le point de départ, on s'est interrogé sur le moment à partir duquel le privilège ne devait plus jouer [4]. La question s'est notamment posée en cas d'adoption d'un plan de continuation (qui met fin au privilège)

1. La réforme des procédures collectives a créé un nouveau privilège à l'article L. 611-11 du Code de commerce. Il bénéficie aux créanciers qui acceptent, lors de la procédure de conciliation, de fournir un nouveau bien, un nouveau service ou un nouvel apport en trésorerie. Si le redressement échoue et que s'ouvre une procédure de sauvegarde, de redressement ou de liquidation subséquente, les créanciers bénéficient d'un utile privilège puisqu'ils seront payés après le super-privilège des salariés et le privilège des frais de justice mais avant les créanciers postérieurs à l'ouverture de la procédure et les créanciers antérieurs titulaires d'une hypothèque. Toutefois, à la différence du privilège de l'article L. 622-17, ce privilège ne confère pas le droit d'être payé à l'échéance... ce qui en fait un privilège assez théorique.
2. Com. 8 nov. 1988, *D.* 1989. 36, note A. Honorat. *Adde* en droit fiscal, B. Soinne, « Les notions d'origine, de fait générateur et d'exigibilité en droit fiscal et dans le droit des procédures collectives », *RPC* 1987, n° 2, p. 1 ; et plus largement E. Putman, *La formation des créances*, thèse Aix-en-Provence 1987, n°s 237 s.
3. Com. 10 juill. 1990, *JCP E* 1991. II, p. 140, note M. Cabrillac.
4. M. et S. Cabrillac, Ch. Mouly, Ph. Pétel, n° 604.

et de résolution subséquente de ce plan [1] : la Cour a jugé, de façon très critiquable, que les créanciers de l'article 40 de la première procédure ne pouvaient plus, dans la seconde, bénéficier du privilège qu'ils avaient acquis [2]. Ce faisant, la priorité de paiement devenait « un privilège à éclipses existant au cours de la période d'observation et disparaissant au cours de la phase d'exécution du plan [3] ».

Mais la naissance de la créance doit aussi être régulière. Ce critère de régularité s'apprécie en termes de pouvoirs [4]. La créance sera ainsi régulière quand sa naissance sera due à un acteur de la procédure compétent.

Enfin l'expression « pour les besoins de la procédure » posera bien des difficultés d'application [5]. Comme pour la gestion d'affaires, il faudra sans doute prendre en compte l'utilité potentielle et non l'utilité réelle, mesurée *a posteriori*. En tout état de cause, les créances nées régulièrement après le jugement d'ouverture n'ayant aucun lien avec la procédure (créances liées à la vie privée du débiteur, taxe foncière, etc.) ne bénéficient pas du privilège.

SECTION 2

Les effets produits par le privilège

231 **Plan.** Les privilèges généraux confèrent à leurs bénéficiaires un droit de préférence (§ 1), mais pas de droit de suite (§ 2).

1. V. Ponceblanc, « L'article 40 de la loi du 25 janvier 1985 et la résolution des plans de redressement », *Gaz. Pal.* 1991. 1. Doctr. 135 ; J.-B. Seube, « Réflexions sur les effets de la résolution des plans de redressement dans les procédures collectives », *JCP E* 1999. I, p. 564.
2. Com. 12 juill. 1994, *D.* 1995, somm. 9, obs. F. Derrida ; *JCP E* 1995. I, p. 417, n° 19, obs. Ph. Pétel.
3. C. Saint-Alary Houin, ss Com. 28 juin 1994, *RPC* 1995, p. 297. La Cour de cassation a radicalement décidé que « la priorité de paiement de l'article 40… qui ne dépend pas de la qualité de la créance ne constitue pas un privilège au sens de l'article 2095 » (Com. 5 févr. 2002, *D.* 2002. 805, obs. A. Lienhard ; *RTD civ.* 2002. 337, obs. P. Crocq).
4. Com. 13 oct. 1998, *JCP E* 1998, p. 2069, n° 18, obs. M. Cabrillac.
5. F. Pérochon, « Le sort des créances postérieures », *LPA* 10 juin 2004, p. 16 ; Ph. Pétel, *Procédures collectives*, 11e éd., Dalloz, coll. « Cours », 2023, n° 206.

§ 1. Droit de préférence

232 **Préférence et substitution du bien.** Les articles 2330 (pour les meubles) et 2376 (pour les immeubles) disposent que le privilège donne le droit d'être préféré aux autres créanciers et qu'il se reporte sur la créance de prix du débiteur à l'égard de l'acquéreur. Le privilège confère donc à son titulaire un droit sur la valeur du bien qui lui est affecté en garantie. Cette valeur apparaît en cas de vente de bien, mais également en cas de remplacement dudit bien : le privilège peut donc s'exercer sur les indemnités d'assurance éventuellement dues (C. assur., art. L. 121-13, al. 1er).

233 **Subsidiarité.** Le titulaire du privilège doit respecter un principe de subsidiarité pour les immeubles. Le privilège ne s'exerce sur eux que si le prix des meubles est insuffisant (C. civ., art. 2376, al. 6). Doit-on alors en déduire que ces privilèges « ne sont pas mobiliers et immobiliers, mais sont d'abord mobiliers et subsidiairement immobiliers [1] » ? Le fait que les créanciers demandant le paiement sur le prix d'un immeuble soient présumés avoir fait leur possible pour obtenir paiement sur le mobilier enlève beaucoup d'intérêt à la question.

234 **Classement.** Le droit de préférence des titulaires de privilège se mesure à l'aune du classement qui est fait entre eux. Comme souvent, l'hypothèse d'une procédure collective ouverte contre le débiteur sert de révélateur de l'efficacité de ces privilèges. Hors procédure collective, la priorité va aux frais de justice et aux salaires. En cas de procédure collective, le superprivilège des salariés l'emporte, suivi des créances privilégiées de l'article L. 622-17 et des salaires dus antérieurement. Toutefois, des privilèges mobiliers généraux ou spéciaux peuvent l'emporter, en ce qui concerne les meubles, sur les privilèges généraux. Ces questions seront évoquées plus loin (v. ss 265 s.).

1. Ph. Simler, Ph. Delebecque, n° 624.

§ 2. Droit de suite

235 **Controverse théorique.** Rien n'interdisant au débiteur de disposer des biens sur lesquels portent les privilèges, il n'y a pas de droit de suite au profit de leurs titulaires. Les articles 2330 (pour les meubles) et 2376 (pour les immeubles) disposent clairement que les privilèges ne confèrent pas de droit de suite. Cette absence de droit de suite rejaillit sur leur nature juridique : peut-on les qualifier de droits réels en dépit de la généralité de leur assiette ? Certains l'admettent [1], d'autres s'y refusent [2]. En dépit de ces prises de position, les auteurs s'accordent cependant sur le faible intérêt pratique de la question.

236 **Faible intérêt pratique.** Qualifiée d'oiseuse [3], la controverse sur ce point apparaît grandement dénuée d'intérêt pratique. En effet, sur les immeubles, le créancier ne pourrait exercer son droit de suite que s'il avait publié son privilège. Or, eu égard à la modicité des sommes en jeu et à l'absence de publicité organisée pour ces privilèges, les créanciers titulaires d'un privilège général n'auront jamais pris cette précaution. Sur les meubles, l'article 2276, alinéa 1er, du Code s'oppose à tout droit de suite contre un possesseur de bonne foi.

1. J. Mestre, E. Putman, M. Billiau, n° 561.
2. Ph. Malaurie, L. Aynès, P. Crocq, n° 402 ; M. et S. Cabrillac, Ch. Mouly, Ph. Pétel, n° 582.
3. Ph. Malaurie, L. Aynès, P. Crocq, n° 610 et 467.

CHAPITRE 2

Les sûretés portant sur les meubles du débiteur

237 **Évolution : de la dépossession à la dépossession fictive et à l'explosion de la famille du gage.** Si l'adage *res mobilis, res vilis* n'incitait pas à la constitution de sûretés sur les meubles, le développement de la fortune mobilière a entraîné le renouveau des sûretés mobilières. Pourtant, l'ancien article 2279 du Code civil était un obstacle à leur développement : si le débiteur se dessaisissait du bien, objet de la sûreté, entre les mains d'un tiers de bonne foi, cette disposition neutralisait l'exercice du droit de suite du créancier. La majorité des sûretés mobilières emportait donc dépossession du bien en faveur du créancier. Toutefois, ces sûretés avec dépossession privaient le débiteur de l'usage de son bien et aboutissaient à un gaspillage du crédit puisque le même bien ne pouvait être l'objet que d'une sûreté. De plus, elles s'appliquaient mal aux biens incorporels. Le droit contemporain, au prix d'une évolution qui manquait parfois de cohérence, multipliait alors les sûretés mobilières où la dépossession était fictive, remplacée par une formalité. L'ordonnance du 23 mars 2006 a procédé à une réorganisation des sûretés réelles assises sur les meubles. L'article 2329 du Code civil dispose que « les sûretés sur les meubles sont 1°) les privilèges mobiliers 2°) le gage de meuble

corporel 3°) le nantissement de meuble incorporel 4°) la propriété retenue ou cédée à titre de garantie ». Cette nouvelle présentation est bienvenue, selon que la sûreté porte sur un bien corporel ou incorporel, elle ne présentera pas la même physionomie. Toutefois, en raison des incertitudes s'attachant à l'utilisation de la propriété comme garantie, on peut douter qu'il s'agisse d'une sûreté classique et non d'une sûreté par un moyen détourné (v. ss 438 s.).

238 **Difficulté : la publicité.** En dépit de cette réforme, l'efficacité de sûretés mobilières dépendait largement de la publicité qui en était faite. Or, le système français restait très imparfait sur ce point. Soit les sûretés mobilières n'avaient pas à être publiées (c'est le cas des privilèges du Trésor et de la Sécurité sociale), soit, lorsqu'elles devaient l'être, il n'existait aucun fichier central : par exemple, il fallait aller en préfecture pour s'informer d'un gage automobile, au tribunal d'instance pour les warrants agricoles, au tribunal de commerce, ou encore à la recette des douanes. Ces défauts ou insuffisances conduisaient alors à de sévères critiques : « Ce manque de transparence est une source de conflits et crée une situation économique défavorable qui peut conduire les créanciers à limiter, par prudence, leurs concours, aux entreprises dont l'actif est principalement mobilier [1]. »

La réforme de 2021 et ses décrets n° 2021-1887 du 29 décembre 2021 et n° 2023-369 du 11 mai 2023 ont créé un registre unique sur lequel est centralisée, depuis le 1er janvier 2023 l'inscription du gage sans dépossession de droit commun ainsi que de la plupart des garanties mobilières spéciales non supprimées par le législateur (C. com., art. R. 521-1 s.). Le texte prévoit d'adosser à ce nouveau registre un fichier électronique national, accessible gratuitement sur internet, permettant d'être informé de l'existence d'une inscription dans le registre.

239 **Diversité : privilèges mobiliers, gages de meubles corporels, nantissements de meubles incorporels.** Suivant l'ordre du Code civil (à l'exception de la propriété retenue à titre de garantie), on évoquera les privilèges mobiliers (Section 1), les gages de meubles corporels (Section 2) et les nantissements de meubles incorporels (Section 3).

1. Ph. Malaurie, L. Aynès, P. Crocq, n° 498.

SECTION 1

Les privilèges mobiliers

240 **Plan.** Les privilèges sont des faveurs, offertes par le législateur à certains créanciers eu égard aux qualités de leurs créances, leur permettant d'être payés en priorité par rapport à d'autres créanciers. Il est difficile d'y voir de véritables droits réels puisque le créancier se voit seulement reconnaître un droit de préférence sur les biens qui figureront, éventuellement, dans l'actif du débiteur au jour de la réalisation de la sûreté. Les privilèges portant sur l'ensemble des biens du débiteur ont déjà été évoqués (v. ss 222 s.). Seuls seront ici traités les privilèges portant sur les meubles du débiteur. Leur énumération (§ 1) précédera l'étude de leur efficacité (§ 2).

§ 1. L'énumération des privilèges mobiliers

241 **Plan.** Les privilèges mobiliers peuvent porter sur des ensembles de biens ou sur un meuble particulier (C. civ., art. 2324, al. 3 et 2330). Les premiers sont les privilèges mobiliers généraux (A), les seconds les privilèges mobiliers spéciaux (B).

A. Les privilèges mobiliers généraux

242 **Présentation.** Le Code civil énumérait, en son ancien article 2331, des privilèges mobiliers généraux. Ils étaient pour la plupart des vestiges d'un temps passé et trouvaient rarement à s'appliquer. Outre les privilèges portant sur les frais de justice ou les créances de salaires qui portent également sur des immeubles (v. ss 222 s.), l'article 2331 posait, dans un souci d'humanité, des privilèges des frais funéraires, des frais de dernière maladie et des frais de subsistance. Ces privilèges civils ont été modernisés et simplifiés par l'ordonnance de 2021, qui en a supprimés certains (1). En outre, ils sont dépassés en pratique par des privilèges issus de législations particulières et garantissant les créances du Trésor et de la Sécurité sociale (2).

1. *Les privilèges prévus par le Code civil*

243 **Le privilège des frais funéraires.** Ce privilège garantit le paiement de toutes les sommes dues à raison des obsèques. Il s'explique par des raisons de salubrité publique et de respect envers les morts. Ce privilège porte sur tous les meubles de la succession et ne garantit que les frais exposés pour les obsèques du *de cujus*. Il est aujourd'hui rarement mis en œuvre car les collectivités prennent en charge les funérailles des indigents. Il a cependant été maintenu par la réforme de 2021.

244 **Le privilège des frais de dernière maladie.** Ce privilège garantissait, avant la réforme de 2021, le paiement des sommes exposées en faveur d'un malade pour lui prodiguer les soins nécessaires. Il n'était cependant pas requis que le malade trépasse pour que le privilège joue : « dernière maladie » ne devait pas être compris comme « maladie fatale » mais comme « maladie la plus récente ». Quoi qu'il en soit, ce privilège a perdu beaucoup de son intérêt depuis la généralisation de sécurité sociale. L'ordonnance de 2021 l'a donc supprimé.

245 **Le privilège des fournitures de subsistances.** Ce privilège couvrait le paiement des fournitures essentielles à la vie du débiteur et de sa famille (chauffage, éclairage, vêtements, etc.) du moment qu'elles avaient été acquises pendant la dernière année. Là encore, si le privilège était fondé sur un souci d'humanité permettant à chacun de vivre dans des conditions décentes, il avait perdu de son importance depuis l'instauration du revenu minimal d'insertion. L'ordonnance de 2021 l'a donc supprimé.

2. *Les privilèges issus de législations particulières*

246 **Le privilège du Trésor.** L'article 2331-1 du Code civil dispose que « les privilèges du Trésor public et des caisses de Sécurité sociale sont déterminés par les lois qui les concernent ». Le Trésor public a donc toujours été un créancier muni de privilèges couvrant de nombreuses dettes fiscales : on trouve ainsi un privilège attaché aux taxes sur le chiffre d'affaires (CGI, art. 1926), aux impôts directs (CGI, art. 1920), aux droits d'enregistrement (CGI, art. 1920-1), aux contributions indirectes (CGI, art. 1927) et bien d'autres encore. Accordés au Trésor dans l'intérêt général, ces privilèges le placent

dans une situation très favorable puisqu'ils lui permettent d'évincer de nombreux créanciers (v. ss 265 s.). Cette éviction est d'autant plus injustement ressentie que les privilèges du Trésor absorberont souvent la totalité de l'actif du débiteur.

Pour que les autres créanciers soient tout de même informés de l'existence de ces privilèges, un embryon de publicité a été prévu. Le Trésor doit déterminer périodiquement, mais seulement pour les contribuables susceptibles d'être soumis à une procédure collective, le montant de leur arriéré fiscal et, si cet arriéré dépasse un certain montant, l'inscrire au greffe du tribunal de commerce. À défaut d'inscription, le Trésor perd son privilège en cas de redressement ou de liquidation judiciaires.

Enfin, depuis un vieil arrêt du XIXe siècle, la Cour de cassation estimait que le privilège mobilier du fisc pour le recouvrement de la taxe foncière (CGI, art. 1920, 2, 2°) bénéficiait d'un droit de suite permettant au Trésor de réclamer les sommes impayées à l'acquéreur de l'immeuble [1]. Le Conseil constitutionnel, saisi par voie de QPC, a déclaré cette interprétation contraire à la Constitution car ce droit de suite aboutit à ce que « en cas de transfert de propriété de l'immeuble, la créance de taxe foncière de l'ancien propriétaire puisse être recouvrée sur les loyers dus au nouveau propriétaire », ce qui revient à mettre « cette créance à la charge de ce dernier, alors qu'il n'est ni le redevable légal de cet impôt ni tenu solidairement à son paiement [2] ».

247 **Le privilège de la Sécurité sociale.** L'article L. 243-4 du Code de la Sécurité sociale prévoit que le paiement des cotisations dues aux caisses de la Sécurité sociale est garanti par un privilège portant sur les meubles du débiteur, pendant un an à compter de la date de leur exigibilité. Là encore, le privilège doit être inscrit sur un registre tenu au greffe du tribunal de commerce, dès lors que le montant des sommes privilégiées dépasse 12 000 euros. S'il ne l'a pas été, le privilège ne peut plus être exercé si le débiteur fait l'objet d'une procédure de redressement ou de liquidation judiciaires (CSS, art. L. 243-5, al. 2).

1. Cass. 6 juill. 1852, *S.* 1852. 1. 534 ; Com. 28 mars 2006, n° 03-13.822 : *AJDI* 2007. 403, obs. J.-P. Maublanc.
2. Cons. const. 13 mai 2022, n° 2022-992 QPC, *D.* 2022. 1724, n° 20, obs. Ch. Gijsbers ; *JCP N* 2022, p. 584, obs. T. Ruckebusch.

B. Les privilèges mobiliers spéciaux

248 **Fondement des privilèges.** De nombreux créanciers ont cherché à se faire reconnaître un privilège sur leurs créances. L'article 2332 vise les privilèges mobiliers spéciaux mais réserve ceux qui sont prévus par des lois spéciales. Les privilèges mobiliers spéciaux se justifient par trois motifs : soit par l'idée de gage tacite (1), soit par l'idée d'entrée d'une valeur dans le patrimoine du débiteur (2), soit par l'idée de conservation de ce patrimoine (3).

1. *Les privilèges fondés sur l'idée de gage tacite*

249 **Présentation.** Certains créanciers bénéficient d'un privilège portant sur des meubles que le débiteur est considéré lui avoir laissés en gage. Justifiés par l'usage ou par une interprétation, assez libre, de ce que fut l'intention des parties, ces privilèges concernent le bailleur d'immeuble, le transporteur, le commissionnaire et le syndicat de copropriété [1].

a. *Privilège du bailleur d'immeuble*

250 **Créances garanties.** L'article 2332, 1° dispose que toutes les sommes dues en exécution d'un bail ou de l'occupation d'un immeuble sont garanties par un privilège portant sur le mobilier garnissant les lieux et appartenant au débiteur, y compris, le cas échéant, le mobilier d'exploitation et la récolte de l'année. Ce privilège joue en réalité tant pour le propriétaire que pour l'usufruitier ou le locataire qui sous-loue ; peu importe encore que le bail soit civil, commercial, rural ou professionnel. En revanche, ce privilège ne s'applique pas aux sommes dues dans le cadre d'une opération de crédit-bail car elle constitue un moyen de financement et non un bail classique [2].

251 **Assiette.** Le privilège porte sur les fruits de la récolte de l'année, sur tout ce qui sert à l'exploitation de la ferme ainsi que sur « tout

1. Le privilège de l'hôtelier a été supprimé par la réforme de 2021. L'ancien article 2332, 5°, réservait aux aubergistes un privilège sur les effets apportés par le voyageur dans son hôtel en garantie du paiement de sa créance d'hébergement ou de nourriture. L'aubergiste disposait alors d'un droit de rétention en ce qu'il pouvait s'opposer à la restitution des effets tant qu'il n'avait pas été payé.
2. Com. 9 avr. 1991, *RTD civ.* 1992. 152, obs. M. Bandrac.

ce qui garnit les lieux loués ». Cette dernière expression doit cependant être précisée : d'une part, demeurent insaisissables et donc non couverts par le privilège les biens nécessaires au travail ou la vie du locataire dont l'article 14-4 de la loi du 9 juillet 1991 dresse la liste ; d'autre part, ne sont pas inclus dans le privilège les biens qui, quoique garnissant les lieux loués, n'appartiennent pas au locataire [1].

252 **Exercice.** Comme tous les privilèges, le privilège du bailleur d'immeuble offre au créancier un droit de préférence sur le prix dégagé par la vente des biens grevés. Ce droit de préférence reste cependant une piètre protection : d'une part, le bailleur sera souvent doublé par des privilégiés de meilleur rang ; d'autre part, et surtout, le locataire peut réduire le privilège à néant en déménageant ses meubles du local loué.

La réforme de 2021 a supprimé la possibilité pour le bailleur d'obtenir restitution des meubles qui avaient été enlevés sans son consentement des lieux loués. Cette action, que l'ancien article 2332, 1°, alinéa 5, baptisait à tort « revendication » (le bailleur n'est pas propriétaire des meubles), devait être intentée dans les 15 jours s'il s'agissait d'un bail d'habitation et dans les 40 jours s'il s'agissait d'un bail rural.

b. *Les autres privilèges fondés sur l'idée de gage tacite*

253 **Le privilège du transporteur.** L'article L. 133-7 du Code de commerce dispose que « le voiturier a privilège sur la valeur des marchandises faisant l'objet de son obligation [...] pour toutes créances de transports ». Ce privilège n'est réservé qu'aux transporteurs ; il ne peut être invoqué par le déménageur ou le commissionnaire de transport qui bénéficie, par ailleurs, d'un autre privilège. Quoique revalorisé par une loi du 6 février 1998, ce privilège reste « une garantie de deuxième ordre [2] », les transporteurs préférant se prévaloir des dispositions de l'article L. 132-8 du Code

1. Comp. avant la réforme de 2021 : Civ. 1re, 12 mai 1969, *D.* 1970. 43, note Ph. Malinvaud ; du même auteur, « Le privilège du bailleur et les meubles qui n'appartiennent pas au preneur », *Mélanges Voirin*, LGDJ, 1967, p. 578.

2. Ph. Delebecque, Ph. Simler, n° 674.

de commerce qui leur reconnaît une action directe contre l'expéditeur et le destinataire.

254 **Le privilège du commissionnaire.** Le commissionnaire est la personne qui organise de bout en bout en son nom et sous sa responsabilité une opération de transport, de vente ou d'achat, ou encore le franchissement d'une douane. L'article 132-2 du Code de commerce lui reconnaît un privilège sur la valeur des marchandises faisant l'objet de son obligation pour toutes les créances sur son commettant. La loi du 6 février 1998 en a, là encore, assoupli les conditions puisque le privilège grève désormais les marchandises même si le commissionnaire n'en est pas encore entré en possession.

255 **Le privilège du syndicat de copropriété.** Le syndicat de copropriété dispose, « sur tout ce qui garnit les lieux » (L. 10 juill. 1965, art. 19, al. 5), d'un privilège garantissant le paiement des créances contre les copropriétaires. En cas de location, le privilège ne porte pas sur les meubles du locataire mais uniquement sur les loyers qu'il verse au copropriétaire. Ce privilège demeure assez peu usité et les syndicats préfèrent recourir à la technique des avances sur les charges de copropriété.

2. *Les privilèges fondés sur l'entrée d'une valeur dans le patrimoine du débiteur*

256 **Présentation.** Lorsqu'une personne devient créancière du débiteur tout en permettant l'augmentation de son actif, elle introduit une valeur supplémentaire dans son patrimoine sur laquelle les autres créanciers pourront se faire payer. Pour éviter une telle injustice, des privilèges confèrent aux personnes qui ont introduit une valeur supplémentaire dans l'actif du débiteur et qui n'en ont pas reçu paiement une préférence par rapport aux autres. On évoquera ici le privilège du vendeur de meuble, le privilège de pluviôse et celui de la victime sur l'indemnité due par l'assureur du responsable [1].

1. Il existe, outre ceux-ci, de nombreux autres privilèges fondés sur cette idée : le privilège des sociétés d'attribution, le privilège de l'auxiliaire salarié du travailleur à domicile (C. civ., art. 2332, 4°).

a. *Privilège du vendeur de meuble*

257 **L'histoire.** Prévu à l'article 2332, 3°, le privilège du vendeur de meubles a une longue histoire qui influence l'actuel régime. Dans le droit romain, le vendeur au comptant pouvait revendiquer la propriété du bien vendu s'il n'avait pas été payé. En 1804, le transfert de propriété s'opérant immédiatement, il ne pouvait être question de permettre pareille revendication. On a alors conféré un privilège au vendeur de meuble impayé. Toutefois, vestige du droit romain, on a admis au profit du vendeur, une action en revendication.

258 **Le privilège.** L'article 2332, 3°, dispose le privilège couvre « le prix de vente d'un meuble, sur celui-ci ». La nature du meuble n'importtant guère, le seul élément à prendre en compte est que le meuble soit encore en la possession du débiteur. Même si le texte, issu de la réforme, n'en dit plus rien, il est évident que le privilège sera perdu en cas de revente, de perte ou de transformation du bien.

259 **Plus de revendication.** L'ancien article 2332, 4°, alinéa 2, disposait : « Si la vente a été faite sans terme, le vendeur peut même revendiquer ces effets tant qu'ils sont en la possession de l'acheteur et en empêcher la revente, pourvu que la revendication soit faite dans la huitaine de la livraison et que les effets se trouvent dans le même état dans lequel cette livraison a été faite. » Ce texte offrait au vendeur, lorsque la vente avait été effectuée au comptant, la possibilité de « revendiquer » le bien vendu. Cette qualification suscitait l'interrogation : il ne pouvait s'agir d'une revendication de propriété puisqu'elle avait été irrémédiablement transférée ; on considérait alors qu'il s'agissait d'une revendication de la détention de la chose, afin de permettre l'exercice du droit de rétention du vendeur [1] ; certains considéraient encore que le vendeur, en livrant volontairement la chose, avait perdu son droit de rétention ; ils analysaient alors cette revendication comme une sorte de « droit de repentir » accordé au vendeur [2]. La réforme de 2021 a supprimé cette action en revendication.

1. M. et S. Cabrillac, Ch. Mouly, Ph. Pétel, n° 648.
2. Ph. Malaurie, L. Aynès, P. Crocq, n° 605.

b. *Autres privilèges*

260 **Le privilège de pluviôse.** Ainsi nommé en raison de la date du texte qui l'a institué, le privilège de pluviôse est actuellement reconnu par l'article L. 143-6 du Code du travail aux ouvriers, fournisseurs et sous-traitants d'entrepreneurs de marchés publics sur les sommes dues par l'administration à l'entrepreneur principal. Ce privilège ne s'applique pas aux prestations fournies dans le cadre d'un contrat de louage ni aux prestations immatérielles [1].

261 **L'ancien privilège de la victime sur l'indemnité due par l'assureur du responsable.** L'ancien article 2332, 8°, disposait que « les créances nées d'un accident au profit des tiers lésés par cet accident ou de leurs ayants droit, sur l'indemnité dont l'assureur de la responsabilité civile se reconnaît ou a été judiciairement reconnu débiteur à raison de la convention d'assurance » sont privilégiées. Ce privilège était en réalité dépourvu de toute utilité depuis que la loi reconnaissait à la victime une action directe contre l'assureur de responsabilité (C. assur., art. L. 124-3) : c'est ainsi la victime qui devient directement et exclusivement créancière de l'indemnité ; elle échappe sur elle au concours de tous les autres créanciers (sur les actions directes, v. ss 476 s.). La réforme de 2021 a supprimé ce privilège.

3. *Les privilèges fondés sur la conservation du patrimoine du débiteur*

262 **Présentation.** L'article 2332, 2°, institue le privilège du conservateur. L'idée est que les frais engagés pour la conservation d'un élément d'actif du débiteur profitent en réalité à tous ses créanciers car ils ont évité la perte ou la dépréciation d'un élément de leur gage général. Il est donc normal que le conservateur bénéficie d'une préférence de paiement.

263 **Créances garanties.** Les frais de conservation d'un meuble sont garantis par un privilège ayant pour assiette ledit meuble (C. civ., art. 2232, 2°). Cette notion de conservation commande donc le bénéfice du privilège. Une jurisprudence touffue conduit ainsi à

1. Com. 19 déc. 2000, *Bull. civ.* IV, n° 207.

distinguer les frais de conservation, qui ont eu pour effet d'éviter la dépréciation du bien, et les frais de modernisation qui, n'ayant eu pour effet qu'une amélioration du bien, ne sont pas couverts par le privilège. Ainsi, l'installation d'appareils radio sur un navire permet uniquement de rendre la navigation plus sûre ; la créance qui en résulte n'est donc pas garantie par le privilège. En revanche, si le défaut d'installation de ces appareils avait dû conduire au désarmement du navire, la créance eût été garantie[1]. De plus, puisqu'il s'agit d'un privilège spécial mobilier, il est nécessaire que la conservation vise un bien particulier et non le patrimoine tout entier du débiteur. Ainsi, la jurisprudence décide que malgré l'importance que la loi a donnée à la mission de commissaire aux comptes, il ne s'agit que d'une mission de contrôle destinée, non pas à sauvegarder la société, mais à protéger l'intérêt des associés ; la créance d'honoraires du commissaire aux comptes contre la société ne bénéficie donc pas du privilège[2].

264 **Exercice.** Le privilège s'exerce sur la chose qui a été conservée. Souvent, le conservateur aura cette chose entre ses mains (un garagiste, un restaurateur de tableaux) et pourra exercer sur elle un droit de rétention, plutôt que de faire procéder à la saisie et à la vente du bien. Toutefois, l'exercice de ce privilège reste indépendant de la détention matérielle de la chose : en ce cas, le créancier privilégié exerce son privilège en sollicitant la vente et l'exercice de sa priorité sur la valeur ainsi dégagée. En tout état de cause, le privilège est dépourvu de droit de suite : il ne peut donc s'exercer lorsque le bien a été vendu à un tiers.

§ 2. L'efficacité des privilèges mobiliers

265 **Présentation.** Un locataire insolvable ne paye ni son bailleur, ni ses impôts. Le bailleur a un privilège spécial sur les meubles garnissant les locaux loués (v. ss 250), les services fiscaux sur tous les meubles du contribuable (v. ss 244 et 245). Les mêmes biens

1. Com. 2 févr. 1965, *Bull. civ.* III, n° 87 ; Com. 9 oct. 1984, *Bull. civ.* IV, n° 259.
2. Paris 18 mai 1999, *D.* 2000, somm. 387, obs. S. Piedelièvre.

sont donc l'assise de plusieurs privilèges. Cet exemple pourrait être compliqué en réintroduisant ici les privilèges portant sur l'ensemble du patrimoine du débiteur (v. ss 224 s.). On s'aperçoit donc que les biens ne seront peut-être pas suffisants pour payer tous les créanciers privilégiés. Il est donc nécessaire d'opérer un classement entre eux pour savoir qui doit être payé en priorité. Cette question est passablement complexe [1], mais elle commande l'efficacité des privilèges. Les règles normales de classement (A) seront le plus souvent perturbées par des facteurs tenant à l'ouverture d'une procédure collective contre le débiteur ou à l'exercice d'un droit de rétention (B). On pourra alors dresser un tableau succinct de l'ordre des paiements (C).

A. Règles normales de classement

266 **Principes directeurs.** Lorsque plusieurs créanciers exercent leur privilège sur le même bien, plusieurs solutions sont, *a priori,* envisageables pour les départager : on peut les classer par préférence ou on peut prévoir qu'ils se partageront la valeur du bien en fonction du montant de leurs créances (c'est la règle du concours). En réalité, ces règles sont très insuffisantes et ont été complétées par les articles 2332-1 et suivants. Ces différentes dispositions obligent de distinguer les règles de classement des privilèges généraux (1), les règles de classement des privilèges spéciaux (2) et les hypothèses de conflits entre privilèges spéciaux et généraux (3).

1. *Les règles de classement des privilèges généraux*

267 **Plan.** Les privilèges généraux sont de deux sortes. Certains portent sur l'ensemble du patrimoine du débiteur, ses meubles et ses immeubles (v. ss 224) ; d'autres ne portent que sur ses meubles (v. ss 241 s.). On évoquera les règles de classement des uns (a) et des autres (b).

1. Il arrive ainsi que les personnes chargées de classer les privilégiés pour distribuer le prix de vente commettent des erreurs. La jurisprudence a décidé que le paiement fait par erreur sur l'ordre des privilèges n'ouvrait pas droit à répétition dès lors que celui qui avait été payé par erreur n'avait reçu que ce que lui devait son débiteur. V. Com. 30 oct. 2000, *JCP* 2001. I, p. 298, n° 7, obs. M. Cabrillac ; *RTD civ.* 2001. 142, obs. J. Mestre, B. Fages.

a. *Les privilèges généraux*

268 **Rappel.** Les privilèges généraux sont les frais de justice, les créances de salaires et les créances de l'article L. 622-17 du Code de commerce. Hors procédure collective, il convient de suivre l'ordre donné par le Code civil : la priorité va donc aux frais de justice puis aux salaires. Toutefois, en cas de procédure collective, le superprivilège des salariés l'emporte, suivi des créances privilégiées de l'article L. 622-17, des salaires dus antérieurement, puis des frais de justice.

b. *Les privilèges généraux mobiliers*

269 **Deux hypothèses de conflits.** Les privilèges généraux mobiliers sont très nombreux (v. ss 241 s.). Deux hypothèses de conflit peuvent alors se présenter : le conflit peut exister entre différents privilèges généraux ou entre des créanciers bénéficiaires d'un même privilège général.

270 **Classement entre les différents privilèges.** Là encore, les privilèges s'exercent dans l'ordre où ils sont évoqués par l'article 2331. La liste est ainsi énonciative et attributive de rang (v. C. civ., art. 2332-2 : « Les privilèges généraux s'exercent dans l'ordre de l'article 2331 »). La difficulté réside toutefois dans le fait que de nombreux privilèges généraux ont été édictés dans des textes extérieurs au Code civil. La plupart du temps, ces textes restent silencieux sur le rang du privilège institué à moins qu'ils ne précisent que le privilège s'exerce avant tout autre. En ce qui concerne les privilèges institués en faveur du Trésor, ils prennent rang dans l'ordre indiqué par le Code général des impôts. On obtient donc, en dehors des procédures collectives, l'ordre suivant (C. civ., art. 2332-2) :

– le privilège des frais de justice (même le Trésor a profité des sommes exposées à ce titre) ;

– les privilèges fiscaux dans l'ordre indiqué par le Code général des impôts soit les contributions directes et sur chiffre d'affaires, les taxes départementales et communales, les droits d'enregistrement, les contributions indirectes, etc. ;

– les privilèges de l'article 2331 du Code civil dans l'ordre indiqué soit les frais funéraires, les salaires et indemnités. Le privilège des caisses de Sécurité sociale vient donc ici au même rang que le privilège ordinaire des salariés (C. civ., art. 2332-2).

271 **Classement entre différents créanciers couverts par le même privilège.** L'article 2332-2, alinéa 2, dispose : « Les créanciers privilégiés qui sont dans le même rang sont payés par concurrence. » Les bénéficiaires d'un même privilège général viennent donc au même rang, sans qu'il y ait lieu de tenir compte de la date de la naissance de la créance. Dans le même rang, on applique alors le concours et non le classement.

2. *Les règles de classement des privilèges spéciaux*

272 **Plan.** Le Code civil était silencieux sur l'ordre des privilèges spéciaux. Pour réaliser ce classement, il fallait tenir compte de la nature et du fondement de chaque privilège : était-il fondé par l'idée de gage tacite, par l'idée de l'entrée d'une valeur dans le patrimoine du débiteur ou par l'idée de conservation ? Ces différents critères se retrouvent dans le classement opéré par le nouvel article 2332-3 du Code civil qui impose de distinguer le conflit entre deux créanciers appartenant au même groupe (a) et le conflit entre des créanciers n'appartenant pas au même groupe (b).

a. *Conflits entre créanciers appartenant au même groupe*

273 **Conflit entre deux créanciers dont le privilège est fondé sur l'idée de gage.** Ces conflits demeurent très rares car le privilège ne prend naissance que si le créancier a été mis en possession, réelle ou fictive. Or, si un bien a déjà été mis en possession, réelle ou fictive, d'un privilégié, il semble difficile d'admettre qu'un autre privilège, fondé sur l'idée de gage, puisse naître. En cas de conflit, on privilégiera le créancier qui est en possession réelle du bien : ainsi, par exemple, le bailleur chez lequel ont été déposées des marchandises transportées sera payé avant le transporteur en raison de sa possession actuelle.

274 **Conflit entre deux créanciers dont le privilège est fondé sur l'entrée d'une valeur dans le patrimoine du débiteur.** Ces conflits ne se poseront que dans l'hypothèse de ventes successives d'un même bien, lorsqu'aucun prix n'a été payé et que le privilège du premier vendeur n'est pas encore éteint. L'article 2332-3, alinéa 3,

dispose qu'« entre les vendeurs du même meuble, la préférence est donnée au plus ancien ».

275 **Conflit entre deux créanciers dont le privilège est fondé sur l'idée de conservation.** Quand plusieurs personnes ont participé successivement à la conservation d'un bien, la préférence est donnée au conservateur le plus récent (C. civ., art. 2332-3, al. 2). C'est en effet lui qui, par son dernier acte de conservation, a exposé une dépense qui, évitant la dépréciation du bien, est profitable à tous. Les créanciers de frais de conservation doivent donc être classés dans l'ordre inverse des dates de naissance de leurs créances.

b. *Conflits entre créanciers appartenant à des groupes différents*

276 **L'article 2332-3 du Code civil.** L'article 2332-3 n'évoque que l'hypothèse d'un conflit entre le bailleur d'immeuble, le conservateur et le vendeur de meuble. Il précise que le paiement s'effectuera dans l'ordre suivant :

– le privilège du conservateur, lorsque les frais de conservation sont postérieurs à la naissance des autres privilèges (ces frais profitent à tous les autres) ;

– le privilège du bailleur d'immeuble qui ignorait l'existence des autres privilèges (fondé sur l'idée de gage, le privilège conduit à faire « comme si » les biens étaient entre les mains du bailleur) ;

– le privilège du conservateur lorsque les frais sont antérieurs à la naissance des autres privilèges ;

– le privilège du vendeur de meuble ;

– le privilège du bailleur d'immeuble, qui connaissait l'existence des autres privilèges.

3. *Classement des privilèges généraux et spéciaux*

277 **Principe.** Le principe posé par l'article 2332-1 du Code civil veut que les privilèges spéciaux priment sur les privilèges généraux [1]. Ayant une assiette étroite, les privilèges spéciaux, s'ils venaient à être primés, ne pourraient s'exercer sur d'autres biens et perdraient toute

1. Req. 20 mars 1849, *GAJC* n° 285.

efficacité. En revanche, le privilège général pouvant s'exercer sur tous les biens, il n'importe guère que certains biens soient extraits de son assiette.

278 **Exception.** La loi vient parfois expressément bouleverser cette règle. Les exceptions admises ont une telle importance qu'elles aboutissent, concrètement, à vider le principe de sa substance. En effet, les privilèges spéciaux sont primés par le privilège des frais de justice, la majorité des privilèges fiscaux et le superprivilège. Il est vrai que ce superprivilège ne joue que si une procédure collective a été ouverte à l'encontre du débiteur. Cela constitue alors un facteur de complication.

B. Les facteurs de perturbation

1. *Procédures collectives*

279 **Le superprivilège.** L'ouverture d'une procédure de redressement ou de liquidation judiciaires ouverte à l'encontre du débiteur vient considérablement perturber l'ordre établi entre les privilèges. L'article 2287 du Code civil dispose en effet que « les dispositions du présent livre ne font pas obstacle à l'application des règles prévues en cas d'ouverture d'une procédure de sauvegarde, de redressement judiciaire ou de liquidation judiciaire ou encore en cas d'ouverture d'une procédure de traitement des situations de surendettement des particuliers ». Priorité est alors donnée au superprivilège des salaires. En effet, l'article L. 143-10 du Code du travail rappelle que le superprivilège s'exerce « nonobstant l'existence de toute autre créance privilégiée ».

280 **L'article L. 622-17 du Code de commerce.** De même, l'article L. 622-17 du Code de commerce précise que le privilège qu'il institue joue « à l'exception des créances garanties par le privilège établi par l'article L. 143-10 du Code du travail [...] de celles garanties par le privilège des frais de justice et de celles garanties par le privilège établi par l'article L. 611-11 du présent code » (*i. e.* les créances correspondant à de nouveaux crédits consentis dans le cadre d'un accord homologué à la suite d'une procédure de conciliation). Ainsi, les créanciers postérieurs au jugement d'ouverture bénéficient d'un privilège assez efficace. Au sein de ce privilège, c'est la loi qui établit son

propre ordre [1]. Vis-à-vis des autres privilèges, le privilège des créanciers postérieurs a connu des fluctuations : initialement, ces créanciers n'étaient primés que par le superprivilège. Aujourd'hui, cette solution ne vaut plus qu'en cas de continuation ou de cession de l'entreprise. En cas de liquidation, les créanciers postérieurs subissent les mêmes entorses mais sont en outre primés par les créanciers titulaires de sûretés immobilières spéciales (v. ss 417 s.) et après certaines sûretés mobilières (celles qui comportent un droit de rétention et le nantissement de l'outillage et du matériel d'équipement).

2. *Droit de rétention*

281 **L'hypothèse d'un droit de rétention.** L'ordre des privilèges sera également fortement perturbé lorsqu'un créancier privilégié disposera d'un droit de rétention sur le bien grevé. Il pourra alors conserver ce bien entre ses mains en refusant de le laisser vendre. Par exemple, le garagiste qui détient encore une voiture qu'il a réparée a tout intérêt à invoquer son droit de rétention plutôt que le privilège du conservateur. Ainsi, en cas de liquidation judiciaire, il primera sur tous les autres créanciers, comme le gagiste.

C. Tableau récapitulatif

282 **Récapitulatif.** En conclusion, on en arrive donc, si l'on cherche à classer les différents privilèges, au tableau suivant :

- le droit de rétention ;
- le superprivilège des salaires ;
- le privilège de l'article L. 622-17 ;
- le privilège des frais de justice ;
- les privilèges fiscaux ;
- les privilèges spéciaux de droit civil ;
- les privilèges généraux de droit civil.

1. Ph. Pétel, *Procédures collectives*, 11e éd., Dalloz, coll. « Cours », 2023, no 215 : C. com., art. L. 622-17 III et L. 641-13 III classent les créanciers postérieurs en cinq rangs : 1° les créances salariales nées postérieurement au jugement d'ouverture qui ne sont pas prises en charge par l'AGS ; 2° les frais de justice (ceux du mandataire de justice) ; 3° les créances résultant de la continuation des contrats en cours ; 4° les sommes dont le montant a été avancé par l'AGS ; 5° les autres créanciers.

SECTION 2

Le gage de meuble corporel

283 **Apport de la réforme de 2021.** La réforme du 23 mars 2006 a clairement distingué clairement le gage portant sur des biens corporels et le nantissement portant sur des biens incorporels. Même cantonné aux meubles corporels, le gage se déclinait cependant en gage de droit commun et en gages spéciaux. Il existait en effet de nombreux gages spéciaux : le gage automobile, le gage commercial, le gage de l'outillage et du matériel, le gage de stock, les warrants pétroliers, hôteliers, des stocks de guerre [1], etc. Ces figures particulières étaient soit tenues pour désuètes, soit assez peu utilisées en raison de la souplesse du gage de droit commun sans dépossession. La réforme de 2021 a donc procédé à une vaste opération d'élagage en abrogeant tous ces gages spéciaux. Il résulte de ces abrogations que le gage sort renforcé et devient le siège du droit commun. Une exception a cependant demeuré puisque le gage automobile est resté en application jusqu'au 1er janvier 2023. À partir de cette date, il s'est fondu dans le gage de droit commun et a perdu sa particularité. On évoquera donc la figure du gage commun (§ 1) et celle du gage automobile (§ 2), étant bien précisé que cette distinction ne correspond plus au droit positif.

§ 1. Le gage de droit commun

284 **Avec ou sans dépossession.** Traditionnellement perçu comme le contrat par lequel le débiteur se dépossédait d'un meuble au profit d'un créancier en garantie de sa dette, le gage de droit commun peut désormais opérer sans dépossession [2]. L'article 2333 du Code civil dispose désormais que « le gage est une convention par

1. V. les éditions précédentes de cet ouvrage.
2. D. Legeais, « Le gage de meubles corporels », *JCP* 17 mai 2006, n° spéc. p. 12 ; L. Aynès, « Le nouveau droit du gage », *Dr. et patr.* juill.-août 2007, p. 48.

laquelle le constituant accorde au créancier le droit de se faire payer par préférence à ses autres créanciers sur un bien mobilier ou un ensemble de biens mobiliers corporels, présents ou futurs ». La dépossession, jadis exigée par l'article 2071 du Code civil, n'est donc plus une condition de validité du gage. On précisera alors les conditions de formation (A) et les effets (B).

A. Les conditions de formation

1. *Condition de fond*

285 **Les parties.** Le constituant du gage doit avoir en principe la capacité d'aliéner le bien ; il doit en être propriétaire. En effet, même si le gage n'est pas, en lui-même, translatif de propriété, il peut conduire à la vente du bien. Ceci explique que le gage de la chose d'autrui soit nul. L'article 2235 dispose en effet que « le gage de la chose d'autrui peut être annulé à la demande du créancier qui ignorait que la chose n'appartenait pas au constituant ». On mesure qu'il s'agit là d'une nullité relative que seul le créancier peut solliciter. Toutefois, comme pour toutes les sûretés réelles, le constituant peut être soit le débiteur, soit un tiers. En cette dernière hypothèse, on appliquera l'article 2325 du Code civil selon lequel : « La sûreté réelle conventionnelle peut être constituée par le débiteur ou par un tiers. Lorsqu'elle est constituée par un tiers, le créancier n'a d'action que sur le bien affecté en garantie. Les dispositions des articles 2299, 2302 à 2305-1, 2308 à 2312 et 2314 sont alors applicables » (v. ss 46).

286 **La créance.** Toutes les créances peuvent être garanties par un gage : le fait qu'elles ne soient ni certaines, ni exigibles, ni liquides n'est pas un obstacle à la constitution du gage. Quelle que soit la créance qu'il garantit, le gage reste une sûreté et, en cela, en est l'accessoire : ainsi, si la créance vient à s'éteindre, le gage s'éteindra de la même façon. La jurisprudence a consacré une solution différente de celle retenue dans le droit du cautionnement (v. ss 69), lorsque le gage ne garantit qu'une partie de la dette. Elle a en effet jugé que le versement résultant de la réalisation du gage

s'imputait sur la frange de la dette pour laquelle la sûreté avait été consentie [1].

287 **Le bien.** Tous les biens meubles corporels peuvent être nantis : présents et futurs, corps certains ou choses de genre. Toutefois, puisque derrière la constitution du gage se profile sa réalisation, il est nécessaire que le bien soit dans le commerce juridique. Ainsi, un bien grevé d'une clause d'inaliénabilité ne pourrait servir d'assiette à un gage.

Si le gage porte sur une chose future [2], il est nécessaire que cette chose soit suffisamment déterminable.

L'article 2334, issu de la réforme de 2021, dispose que le gage peut avoir pour objet des meubles immobilisés par destination. Cela permettra notamment de gager les éoliennes et les panneaux voltaïques. Le même texte renvoie à l'article 2419 pour assurer l'opposabilité de ce gage aux créanciers hypothécaires : « L'ordre de préférence entre les créanciers hypothécaires et les créanciers gagistes, dans la mesure où leur gage porte sur des biens réputés immeubles, est déterminé par les dates auxquelles les titres respectifs ont été publiés, nonobstant le droit de rétention des créanciers gagistes [3]. »

Lorsque le gage porte sur des choses fongibles et qu'il opère avec dépossession [4], le créancier doit en principe les tenir séparés des choses de même nature qui lui appartiennent. À défaut le constituant peut réclamer la restitution du bien gagé (C. civ., art. 2341, al. 1er). La réforme de 2021 admet le gage tournant en disposant que « le constituant peut, si la convention le prévoit, aliéner les choses gagées à charge de les remplacer par la même quantité de choses équivalentes ». Si la convention dispense le

1. Cass., ass. plén., 6 nov. 2009, *D.* 2009. 2803, obs. V. Avena-Robardet ; *JCP* 2010, p. 13, note S. Piedelièvre, 708, n° 16, obs. Ph. Delebecque ; *RTD civ.* 2010. 358, obs. P. Crocq.

2. J. Mestre, « Le gage de choses futures », *D.* 1982. Chron. 141.

3. A. Hontebeyrie, « Le gage sans dépossession et l'immeuble par destination », *JCP N* 2016, p. 1108 ; J.-D. Pellier, « Réflexions sur le gage ayant pour objet un immeuble par destination ou un meuble par anticipation », *D.* 2020. 1236.

4. La jurisprudence a admis que la fongibilité puisse résulter d'une stipulation de l'acte constitutif, laquelle est alors opposable aux tiers : Com. 16 mai 2010, *RTD civ.* 2010. 595, obs. P. Crocq ; *RTD com.* 2010. 596, obs. D. Legeais ; *RDC* 2010, p. 1341, obs. A. Aynès ; *D.* 2011. 410, obs. P. Crocq ; *JCP* 2011, p. 226, n° 17, obs. Ph. Delebecque.

créancier de l'obligation de tenir la chose séparée, il en acquiert la propriété à charge pour lui de restituer des choses équivalentes (C. civ., art. 2341, al. 2). La précision est bienvenue pour les gages-espèces.

288 **Le « gage-espèces ».** Le débiteur remet à son créancier une somme d'argent en garantie de la correcte exécution de ses obligations (tel un locataire versant une somme d'argent au bailleur en garantie de ses obligations). La nature juridique de ce versement était discutée [1]. Constatant que le créancier devient propriétaire de la somme d'argent, en raison de sa consomptibilité et de sa fongibilité, certains auteurs y voyaient une cession fiduciaire transférant au créancier la propriété du bien : si la dette principale est exécutée, il a l'obligation de restituer ; dans le cas contraire, il demeure définitivement propriétaire de la somme d'argent [2]. Pourtant la qualification de gage pouvait être maintenue en retenant que le transfert de propriété était dû, non pas à l'essence du contrat, mais à son objet : « La sûreté reste un gage, malgré le transfert de propriété dont bénéficie le créancier, car ce transfert n'est pas de l'essence de la convention – il ne s'agit pas d'un transfert fiduciaire –, mais résulte simplement de la nature des choses et plus précisément de la nature de l'objet de la convention [3]. » Pour trancher cette question, l'article 2341 précise que « si la convention dispense le créancier de cette obligation (*i. e.* tenir les choses séparées) il acquiert la propriété des choses gagées à charge de restituer la même quantité de choses équivalentes ». Le gage-espèce reste donc un gage. Cette analyse est malmenée par la réforme de 2021 qui, tout en maintenant l'article 2341, alinéa 2, consacre cependant la cession de somme d'argent à titre de garantie (v. ss 488 s.).

1. M. Cabrillac, « Sûretés conventionnelles sur l'argent », *Mélanges Derruppé*, Litec, GLN Joly, 1991, p. 333 ; G. Cuniberti, « Le gage-espèces » (de l'accession en matière monétaire), *LPA* 5 nov. 1999, p. 4 ; D. Bureau, « Le gage-espèces : une sûreté atteignant sa maturité », *Dr. et patr.* 12/1999, p. 22 ; D.-R. Martin, « Du gage espèces », *D.* 2007. Chron. 2556 ; S. Bros, « Le gage-espèces », *Dr. et patr.* juill.-août 2007, p. 77.
2. Ph. Malaurie, L. Aynès, P. Crocq, n° 508 ; F. Leduc, « Le gage translatif de propriété : mythe ou réalité ? », *RTD civ.* 1995. 249. V. plus mesurés et notant « qu'il n'y a pas un schéma unique des sûretés sur l'argent, mais plusieurs qui résultent de l'interférence de divers paramètres », M. et S. Cabrillac, Ch. Mouly, Ph. Pétel, n° 695 ; comp. en faveur de la qualification unique de gage, avec des exclusions, Ph. Simler, Ph. Delebecque, n°s 545 s.
3. Ph. Simler, Ph. Delebecque, n° 546.

2. Conditions de forme et d'opposabilité aux tiers

a. *Un écrit*

289 **Le rôle de l'écrit.** L'article 2074 du Code civil imposait la rédaction d'un écrit contenant la détermination de la créance garantie et celle de la chose remise en gage. Cet écrit n'était pas un écrit *ad validitatem*, mais une forme de publicité : il est en effet facile d'utiliser le gage comme un moyen de fraude, notamment celle par laquelle un débiteur remettrait en gage un de ses biens, au moment d'une saisie, pour conférer à un de ses créanciers un rang privilégié. On exigeait donc que le gage ait une date certaine pour qu'il puisse être opposé aux tiers. L'article 2074 renvoyait donc aux règles de l'article 1328 du Code civil : le gage devrait être fait par acte authentique ou par acte sous seing privé dûment enregistré ; le gage qui ne respecterait pas ces exigences (gage verbal) était valable mais inopposable aux tiers [1].

L'article 2336 du Code civil dispose désormais que « le gage est parfait par l'établissement d'un écrit contenant la désignation des biens donnés en gage ainsi que leur espèce ou leur nature ». L'établissement d'un écrit ne semble pas non plus exigé *ad validitatem* mais simplement afin de rendre possible l'inscription qui, elle, rendra le gage opposable aux tiers [2].

b. *Une inscription*

290 **Le rôle de l'inscription pour les gages sans dépossession.** L'article 2337 du Code civil dispose que le « gage est opposable aux tiers par la publicité qui en est faite » par une inscription sur un registre dont les modalités sont réglées par décret pris en Conseil d'État (C. civ., art. 2338). C'est donc l'inscription du gage sur ce registre qui rend le droit du créancier gagiste opposable aux autres créanciers. Cette formalité d'opposabilité sera primordiale pour les gages sans dépossession [3]. En revanche, pour les gages

1. Com. 8 déc. 1987, *Defrénois* 1988, p. 480, note L. Aynès : « Le privilège du créancier gagiste en matière civile n'a lieu qu'à l'égard du tiers qu'autant qu'il y a d'une part, mise en possession du créancier, et d'autre part, un acte authentique ou un acte sous-seing privé dûment enregistré. »
2. *Contra*, P. Crocq et L. Aynès, « Le projet de réforme du droit des sûretés », *RLDC* mars 2006. 91 ; L. Aynès, « Le nouveau droit du gage », préc.
3. R. Boffa, « L'opposabilité du nouveau gage sans dépossession », *D.* 2007. 1161.

avec dépossession, elle pourra être contournée, la seule mise en possession du créancier valant opposabilité du gage aux tiers.

c. *Une dépossession*

291 **Le rôle de la dépossession.** L'article 2337 précise que le gage est également opposable aux tiers « par la dépossession entre les mains du créancier ou d'un tiers convenu du bien qui en est l'objet ». Pour les gages emportant dépossession, l'inscription n'est donc pas requise et la formalité est remplacée par l'entrée en possession du créancier.

L'article 2076 disposait que « le privilège ne subsiste sur le gage qu'autant que ce gage a été mis et est resté en possession du créancier, ou d'un tiers convenu entre les parties ». La jurisprudence en déduisait la nature réelle du gage et estimait que le gage n'existait pas tant que la dépossession n'avait pas eu lieu [1]. Cette analyse était pourtant critiquée en raison de l'existence de nombreux gages sans dépossession et du rétrécissement de la catégorie des contrats réels. La doctrine proposait donc de voir dans la dépossession, non point une condition de validité du gage, mais une condition d'opposabilité ou un premier acte d'exécution [2]. La loi nouvelle vient donc confirmer cette tendance : puisque la dépossession n'est plus de l'essence du gage (il existe des gages sans dépossession), elle n'est, lorsqu'elle se réalise, qu'une forme de publicité ou d'opposabilité [3].

292 **Le règlement des conflits.** L'admission des gages sans dépossession augure de difficultés pratiques que les nouveaux textes ont tenté de devancer : si le bien a fait l'objet de plusieurs gages sans dépossession, le rang des créanciers sera réglé dans l'ordre de leur inscription (C. civ., art. 2340, al. 1er). En revanche, si le bien donné en gage sans dépossession fait ultérieurement l'objet d'un gage avec dépossession, le droit du premier créancier sera opposable au second à condition que la sûreté ait été valablement inscrite : le droit de rétention s'inclinera alors devant la publicité.

1. Civ. 18 mai 1898, *DP* 1900. I. 480 ; Civ. 1re, 6 juin 1994, *Defrénois* 1994, p. 35897, n° 137 ; *JCP* 1994. I, p. 3765, n° 18, obs. Ph. Simler.
2. G. Marty, P. Raynaud, Ph. Jestaz, n° 78 ; M. et S. Cabrillac, Ch. Mouly, Ph. Pétel, n° 665 ; Ph. Malaurie, L. Aynès, P. Crocq, n° 506.
3. D. Legeais, « Le gage de meubles corporels », *JCP* 17 mai 2006, n° spéc. p. 12 s., spéc. n° 20.

B. Les effets

293 **Plan.** Le gage ne produit que des effets marginaux tant que la créance n'est pas exigible. En revanche, lors de l'exigibilité de la créance, les effets du gage seront variables selon que le débiteur paye le créancier (1) ou qu'il ne le paye pas (2).

1. *Le débiteur paye*

294 **Obligation de restitution/Radiation de l'inscription.** Si le débiteur paye à l'échéance, il peut exiger la radiation de l'inscription ou, en cas de gage avec dépossession, la restitution du bien (C. civ., art. 2339). Cette obligation de restitution emporte deux conséquences. D'une part, le créancier gagiste n'a pas le droit d'utiliser de la chose mais l'article 2345 du Code civil lui confère toutefois la possibilité d'en percevoir les fruits à charge de les imputer sur les intérêts ou le capital de la dette. D'autre part, il est débiteur d'une obligation de conservation de la chose qu'il a reçue : s'il y manque, le constituant pourra réclamer la restitution du bien gagé (C. civ., art. 2344) et le créancier sera responsable de sa perte ou de sa détérioration ; toutefois, il pourra, si la conservation du bien s'est traduite par des dépenses, en invoquer le remboursement par la théorie des impenses (C. civ., art. 2343).

2. *Le débiteur ne paye pas*

295 **Droit de rétention / Réalisation du gage.** C'est lorsque le débiteur ne paye pas que se révèle la fonction de sûreté du gage. Il confère, s'il opérait avec dépossession, au gagiste un droit de rétention (a) et, en toutes hypothèses, le droit de réaliser le gage (b).

a. *Le droit de rétention*

296 **Description.** Seul le créancier gagiste qui est en possession du bien bénéficie du droit de rétention : pour retenir, encore faut-il tenir. Il peut alors refuser de restituer le bien tant qu'il n'a pas été payé intégralement, en principal, intérêts et frais (C. civ., art. 2339).

L'efficacité du gage avec dépossession ne résulte donc pas tant des prérogatives qu'il confère au créancier, que de la possession qu'il a sur la chose, le classement que lui confère son droit de préférence n'étant pas le meilleur (v. ss 281). En revanche, la possession qu'il a sur le bien, objet du gage, le place dans une situation « inexpugnable [1] » : les autres créanciers ne pourront ni saisir, ni faire vendre le bien qu'il a entre les mains. Le créancier gagiste bouleverse ainsi l'ordre des privilèges.

Cette efficacité se mesure notamment tout au long de la procédure collective ouverte à l'encontre du débiteur. Pendant la période d'observation, le créancier gagiste peut espérer être désintéressé par l'administrateur si le bien qu'il détient est nécessaire à la poursuite de l'activité (C. com., art. L. 622-7). En cas de cession, le créancier gagiste peut opposer son droit au cessionnaire et ainsi espérer un paiement hors concours des autres créanciers [2]. Enfin, en cas de liquidation judiciaire, le gagiste peut être contraint de laisser vendre le bien qu'il détient. Toutefois, l'article L. 642-25 du Code de commerce précise que son droit se reporte sur le prix qui sera dégagé [3]. Toutefois, ces avantages cessent lorsque, réalisant son gage, le créancier gagiste s'expose au concours des autres créanciers.

b. *Le droit de réaliser le gage*

297 **Deux modes de réalisation du gage.** Les articles 2346 et 2347 prévoient que le créancier impayé peut soit faire poursuivre la vente du bien gagé, soit se le faire attribuer.

La vente du bien a lieu selon les modalités prévues par le Code des procédures civiles d'exécution « sans que la convention de gage puisse y déroger » (C. civ., art. 2346). On mesure par-là que la clause de voie parée, c'est-à-dire celle par laquelle le créancier et le débiteur conviendraient d'une vente de gré à gré, est interdite. On entend ainsi éviter que le gagiste ne se débarrasse du bien entre les mains d'un acquéreur qui ne lui verserait qu'une somme correspondant au montant de sa créance, sans aucun rapport avec

1. Ph. Malaurie, L. Aynès, P. Crocq, n° 512.
2. Com. 20 mai 1997, *RTD civ.* 1997. 408, obs. P. Crocq ; *JCP* 1997. I, p. 4054, n° 5, obs. M. Cabrillac.
3. Com. 20 mai 1997, *D.* 1998. 479, note F. Kenderian ; *JCP* 1998. I, p. 103, n° 23, obs. Ph. Simler. Plus largement sur tous ces points, C. Pourquier, « La rétention du gagiste ou la supériorité du fait sur le droit », *RTD civ.* 2000. 569.

la valeur du bien. La réforme de 2021, abrogeant le gage commercial, qui se caractérisait par sa souplesse de mise en œuvre, a toutefois réservé une mesure spéciale pour les gages constitués en garantie d'une dette professionnelle : « Lorsque le gage est constitué en garantie d'une dette professionnelle, le créancier peut faire procéder à la vente publique des biens gagés par un notaire, un huissier de justice, un commissaire-priseur judiciaire ou un courtier de marchandises assermenté, huit jours après une simple signification faite au débiteur et, le cas échéant, au tiers constituant du gage » (C. civ., art. 2346). La vente est alors facilitée. Toutefois, faire procéder à la vente forcée du bien pour exercer son droit de préférence sur le prix ne place pas le créancier dans une situation idéale : en prenant l'initiative de la vente, le gagiste perd son droit de rétention et entre en concours avec les autres créanciers du débiteur, qui peuvent avoir un rang préférable au sien. Il peut alors préférer l'attribution du bien.

La seconde possibilité consiste pour le gagiste à se faire attribuer le bien en paiement. Là encore, le gagiste doit obtenir une autorisation en justice. Toutefois, entérinant une évolution constante [1], l'article 2348 admet les pactes commissoires par lesquels constituant et créancier conviennent que, en cas d'inexécution de l'obligation, le créancier deviendra propriétaire du bien gagé. La valeur du bien sera alors estimée par un expert désigné à l'amiable ou judiciairement : si cette valeur excède le montant de la dette, la somme égale à la différence sera versée au débiteur ou consignée s'il y a d'autres créanciers gagistes.

Quoi qu'il en soit, l'attribution du bien présente pour le gagiste l'inconvénient de devenir propriétaire d'un bien duquel il n'a aucune utilité ; mais elle présente l'avantage d'éviter la distribution

1. Le pacte commissoire était interdit avant la réforme de mars 2006 car on craignait que le créancier n'imposât au débiteur une sous-évaluation du bien, altérant ainsi le crédit des autres créanciers. Pourtant, la prohibition des pactes commissoires était analysée de façon laxiste par la jurisprudence : le pacte était ainsi valable s'il ne figurait pas dans le contrat gage lui-même mais était convenu ultérieurement (Com. 5 oct. 2004, *JCP* 2004. I, p. 188, n° 17, obs. Ph. Delebecque ; *RTD com.* 2005. 408, obs. B. Bouloc ; *JCP* 2004. II, p. 10191, obs. S. Piedelièvre) ; de même, la prohibition du pacte commissoire cessait lorsque le risque de sous-évaluation est inexistant, comme dans le cas de gage-espèces (Com. 9 avr. 1996, *D.* 1996. 399, note Ch. Larroumet, somm. 385, obs. S. Piedelièvre ; *RTD civ.* 1996. 669, obs. P. Crocq).

du prix de la vente et le concours des autres créanciers. Cet avantage déterminant explique que le domaine de l'attribution soit une question discutée : l'attribution du bien avait ainsi été appliquée, dans le silence du Code de commerce, au gage commercial [1] ; de même, l'Assemblée plénière de la Cour de cassation a admis que la possibilité de se faire attribuer le bien valait pour tous les gages, qu'ils soient ou non assortis du droit de rétention [2].

§ 2. Le gage automobile en sursis

298 **Élagage des gages spéciaux.** De très nombreux gages spéciaux portant sur des biens mobiliers s'étaient développés à côté du gage de droit commun, le plus souvent dans des législations spéciales. Si le gage commercial, le gage de stock, le gage de matériel et d'outillage et les warrants ont été abrogés par la réforme de 2021, le gage automobile a survécu au plus tard jusqu'au 1er janvier 2023. Depuis cette date, il relève de l'article 2333 du Code civil (v. ss 283).

299 **Présentation.** Devant le développement de l'achat à crédit des véhicules automobiles, une loi du 29 décembre 1934 a permis aux vendeurs et aux prêteurs de deniers qui en financent l'acquisition d'asseoir une sûreté sur le véhicule vendu. Cette sûreté, régie par les anciens articles 2351 à 2353 du Code civil, opère naturellement sans dépossession [3].

300 **Constitution.** Ce gage est constitué sans l'accord exprès du débiteur. Il suffit que le contrat de vente ou de prêt ait fait l'objet d'un enregistrement sur un registre spécial tenu par la préfecture qui délivre la carte grise. Sur ce registre sont portées les mentions relatives à l'existence du gage, au nom de l'acheteur et du créancier et à la date de l'enregistrement du contrat. Un reçu est alors délivré au créancier : « Par la délivrance de ce reçu, le créancier

---

1. Civ. 1re, 17 nov. 1959, *Bull. civ.* I, n° 480.
2. Com. 9 avr. 1996, *D.* 1996. 399, note Ch. Larroumet, somm. 385, obs. S. Piedelièvre ; *JCP* 1997. I, p. 3991, n° 18, obs. Ph. Simler ; *RTD civ.* 1996. 669, obs. P. Crocq. Dans le même sens, Com. 3 juin 1997, *D.* 1998. 61, note François (v. ss 245).
3. E. Le Corre-Broly, « Le gage sur véhicule automobile, source d'interrogations », *D.* 2014. 440.

gagiste sera réputé avoir conservé la marchandise en possession» (C. civ., anc. art. 2352). Quant aux tiers, notamment les acquéreurs du véhicule ou ceux qui souhaiteraient asseoir sur lui une sûreté, il leur suffit de demander à la préfecture la délivrance d'un certificat de gage ou de non-gage afin de connaître la situation du véhicule [1]. Désormais, c'est l'article 2338, alinéa 2, du Code civil qui s'applique : «Sauf s'il est soumis à l'article 2342, le gage portant sur un véhicule terrestre à moteur ou une remorque immatriculés est publié par une inscription sur un registre tenu par l'autorité administrative dans les conditions fixées par décret en Conseil d'État. L'inscription d'un tel gage fait obstacle à toute nouvelle inscription sur le même véhicule.» L'inscription n'est ainsi pas faite sur le registre des sûretés mobilières mais sur un registre spécial, le SIV (Système d'immatriculation des véhicules). Ce système est entièrement dématérialisé et consultable sur internet.

301 **Effets.** Avant l'échéance de la dette, le débiteur conserve l'usage du véhicule. Toutefois, le créancier est réputé avoir conservé la marchandise en sa possession. La jurisprudence a donc retenu qu'il était titulaire d'un droit de rétention fictif. On en déduit donc que le créancier gagiste peut opposer son droit à l'acquéreur du véhicule qui ne l'aurait pas désintéressé. En revanche, le droit de rétention fictif cède devant le droit de rétention réel qu'exercerait, par exemple, un garagiste [2]. À l'échéance de la dette, le créancier se voit appliquer les règles du gage de droit commun : il peut faire procéder à la vente ou se faire attribuer le gage en propriété.

1. L'inscription du gage ne conditionne que son opposabilité aux tiers et non son existence *inter partes*, v. Civ. 1re, 10 juill. 1996, *Defrénois* 1996, p. 398, note L. Aynès ; *RTD civ.* 1996. 955, note P. Crocq ; pour un arrêt ayant admis l'opposabilité du gage à des sous-acquéreurs qui avaient pourtant acquis le véhicule avant que le gage ne soit publié, voir Civ. 1re, 13 janv. 2013, *D.* 2013. 1706, obs. P. Crocq ; *Gaz. Pal.* 20-21 mars 2013, p. 22, obs. C. Albigès ; *JCP* 2013, p. 585, n° 17, obs. Ph. Delebecque.
2. Com. 11 juin 1969, *D.* 1970. 244, note Bihr.

SECTION 3

Le nantissement de meubles incorporels

302 **Présentation.** Avant la réforme du 23 mars 2006, le gage pouvait porter tant sur des biens meubles corporels que sur des biens meubles incorporels. Il en résultait un certain désordre puisque le Code civil admettait que des créances puissent être gagées (C. civ., anc. art. 2075 et 2076)[1] et que des réglementations foisonnantes admettaient le gage de créances particulières (polices d'assurance-vie, créances professionnelles, etc.). Plus largement, se posait évidemment la question de la dépossession à laquelle les biens incorporels se montraient rebelles. Pour répondre à la menace d'éclatement de la famille des gages, l'ordonnance de 2006 avait procédé à une remise en ordre : d'une part, elle avait admis que le gage puisse être constitué sans dépossession et, d'autre part, elle avait nettement distingué le gage (portant sur les meubles corporels) du nantissement (portant sur les meubles incorporels)[2]. Cette distinction permettait au Code civil de redevenir le siège du droit commun des sûretés mobilières ayant pour objet un bien incorporel.

Le nantissement envisagé par le Code civil est le nantissement de créances[3]. Il existe cependant d'autres nantissements faisant

1. L'article 2075 exigeait un acte authentique ou sous-seing privé dûment enregistré ainsi que la signification de cet acte au débiteur, selon les modalités de l'article 1690 (cession de créance). En outre, la jurisprudence avait un temps exigé, sur le fondement de l'article 2076, que le constituant devait remettre au créancier gagiste le titre constatant la créance, ce qui équivalait à une dépossession de la créance remise en gage.

2. J. Stoufflet, « Le nantissement de meubles incorporels », *JCP* 17 mai 2006, n° spéc. p. 19 s. ; C. Lisanti, « Quelques remarques à propos des sûretés sur meubles incorporels dans l'ordonnance du 23 mars 2006 », *D.* 2006. Chron. 2671 ; D. Legeais, « Le nantissement de créances », *Dr. et patr.* juill.-août 2007, p. 54 ; M. Julienne, « Le régime du nantissement de créance complété et modernisé », *Rev. banque* avr. 2021, p. 65.

3. Les auteurs de la réforme n'ont finalement pas consacré le nantissement de monnaie scripturale préconisé par l'avant-projet de l'Association Henri Capitant (v. L. Bougerol, « Le nantissement de monnaie scripturale », *in* L. Andreu et M. Mignot (dir.), *La réforme du droit des sûretés*, LGDJ, Institut universitaire Varenne, 2019, p. 211 ; C. Juillet, « Le nantissement de monnaie scripturale dans l'avant-projet de réforme du droit des sûretés », *RLDC* mars 2018, p. 17).

l'objet de dispositions spéciales. L'article 2355, alinéa 5, dispose alors que le nantissement « qui porte sur d'autres meubles incorporels est soumis, à dispositions spéciales, aux règles prévues pour le gage de meubles corporels à l'exclusion du 4° de l'article 2286 » (c'est-à-dire le droit de rétention)[1]. Il convient donc d'aborder le nantissement de créances de droit commun (§ 1) puis d'évoquer l'existence de dispositions spéciales (§ 2).

§ 1. Le nantissement de droit commun

303 **Définition.** L'article 2355 dispose que « le nantissement est l'affectation, en garantie d'une obligation, d'un bien meuble incorporel ou d'un ensemble de biens meubles incorporels, présents ou futurs ». Le Code civil pose désormais les conditions de formation (A) et les effets (B) des nantissements.

A. Conditions de formation

304 **Conditions de fond.** Toutes les obligations peuvent être garanties par un nantissement. Ce nantissement garantit alors tant le principal que les accessoires de la créance, à moins que les parties ne soient convenues du contraire.

En ce qui concerne les biens incorporels, objet du nantissement, le Code civil ne pose pas beaucoup de contraintes : les créances nanties peuvent être présentes ou futures (C. civ., art. 2361), intégrales ou partielles (C. civ., art. 2358). Si un compte est nanti, l'article 2360 précise que le nantissement porte sur le solde créditeur, définitif ou provisoire, que présentera ce compte au jour de la réalisation de la sûreté, sous réserve des opérations en cours[2]. L'alinéa 2 évoque alors l'ouverture d'une procédure collective et précise que, en pareille hypothèse, « les droits du créancier nanti portent sur le solde du compte à la date du jugement

1. Com. 26 nov. 2013, n° 12-27.390, *D.* 2014. 1610, obs. P. Crocq ; *RTD civ.* 2014. 158, obs. P. Crocq ; *JCP* 2014, p. 635, n° 20, obs. P. Delebecque : « L'article 2286-4° du code civil issu de la loi du 4 août 2008 n'est applicable qu'aux biens corporels, ce qui exclut les nantissements. »

2. H. Synvet, « Le nantissement de compte », *Dr. et patr.* juill.-août 2007, p. 62.

d'ouverture ». La Cour de cassation a cependant jugé que l'ouverture d'une procédure faisait obstacle à la conservation des fonds nantis [1]. Alors que l'avant-projet de réforme envisageait la suppression de ce texte qui n'avait pas sa place dans le Code civil, la réforme l'a cependant maintenu et le Rapport fait au président de la République a précisé que « l'article 2360, relatif au nantissement de compte, n'est pas modifié, ce qui pérennise la jurisprudence de la Cour de cassation ayant déterminé le sort de cette sûreté en procédure collective ».

305 **Conditions de forme.** Le nantissement doit être conclu par écrit, à peine de nullité. Cet écrit doit désigner les créances garanties et les créances nanties. Si ces créances sont futures, l'écrit doit les rendre déterminables en précisant le débiteur, le lieu du paiement, le montant et l'échéance de la dette.

306 **Opposabilité.** Le Code civil distingue entre l'opposabilité aux tiers et l'opposabilité au débiteur de la créance donnée en garantie.

En ce qui concerne les tiers, le nantissement leur est opposable dès la date de l'acte (C. civ., art. 2361). Le texte précise que « en cas de contestation, la preuve de la date incombe au créancier nanti, qui peut la rapporter par tout moyen ». La réforme de 2021 a ajouté une précision destinée à régler les conflits en cas de nantissements successifs : « Lorsqu'une même créance fait l'objet de nantissements successifs, le rang des créanciers est réglé par l'ordre des actes. Le créancier premier en date dispose d'un recours contre celui auquel le débiteur aurait fait un paiement. » Pour renforcer sa situation et éviter tout contentieux, le créancier nanti aura donc intérêt à conférer date certaine à l'acte de nantissement.

En revanche, pour que le nantissement soit opposable au débiteur de la créance donnée en garantie, il est nécessaire de lui notifier l'acte de nantissement ou de le faire intervenir à l'acte. La solution retenue constitue un considérable assouplissement par

1. Com. 22 janv. 2020, n° 18-21.647, *D.* 2020. 1685, point de vue R. Dammann et A. Alle ; *D.* 2020. 1857, obs. F.-X. Lucas et P. Cagnoli ; *D.* 2020. 1917, obs. J.-J. Ansault et C. Gijsbers ; *RTD civ.* 2020. 164, obs. C. Gijsbers ; M. Julienne, « Pitié pour le nantissement de compte », *RDC* 2020, p. 56, n° 2 ; J.-D. Pellier, « De la primauté des procédures collectives sur les sûretés », *JCP* 2020, p. 423.

rapport aux solutions antérieures où l'article 2075 imposait une signification (et non une notification) ou l'acceptation du débiteur dans un acte authentique[1]. Ainsi, si le nantissement n'a pas été notifié au débiteur, le constituant recevra valablement le paiement (C. civ., art. 2362, al. 2) ; en revanche, une fois le nantissement notifié, seul le créancier nanti reçoit valablement paiement. L'article 2363 dispose que « après notification, le créancier nanti bénéficie d'un droit de rétention sur la créance donnée en nantissement et a seul le droit à son paiement tant en capital qu'en intérêts ». La référence au droit de rétention et au droit au paiement exclusif est surprenante car le droit de rétention est en principe exclu pour les biens incorporels. Le Rapport fait au président de la République précise qu'« il s'agit non pas d'un droit préférentiel (qui donnerait lieu à un concours et donc à un classement) mais d'un droit exclusif (le créancier nanti exclut les autres créanciers et ne peut donc pas se faire primer) reposant sur un droit de rétention sur la créance nantie ». Cette dernière assertion est discutable car le droit exclusif au paiement du créancier nanti n'a nul besoin de « reposer » sur le droit de rétention : il se suffit à lui-même. Malgré son imperfection, le texte souligne que le créancier nanti sera bien armé pour résister aux autres créanciers.

B. Effets

307 **Réalisation du nantissement.** Si le débiteur ne paye pas le créancier, ce dernier a le choix entre se faire attribuer immédiatement la créance nantie (par voie judiciaire ou par pacte commissoire) ou attendre l'échéance de la créance nantie (C. civ., art. 2265). Si la créance nantie est supérieure à la dette garantie, le créancier doit la différence au constituant.

La réforme de 2021 a précisé le jeu des exceptions que le débiteur de la créance nantie pouvait opposer au créancier nanti : « Le débiteur de la créance nantie peut opposer au créancier nanti les exceptions inhérentes à la dette. Il peut également opposer les exceptions nées de ses rapports avec le constituant avant que le

1. V. Com. 9 mai 2007, *D.* 2007. 1497, obs. X. Delpech ; *JCP* 2007. I, p. 212, n° 22, obs. Ph. Delebecque.

nantissement ne lui soit devenu opposable» (C. civ., art. 2361-1). Le texte s'inspire de la cession de créance. Le texte n'envisage pas la question de savoir si le débiteur de la créance nantie pourrait opposer les exceptions relatives à la créance garantie afin de faire échec au paiement. Le droit exclusif au paiement milite pour une réponse négative : dès lors que la créance nantie ne présente aucun vice, elle doit être payée entre les mains du nanti. Mais le nantissement demeure une sûreté accessoire, dont l'existence dépend de la validité de la créance garantie.

§ 2. Les nantissements spéciaux

308 **Présentation.** De nombreux textes prévoient des règles particulières pour certaines créances remises en nantissement (par ex., L. 22 févr. 1944 sur le nantissement des droits sur les films cinématographiques ; CPI, art. L. 132-34 sur le nantissement des droits sur les logiciels...). Ces textes subsistent à côté du nantissement de créance. On évoquera alors le nantissement du fonds de commerce (A), le nantissement des parts sociales et des valeurs mobilières (B), et les nantissements des polices d'assurance-vie et des créances professionnelles (C).

A. Le nantissement du fonds de commerce

309 **Présentation.** Le fonds de commerce est localisé et ne risque guère de se déplacer. Cette localisation permet une publicité efficace et une loi du 17 mars 1909, devenue articles L. 142-1 et suivants du Code de commerce, en a admis le nantissement [1]. Pourtant, même si elle emprunte son nom aux nantissements, cette sûreté est très proche de l'hypothèque : le débiteur est laissé en possession du fonds et peut le céder ; le créancier jouit d'un droit de suite et de préférence duquel il ne peut se prévaloir qu'à compter du jour de son inscription ; en revanche, il n'a aucun droit de rétention et ne peut se faire attribuer le fonds.

1. Une loi du 5 juill. 1996 a prévu, en son art. 22, le nantissement du fonds artisanal. Il obéit au modèle du nantissement du fonds de commerce.

310 **Constitution.** Le nantissement de fonds de commerce peut avoir une origine contractuelle ou judiciaire. Le propriétaire d'un fonds de commerce peut le nantir pour garantir une créance quelconque. Toutefois, le nantissement ne peut porter que sur certains éléments du fonds : la clientèle, le droit au bail, l'enseigne et le nom commercial y sont inclus de plein droit ; le mobilier commercial, le matériel, l'outillage, les brevets, marques, dessins et modèles et droits de propriété intellectuelle qui y sont attachés nécessitent une mention spéciale dans l'acte (C. com., art. L. 142-2). Plus que les conditions de fond, ce sont les conditions de forme qui sont les plus importantes : le nantissement doit en effet être constaté dans un acte écrit authentique ou sous seing privé enregistré. Il doit, en outre, être inscrit dans un délai de 15 jours à compter de l'acte sur un registre spécial tenu au greffe du tribunal de commerce du lieu d'exploitation du fonds. Cette inscription donne effet, sans rétroactivité, à la sûreté et attribue son rang au créancier ; elle est valable 10 ans et peut être renouvelée. Alors que le défaut d'inscription était sanctionné par la nullité du nantissement, l'ordonnance de 2021 a précisé que seule l'inopposabilité était encourue.

Le nantissement peut aussi être obtenu judiciairement par le créancier, au titre de mesures conservatoires. Le créancier doit alors justifier d'une créance fondée en son principe ainsi que de circonstances en menaçant le recouvrement. Muni d'une autorisation d'inscrire son nantissement à titre provisoire, il pourra ensuite poursuivre au fond l'action intentée contre le débiteur ; la condamnation qu'il obtiendra éventuellement lui permettra alors d'inscrire définitivement le nantissement qui prendra rang au jour de l'inscription provisoire.

311 **Effets.** Le débiteur reste en possession du fonds et continue de l'administrer. Toutefois, les créanciers restent exposés à une perte de valeur du fonds. Pour pallier cet inconvénient, certaines dispositions ont été prévues : le débiteur qui vend certains éléments séparés du fonds de commerce (en en diminuant ainsi la valeur) s'expose au délit de détournement d'objets gagés ; le débiteur ne peut déplacer le fonds sans en avertir les créanciers 15 jours à l'avance (si les créanciers estiment que le déplacement altère la

valeur du fonds, ils peuvent faire prononcer la déchéance du terme par le tribunal) ; enfin, si le propriétaire envisage de résilier le bail pour défaut de paiement des loyers, il doit en avertir les créanciers à peine d'inopposabilité de la résiliation. Ces créanciers n'ont alors d'autres solutions, pour échapper aux conséquences de la résiliation, de payer le propriétaire à la place du locataire.

Le créancier bénéficie d'un droit de préférence qui lui permet de faire vendre le fonds et de se faire payer par préférence. Si la procédure est simplifiée (sommation au débiteur restée infructueuse 8 jours et assignation devant le tribunal de commerce qui procédera à la vente publique), le créancier ne bénéficie pas d'un rang très enviable : il passe après les créanciers privilégiés au titre des frais de justice et après le Trésor public. De plus, la loi lui interdit l'attribution judiciaire du fonds en propriété. En outre, n'étant pas titulaire d'un droit de rétention, il ne peut bénéficier des avantages notamment en matière de procédures collectives.

Le créancier bénéficie également d'un droit de suite qui lui permet de saisir le fonds qui se trouverait entre les mains d'un acquéreur, de le faire vendre, et de se faire payer sur le prix ainsi dégagé. En revanche, le créancier ne peut reporter son privilège sur l'indemnité de résiliation du bail commercial [1]. Ce droit de suite est très favorable au créancier puisqu'il double alors tous les autres créanciers, y compris le Trésor. Toutefois, il trouve rarement à s'exercer car l'acquéreur d'un fonds grevé aura tout intérêt à proposer la purge des inscriptions aux créanciers en leur offrant le prix d'achat. Cette procédure existe aussi pour les hypothèques immobilières (v. ss 399).

B. Le nantissement des parts sociales et valeurs mobilières

312 **Présentation générale.** Les associés sont titulaires d'une créance contre la société. Cette créance se matérialise tantôt par une part sociale tantôt par une action. La volonté d'utiliser ces créances

1. Civ. 3e, 6 avr. 2005, *D.* 2005. 1152, obs. Y. Rouquet et 1367, note S. Piedelièvre ; *JCP* 2005. I, p. 185, n° 20, obs. Ph. Delebecque.

pour en faire le siège de sûretés conduisait à des formules assez complexes : on utilisait les formes prévues pour leur cession, tout en précisant que l'opération n'était pas translative de propriété mais n'intervenait qu'à titre de garantie d'une autre créance. La situation s'est améliorée depuis que la loi du 4 janvier 1978 a prévu les règles applicables au nantissement des parts sociales et que la loi du 3 janvier 1983 a institué un régime pour le nantissement des valeurs mobilières dématérialisées.

313 **Nantissement de parts de société civile.** L'article 1866 du Code civil dispose que « les parts sociales peuvent faire l'objet d'un nantissement dans les conditions prévues au dernier alinéa de l'article 2355 du code civil ». Cet alinéa disposant que le nantissement qui porte sur d'autres meubles incorporels est soumis, à défaut de dispositions spéciales, aux règles prévues pour le gage de meuble corporel, on mesure que le gage de meuble corporel devient le modèle des sûretés mobilières (v. ss 284 s.). L'inscription détermine, comme dans le gage sans dépossession, le rang des créanciers nantis. La réalisation du gage risque en revanche de se heurter à l'*intuitus personae* qui caractérise ces sociétés : un tiers, auquel les parts seraient vendues, ou le créancier, auquel elles seraient attribuées en pleine propriété, risque de se retrouver associé. Aussi, si les associés ont donné par avance leur consentement au nantissement, la vente des parts pourra être poursuivie contre leur gré, tout en leur laissant la possibilité de se substituer à l'acquéreur. S'ils n'ont en revanche pas consenti au gage, les associés devront, en cas de réalisation du gage, opter entre l'acquisition des parts et la dissolution de la société.

314 **Nantissement de compte-titres.** Depuis 1981, les titres de société par actions ne sont plus représentés par un morceau de papier mais par une inscription sur un compte tenu par la société émettrice ou par un intermédiaire habilité. Le gage des valeurs mobilières a été remplacé, par la loi du 2 juillet 1996, par le gage de compte d'instruments financiers (C. mon. fin., art. L. 431-4 et 5) [1],

1. D. Legeais, « L'apport du droit des marchés financiers au droit des garanties réelles », *Mélanges Cabrillac*, Litec, 1999, p. 365 ; J.-J. Daigre, « Gage sur titres », *Dr. sociétés* juill.-août 1997. 4 ; D. Martin, « Du gage d'actifs scripturaux », *D.* 1996. Chron. 263 ; M. Billiau, « Le nouveau gage des comptes d'instruments financiers », *JCP* 1996. I, p. 596 ; D. Robine, « Le gage de compte d'instruments financiers », *Dr. et patr.* juill.-août 2002, p. 70.

à son tour remplacé par le nantissement de compte-titres (C. mon. fin., art. L. 211-17 s.)[1]. La constitution de ce gage est réalisée par une simple déclaration signée par le titulaire du compte et adressée à la société émettrice ou à l'établissement teneur du compte. La Cour de cassation a jugé que « la constitution en gage d'un compte d'instruments financiers est réalisée, tant entre les parties qu'à l'égard de la personne morale émettrice et des tiers, par la seule déclaration de gage signée par le titulaire du compte[2] ». Le gage porte alors, non seulement sur les valeurs mobilières figurant au compte au jour de la déclaration, mais encore sur ceux qui leur sont substitués ou les complètent ainsi que leurs fruits et leurs produits[3]. La réalisation du gage obéit aux règles générales : le gagiste bénéficie d'un droit de rétention sur les instruments financiers[4], peut solliciter la mise en vente des titres ou encore requérir l'attribution en propriété. En ce cas, il est nécessaire de mettre en demeure le débiteur (v. ss 307), à peine de ne pouvoir réaliser la sûreté[5].

C. Le nantissement sur des créances particulières

315 **Nantissement des polices d'assurance-vie.** Les contrats d'assurance-vie sont un instrument d'épargne important. Ils sont donc souvent affectés en garantie du remboursement de prêts bancaires (C. assur., art. L. 132-10)[6]. La constitution résulte soit d'un endossement de la police d'assurance au profit du créancier, si la police est à ordre, soit de la rédaction d'un avenant au contrat, si la police est nominative. En ce dernier cas, il faut enregistrer l'acte pour lui conférer date certaine. La réalisation de cette sûreté obéit aux principes généraux du nantissement des créances. Toutefois, les

1. Obs. J.-J. Daigre et P. Pailler, *Rev. sociétés* 2009. 37 ; Obs. G. Marraud des Grottes, *RLDC* avr. 2009. Comm. 3388 ; M. Dubertet et D. Mangenet, « Réforme du droit des titres », *D.* 2009. 448.
2. Com. 20 juin 2018, n° 17-12.559, *D.* 2018. 1884, obs. P. Crocq.
3. H. Le Nabasque, J.-M. Gaillard, M. Baffreau, « L'assiette du nantissement de compte d'instruments financiers », *RDBB* 1998. 81 et 125. La réforme de 2021 autorise les parties à exclure les fruits du nantissement.
4. J.-D. Pellier, « Droit de rétention et nantissement de titres financiers », *D.* 2019. 1846.
5. Com. 18 nov. 2008, *JCP* 2009. I, p. 150, n° 22, obs. Ph. Delebecque.
6. F. Lucet, « Les garanties sur contrats d'assurance-vie », *Defrénois* 1999, p. 705.

difficultés ne sont pas identiques selon que la créance garantie est exigible avant ou après le terme de la police. Lorsque la créance garantie est exigible après le terme de la police, l'assureur doit consigner une somme correspondant à la créance garantie ; mais lorsque cette créance est exigible avant le terme de la police, on se demande si le créancier peut ou non exercer les mêmes prérogatives que le souscripteur, spécialement celle consistant à demander le rachat du contrat.

316 **Nantissement des créances professionnelles.** La loi du 2 janvier 1981 (Loi « Dailly ») a facilité, à côté de la cession de créances professionnelles, leur nantissement. Ce nantissement s'opère de façon très simple : le constituant remet à l'établissement de crédit prêteur un bordereau récapitulant les créances affectées en garantie. Les créances sont alors recouvrées normalement par le constituant et affectées au remboursement de sa dette. Dès que l'établissement de crédit perçoit des difficultés, il peut notifier aux débiteurs le nantissement, les empêchant ainsi de payer entre les mains du constituant. Le mécanisme mis en place reste cependant peu utilisé car la cession de créance peut aussi être utilisée à titre de garantie. Ainsi, l'établissement de crédit a tout intérêt à se faire céder les créances de son client plutôt que de se contenter d'un nantissement. Cessionnaire de la créance, il est dans une situation d'exclusivité ; nanti, il ne dispose que d'un droit préférentiel et doit alors supporter le concours des autres créanciers.

CHAPITRE 3

Les sûretés portant sur les immeubles du débiteur

317 **Plan.** L'article 2375 du Code civil dispose que les sûretés sur les immeubles sont les privilèges, le gage immobilier et les hypothèques. Il précise aussi que la propriété de l'immeuble peut être retenue ou cédée en garantie. Comme en matière mobilière (v. ss 237), l'utilisation de la propriété comme sûreté relève d'une voie détournée et sera, à ce titre, étudiée plus loi (v. ss 438 s.). Parmi les sûretés portant sur les immeubles[1], l'hypothèque conventionnelle occupe une place privilégiée (Section 2). Souvent qualifiée de « reine des sûretés », elle éclipse facilement les sûretés immobilières légales et judiciaires (Section 3) ainsi que l'antichrèse, rebaptisée de « gage immobilier » dans un souci de meilleure lisibilité du droit (Section 4). Toutefois, la matière immobilière jouit d'une certaine particularité. « On pénètre dans le domaine des domaines des sûretés réelles immobilières comme on entre dans une étude de notaire : à pas feutrés et avec une certaine déférence[2]. » Les sûretés réelles immobilières sont en

1. E. Frémeaux, « Les modes actuels d'affectation d'un immeuble en garantie », *Dr. et patr.* 3/2003, p. 77.
2. Ph. Delebecque, Ph. Simler, n° 267.

effet difficilement dissociables du système de la publicité foncière. Ce système consiste dans une inscription des transferts et des créations de droit sur les immeubles auprès de la Conservation des hypothèques. Les tiers peuvent ainsi à tout moment connaître l'évolution et la situation d'un immeuble. Il est donc nécessaire de connaître les rudiments de la publicité foncière (Section 1).

SECTION 1
Préliminaire. Les rudiments de la publicité foncière

318 **Fonctions de la publicité foncière.** La publicité est essentielle dès lors que le bien, objet de la sûreté, est laissé en possession du débiteur (v. ss 238). Dans tous les cas, la publicité joue un rôle identique : elle permet de trancher les litiges entre des droits concurrents issus d'un même auteur. La publicité foncière, en raison de la stabilité de l'immeuble, en raison du cadastre, reste sans doute la plus achevée [1]. En réalité, la publicité foncière a deux fonctions :

D'une part, elle joue un rôle d'opposabilité : les tiers sont censés connaître l'existence d'un droit qui a été publié. Ainsi, parce que la publicité fait présumer la connaissance par tous de l'acte publié, elle le rend opposable : par exemple, si deux personnes tiennent leur droit d'un même auteur, on privilégiera la première à avoir publié ; cette publication a eu pour effet de rendre le droit opposable au tiers qui, dès lors, ne pouvait acquérir les mêmes droits sur la même chose.

D'autre part, la publicité joue un rôle d'information : l'acquéreur peut ainsi vérifier que son vendeur est bien propriétaire, le

1. S. Piedelièvre, « La publicité foncière française », *Traité de droit civil,* dir. J. Ghestin, LGDJ, 2000 ; M. Gobert, « La publicité foncière, cette mal aimée », *Études Flour, Defrénois* 1979, p. 207 ; M.-N. Jobard-Bachelier, « Servitude et grandeur de la publicité foncière en droit français », *D.* 1988. Chron. 247.

prêteur peut ainsi vérifier que le débiteur est bien propriétaire de l'immeuble sur lequel il envisage de prendre une hypothèque, le fisc peut établir les taxes foncières.

En revanche, la publicité foncière n'a aucun effet sur la validité des actes [1]. L'inscription sur les registres officiels n'est pas une condition de validité de l'acte entre les parties et ne purge en rien les vices desquels l'acte pourrait être infecté. Le système français se distingue par là des systèmes germaniques qui, ayant opté pour le livre foncier, conditionnent le transfert de propriété à l'inscription et assurent les tiers de la réalité des droits sur l'immeuble. En Allemagne, la publicité renseigne donc avec certitude sur le titulaire du droit sur l'immeuble tandis qu'en France, elle ne renseigne que sur les actes passés sur cet immeuble.

319 **Apport des décrets de 1955.** La publicité foncière est organisée par deux décrets du 4 janvier et du 14 octobre 1955. Ces deux textes ont considérablement modifié le système préexistant [2] : d'abord, toutes les sûretés immobilières, y compris les hypothèques légales et privilèges qui demeuraient jusque-là occultes, sont désormais soumises à publicité (v. ss 223) ; il en va, ensuite, de même des actes entre vifs ou à cause de mort constitutifs ou translatifs de droits réels immobiliers ; également, le principe de l'effet relatif de l'inscription, en vertu duquel aucune inscription ne peut être prise si le titre du disposant n'a pas été préalablement publié, a été adopté ; enfin, la création d'un fichier immobilier a permis d'améliorer la technique de publicité (v. ss 325). La publicité foncière a été réformée par une ordonnance du 19 juin 2024 dont l'objet principal était de codifier les textes en les modernisant. Cette ordonnance est devenue caduque puisque, du fait de la dissolution de l'Assemblée nationale, le dépôt d'un projet de loi de ratification n'a pas pu être opéré.

---

1. Civ. 3e, 18 oct. 2018, n° 17-26.734, *D.* 2019. 279, obs. M. Mekki ; *D.* 2018. 2468, note J. Dubarry ; *Defrénois* 2018, p. 27, obs. L. Tranchant ; *RTD civ.* 2019. 132, obs. W. Dross ; *JCP* 2019, p. 438, n° 1, obs. H. Périnet-Marquet : « La publicité foncière n'étant pas constitutive de droits, les corrections et annotations apportées par le service de la publicité foncière ne peuvent avoir pour effet de modifier la nature d'un droit de propriété résultant d'actes antérieurement publiés. »
2. E. Becqué, « La réforme de la publicité foncière », *JCP* 1955. I, p. 1226 ; P. Nerson, *D.* 1955. Chron. 151 ; pour une appréciation très critique, R. Savatier, « Usage et avenir de la publicité foncière réformée par les décrets du 4 janvier et 14 oct. 1955 », *D.* 1959. Chron. 221.

320 **Plan.** L'organisation de la publicité foncière (§ 1) et les actes soumis à la publicité foncière (§ 2) permettront d'apprécier le système instauré.

§ 1. L'organisation de la publicité foncière

321 **Le service/les registres.** L'efficacité de la publicité foncière est due au rôle joué par le service chargé de la publicité foncière (A) et aux différents documents (B) que peuvent consulter les personnes intéressées.

A. Le service chargé de la publicité foncière

322 **Du conservateur des hypothèques au service chargé de la publicité foncière.** Le conservateur des hypothèques était un fonctionnaire dépendant du ministère de l'Économie et des Finances. Cependant son statut était proche de celui d'un officier ministériel : sa rémunération est en effet constituée par la rétribution que versent ceux qui ont recours à ses services. En contrepartie, sa responsabilité était personnelle et l'État n'a pas à se substituer à lui (C. civ., anc. art. 2450 : « Les conservateurs sont responsables du préjudice résultant : 1° du défaut de publication des actes [...] 2° de l'omission, dans les certificats qu'ils délivrent, d'une ou plusieurs des inscriptions existantes »). L'ordonnance du 10 juin 2010 a supprimé les conservateurs des hypothèques pour les remplacer par les services chargés de la publicité foncière.

323 **Le rôle du service.** Le service a deux fonctions : d'une part, il enregistre, ou non, les actes qui lui sont présentés ; d'autre part, il informe les personnes qui lui en font la demande.

Le service chargé de la publicité foncière n'est pas juge de la validité des actes qu'on lui présente. Il se borne à vérifier que l'effet relatif est respecté et que l'acte est régulier en la forme (C. civ., art. 2452). Si ces conditions ne sont pas remplies, il peut soit refuser le dépôt s'il s'aperçoit immédiatement du vice, soit refuser la formalité, s'il ne s'en aperçoit qu'après avoir accepté le dépôt. De tels refus sont particulièrement graves puisqu'ils aboutissent à anéantir le droit en question. Aussi, le décret du 4 janvier

1955 a posé des conditions dans lesquelles le refus peut être opposé (art. 34, 1° et 34, 3°) et a surtout organisé un recours en référé devant le président du tribunal judiciaire (art. 26).

Le service chargé de la publicité foncière donne ensuite des informations à ceux qui en font la demande : ainsi, tout intéressé peut avoir connaissance des actes mentionnés sous forme de copie ou d'extraits des registres ou du fichier immobilier (C. civ., art. 2449).

B. Les documents

324 **Les registres.** Les registres se présentent sous la forme d'une liasse d'actes passés par ordre chronologique : il y a le registre des inscriptions qui comporte tous les bordereaux d'inscription avec un original des actes passés, le registre des publications qui comprend tous les actes constatant un droit soumis à publicité et le registre des saisies qui comporte tous les commandements de saisie immobilière.

325 **Le fichier immobilier.** Créé en 1955, il vise à faciliter l'utilisation et la consultation des registres. Il en reproduit les informations mais comporte une fiche par titulaire d'un droit réel immobilier et une fiche par immeuble. Étant ainsi à la fois un fichier personnel et un fichier réel, le fichier immobilier permet de connaître « la situation juridique actuelle des immeubles » (Décr. 4 janv. 1955, art. 1er, al. 2). Une réforme intervenue le 3 juillet 1998 prévoit certaines dispositions pour les bureaux dotés d'un fichier immobilier informatisé (Décr. 14 oct. 1955, art. 53-1 s.).

§ 2. Les actes soumis à publicité foncière

326 **Finalité différente.** Tous les actes soumis à la publicité foncière ne le sont pas pour les mêmes raisons. On pourrait ainsi dire qu'il y a une portée variable dans la publicité. En effet, certains actes sont soumis à publicité à peine d'inopposabilité aux tiers (A) ; d'autres sont également soumis à publicité sans que le défaut de publicité soit sanctionné par leur inopposabilité aux tiers (B).

A. Actes dont le défaut de publication est sanctionné par l'inopposabilité

327 **Plan.** Les actes soumis à publicité à peine d'inopposabilité sont énumérés aux articles 28, 1° et 2° du décret du 4 janvier 1955. Après les avoir énumérés (1), on précisera le régime de l'inopposabilité (2).

1. *Énumération des actes*

328 **Mutation ou constitution de droit réel immobilier.** Certains actes confèrent à leur bénéficiaire un droit réel principal sur l'immeuble. En cas de conflit, le droit publié en premier sera censé être connu de celui qui publiera en second : son droit lui sera donc opposable. Les actes sont visés à l'article 28, 1, a, du décret : il s'agit des opérations réalisant une mutation (ventes, échanges, donations, etc.) ou une constitution (servitude, bail à construction, emphytéose, usufruit, droit d'usage, etc.) d'un droit réel. Le texte assimile aux contrats les décisions judiciaires ayant le même effet.

329 **Constitution de certains droits personnels.** Bien qu'il ne confère au preneur qu'un simple droit personnel, dont l'opposabilité résulte des règles du Code civil, le bail immobilier de longue durée est traditionnellement considéré comme grevant la valeur de l'immeuble. L'article 28, 1, b, soumet donc à publicité le bail d'une durée de plus de douze années. Des lois spéciales ont ajouté la concession immobilière, le crédit-bail immobilier.

330 **Restriction au droit de disposer d'un immeuble.** L'article 28, 2°, évoque ensuite une liste hétérogène d'actes devant être obligatoirement publiés : « Les actes entre vifs dressés distinctement pour constater des clauses d'inaliénabilité temporaire et toute autre restriction au droit de disposer, ainsi que les clauses susceptibles d'entraîner la résolution ou la révocation d'actes soumis à publicité en vertu du 1° […] ; les décisions judiciaires arrêtant ou modifiant le plan de redressement. » Cette disposition est critiquée car constitutive d'un détournement de la publicité foncière de sa fonction essentielle [1] : elle devient un moyen d'imposer à des tiers, au

1. Ph. Malaurie, L. Aynès, P. Crocq, n° 644.

sens de l'article 1165, le respect d'un droit personnel comme une clause d'inaliénabilité. Le débat s'est cristallisé sur les promesses unilatérales et sur les pactes de préférence : quand une personne promet de vendre à une autre ou qu'elle s'engage, si elle venait un jour à vendre, à lui donner sa préférence, ne faut-il pas qu'elle publie cet engagement qui pose une restriction au droit de disposer sur l'immeuble ? Si une réponse positive semble s'imposer, une difficulté naît toutefois de ce qu'une disposition du décret (art. 37-1, 1°) soumet les promesses unilatérales de vente à une publicité facultative. Un temps, la jurisprudence soumettait les pactes de préférence à l'article 28, 2°, et les promesses, pourtant plus restrictives, à l'article 37-1, 1° [1]. Le résultat était incohérent. De fait, elle a ensuite décidé que « le pacte de préférence, simple promesse unilatérale conditionnelle, dont la violation se résout en dommages-intérêts, ne saurait constituer une restriction au droit de disposer dont la publication serait obligatoire en vertu des dispositions de l'article 28-2 [2] ». L'harmonie est retrouvée au prix de la négation, pourtant bien réelle, du caractère restrictif au droit de disposer de l'immeuble des promesses de vente et des pactes de préférence.

2. *Régime de l'inopposabilité*

331 **Le texte.** Plutôt que définir l'opposabilité du droit aux tiers, le législateur s'est contenté de parler de son contraire : l'inopposabilité du droit. Ainsi, l'article 30 du décret du 4 janvier 1955 dispose : « Les actes et décisions judiciaires soumis à publicité par le 1° de l'article 28 sont, s'ils n'ont pas été publiés, inopposables aux tiers qui, sur le même immeuble, ont acquis, du même auteur, des droits concurrents en vertu d'actes ou de décisions soumis à la même obligation de publicité et publiés, ou ont fait inscrire des privilèges ou des hypothèques. Ils sont également inopposables, s'ils ont été publiés, lorsque les actes, décisions, privilèges ou hypothèques, invoqués par ces tiers, ont été antérieurement

1. Civ. 3e, 4 mars 1971, *D.* 1971. 358, note E. Franck.
2. Civ. 3e, 13 mars 1979, *D.* 1979. 746, note E. Franck.

publiés. » On voit donc que les tiers, au sens de ce texte, doivent être entendus de façon beaucoup plus étroite qu'ils ne le sont communément.

332 **Les tiers.** Les tiers, au sens de l'article 30, doivent présenter quatre qualités : ils doivent être les ayants cause à titre particulier (l'ayant cause à titre universel, étant le continuateur de la personne, est donc tenu de respecter les actes passés par elle) du même auteur ; ils doivent être titulaires d'un droit concurrent soumis à la même obligation de publicité sur le même immeuble ; ils doivent avoir antérieurement publié. La question se pose en revanche de savoir si le tiers doit ou non être de bonne foi : la jurisprudence considérait que, dès lors que le tiers connaissait l'existence du droit et savait qu'il n'était pas encore publié, il pouvait être de mauvaise foi en se hâtant de publier avant le premier acquéreur. Même s'il était difficile de prouver cette mauvaise foi, la connaissance de l'acte non publié par le tiers suppléait la publication [1]. Un revirement a toutefois été opéré sur cette question : la Cour juge désormais que celui qui a publié le premier peut opposer son droit même s'il avait connaissance de l'acte précédent [2]. La fonction de la publicité foncière est restaurée par cette solution.

B. Actes dont le défaut de publicité n'est pas sanctionné par l'inopposabilité

333 **Pourquoi publier ?** Les actes qui vont être ici évoqués sont très hétéroclites et n'ont comme point commun que le fait de n'être pas sanctionnés par l'inopposabilité aux tiers s'ils ne sont pas publiés. Leur publicité se justifie cependant par le souci de constituer un élément d'information aussi complet que possible. On distingue alors les actes obligatoirement soumis à la publicité (1) et ceux pour lesquels la publicité est facultative (2).

1. Civ. 3e, 30 janv. 1974, *GAJC* n° 175.
2. Civ. 3e, 12 janv. 2011, *D.* 2011. 851, note L. Aynès ; *RTD civ.* 2011. 158, obs. P. Crocq, 369, obs. T. Revet ; *D.* 2011. 2303, obs. N. Reboul-Maupin ; B. de Bertier Lestrade, « Retour sur la mauvaise foi dans les règles de la publicité foncière », *D.* 2011. 2954.

1. *La publicité obligatoire*

334 **Les actes.** Les articles 28, 3° à 9°, énumèrent les actes dont la publication est obligatoire. Il faut notamment publier l'attestation notariée constatant la transmission par décès d'un droit immobilier, les demandes en justice tendant à obtenir la résolution, la révocation, l'annulation ou la rescision d'une convention soumise à publicité, les décisions qui les constatent, les conventions d'indivision immobilière, etc.

335 **La sanction en cas de défaut de publicité.** En cas de défaut de publicité, on comprend que la sanction ne soit pas l'inopposabilité (on ne pourrait, par exemple, nier les conséquences du décès lorsque l'attestation notariée n'a pas été publiée). Dès lors, l'omission de la publicité est sanctionnée de différentes façons : l'amende dérisoire qui était encourue (7, 50 euros) a été supprimée par une loi du 6 avril 1998 ; dès lors, celui qui n'a pas publié s'expose à deux types de désagréments : d'abord, le tiers qui, n'ayant pu être informé, a subi un dommage, peut intenter contre lui une action en dommages-intérêts ; ensuite, par application de la règle de l'effet relatif (Décr. 14 oct. 1955, art. 32), de nouvelles publications ne pourront être faites tant que les mentions devant être antérieurement publiées ne l'auront pas été [1].

2. *La publicité facultative*

336 **Contenu.** L'article 37 du décret prévoit que certains actes peuvent être publiés, à l'initiative des parties, dans un souci d'information des usagers. Il s'agit des conventions relatives à l'exercice des servitudes légales, et des promesses unilatérales de vente ou de bail de plus de douze ans. Quoique non translatifs ou constitutifs de droits réels, ces actes doivent, dans l'intérêt de leur bénéficiaire, être portés à la connaissance des tiers afin d'éviter qu'ils ne concluent des actes incompatibles avec les actes publiés. S'ils venaient à le faire, celui qui a pris la précaution de publier pourrait

1. Par ex. Civ. 3e, 10 juin 1970, *JCP* 1971. II, p. 16673, note M. D. : « En vertu du principe de l'effet relatif de la publicité, l'assignation tendant à la résolution d'un acte non publié ne peut faire l'objet d'aucune publication. »

alors plus facilement mettre en doute leur bonne foi, obtenir des dommages-intérêts, voire l'annulation de l'acte passé en méconnaissance de l'acte publié. Quoi qu'il en soit, ces actes sont rarement publiés.

SECTION 2

L'hypothèque conventionnelle

337 **Efficacité de l'hypothèque.** Parfois critiquée pour sa lourdeur et son formalisme [1], l'hypothèque a été réformé par l'ordonnance du 23 mars 2006, dans le sens de l'assouplissement [2]. Elle reste une sûreté reine en matière immobilière car elle ménage les intérêts du débiteur, du créancier et des tiers. Le débiteur reste en effet propriétaire du bien (il en a l'*usus*, le *fructus* et l'*abusus*) et il peut inscrire sur lui plusieurs hypothèques, utilisant ainsi au mieux la valeur de son immeuble ; le créancier obtient sur l'immeuble un droit très fort : il peut le faire vendre en quelques mains qu'il se trouve (droit de suite) et être payé par préférence sur le prix (droit de préférence) [3] ; enfin, les tiers, parce que la publicité de l'hypothèque est bien organisée, savent parfaitement, s'ils envisagent d'acquérir l'immeuble, qu'il est grevé de sûretés et disposent d'un moyen, la purge, pour désintéresser le créancier. À ces caractères juridiques, s'ajoute un élément psychologique important (pensons ici au Monopoly) : le débiteur dont l'immeuble est hypothéqué est très conscient de la menace d'éviction qui pèse sur lui, ce qui confère à l'hypothèque l'avantage d'être plus dissuasive que d'autres sûretés immobilières.

338 **Caractères de l'hypothèque.** L'ancien article 2393 du Code civil fixait les caractères de l'hypothèque : « L'hypothèque est un droit

1. « Réformer l'hypothèque », *Dr. et patr.* 11/2005, Dossier 55.
2. Ph. Delebecque, « L'hypothèque », *JCP* 17 mai 2006, n° spéc. 8 s. ; Ph. Dupichot, « La réforme du régime hypothécaire », *D.* 2006. 1291.
3. A. Piedelièvre, « L'efficacité de la garantie hypothécaire », *Mélanges Flour, Defrénois* 1979, p. 367. Cette efficacité a été renforcée par la réforme du 10 juin 1994 qui a amélioré sensiblement la situation des créanciers hypothécaires en cas de procédure collective.

réel sur les immeubles affectés à l'acquittement d'une obligation. Elle est, de sa nature, indivisible, et subsiste en entier sur tous les immeubles affectés, sur chacun et sur chaque portion de ces immeubles. » De ce texte, il résultait que l'hypothèque était d'abord un droit réel car son objet était constitué par la valeur d'un bien, et non par la prestation d'un débiteur. C'était ensuite un droit accessoire en ce que l'hypothèque n'existait que pour garantir une créance : elle suivait donc le sort de la créance garantie. C'était enfin un droit indivisible ; l'indivisibilité de l'hypothèque entraînait deux conséquences. D'abord, chaque immeuble (quand l'hypothèque porte sur plusieurs immeubles) ou chaque portion de l'immeuble répondait de l'hypothèque ; il en résultait que le créancier pouvait, à sa guise, choisir celui des immeubles sur le prix duquel il voulait être colloqué et que le partage ultérieur de l'immeuble était sans influence pour lui. Ensuite, la division active (le créancier hypothécaire laisse plusieurs héritiers) ou passive (le débiteur décède et laisse plusieurs héritiers) de l'obligation principale permettait néanmoins à chaque créancier de saisir la totalité de l'immeuble. *Hypotheca est tota in toto et tota in qualibet parte*, disait déjà Dumoulin au XVIe siècle. Ce texte a cependant été jugé insuffisamment précis. L'ordonnance de 2021 donne alors une nouvelle définition de l'hypothèque, conçue comme « l'affectation d'un immeuble en garantie d'une obligation sans dépossession de celui qui la constitue » (C. civ., art. 2385).

339 **Plan.** Pour apprécier l'efficacité et les inconvénients de l'hypothèque, on évoquera sa constitution (§ 1), son inscription (§ 2) et ses effets (§ 3).

§ 1. La constitution de l'hypothèque

340 **Le fond/la forme.** L'hypothèque doit, pour être valable, respecter des conditions qui s'ajoutent aux conditions de validité de tous les actes juridiques. Le contrat constitutif d'une hypothèque doit respecter des conditions de fond (A) et de forme (B).

A. Les conditions de fond

341 **Conditions communes et spéciales.** Pour être valablement constituées, toutes les hypothèques, qu'elles soient conventionnelles, légales ou judiciaires (v. ss 408 s. et 426 s.) doivent respecter des conditions tenant à la créance garantie (2), au bien hypothéqué (3) et à la personne du constituant (4). En outre, les hypothèques conventionnelles doivent respecter, dès leur constitution, le principe de spécialité (1).

1. *Le principe de spécialité*

342 **Contenu.** Le principe de spécialité découle de l'article 2418 du Code civil. Ainsi, la constitution d'une hypothèque conventionnelle n'est valable que si le titre constitutif de la créance déclare spécialement la nature et la situation de chacun des immeubles sur lesquels l'hypothèque est consentie. Pratiquement, le principe de spécialité impose que l'acte constitutif contienne deux mentions : d'une part, il faut que soient indiqués dans l'acte le montant et la cause de la dette [1]. Le débiteur est ainsi protégé puisqu'il peut prendre conscience de l'ampleur de son engagement et que se trouvent prohibées les hypothèques *omnibus* par lesquelles on garantirait le paiement d'un ensemble de dettes, présentes et à venir. D'autre part, chaque immeuble hypothéqué doit être spécialement nommé et désigné. Se trouvent ainsi prohibées les hypothèques par lesquelles un débiteur affecterait l'ensemble de son patrimoine immobilier, sans plus de précisions, au paiement d'une dette.

2. *Conditions tenant à la créance garantie*

343 **Créance existante/créance conditionnelle ou de montant indéterminé/créance future.** L'article 2415 du Code civil dispose que « l'hypothèque peut être consentie pour sûreté d'une ou plusieurs créances, présentes ou futures. Si elles sont futures, elles doivent être déterminables ». L'article 2417, alinéa 2, précise que

1. Civ. 6 févr. 1939, *GAJC* n° 287.

le constituant, si l'hypothèque est consentie pour sûreté d'une créance future ou pour une durée indéterminée, peut à tout moment la résilier en respectant un préavis de 3 mois. Il reste alors tenu de garantir les créances nées antérieurement. Sous ces conditions qui renvoient à l'extinction de l'obligation de couverture dans le cautionnement (v. ss 64 et 154), il est ainsi possible de prévoir une hypothèque couvrant une éventuelle dette de garantie des vices cachés ou le solde éventuellement débiteur que présenterait un compte-courant au jour de sa fermeture [1]. Dépassant ces dispositions générales, l'ordonnance du 23 mars 2006 a prévu des dispositions particulières pour l'hypothèque rechargeable et l'hypothèque inversée [2].

344 **Hypothèque rechargeable.** S'inspirant de l'exemple de nombreux pays voisins, l'ordonnance du 23 mars 2006 a institué en droit français une hypothèque rechargeable. Cette hypothèque a été supprimée par la loi « Hamon » du 17 mars 2014, avant d'être ressuscitée par une loi du 20 décembre 2014 [3]. Ainsi, si l'acte constitutif le prévoit expressément, l'hypothèque pourra être affectée à la garantie d'autres créances que celles mentionnées dans l'acte constitutif (C. civ., art. 2416). En ce cas, le constituant peut offrir l'hypothèque déjà constituée non seulement au créancier originaire (pour une autre créance), mais encore à un autre créancier même si le premier n'a pas été payé. Cette convention de rechargement doit revêtir la forme notariée, être publiée sous la forme de l'article 2425 à peine d'inopposabilité aux tiers. La publication détermine alors, entre les créanciers, le rang de préférence.

345 **Hypothèque inversée.** Inspiré du *Reverse Mortgage* américain, l'article L. 315-1 (anc. L. 314-1) du Code de la consommation prévoit un prêt viager hypothécaire que l'on peut assimiler à une hypothèque garantissant une créance à terme. Un établissement

1. J.-M. Fernandez, « L'hypothèque conventionnelle en garantie d'une ouverture de crédit », *LPA* 7 juill. 1999, p. 5.
2. M. Grimaldi, « L'hypothèque rechargeable et le prêt viager hypothécaire », *JCP* 2006, n° spéc. p. 33 s. ; *D.* 2006. 1294 ; S. Prigent, « L'hypothèque rechargeable », *Defrénois* 2007, p. 1268.
3. Ch. Gijsbers, « Hypothèque rechargeable : rétablissement pour les professionnels par la loi du 20 décembre 2014 », *D.* 2015. 69 ; L. Andreu, « L'hypothèque rechargeable ressuscitée », *JCP* 2015, p. 78 ; G. Piette, « La résurrection de l'hypothèque rechargeable » ; *RLDA* 2015/101, n° 5456 ; *JCP* 2015, p. 604, n° 8, obs. Ph. Delebecque ; *D.* 2015. 1810, obs. P. Crocq.

de crédit peut ainsi consentir à une personne physique un prêt garanti par une hypothèque constituée sur un bien immobilier de l'emprunteur à usage exclusif d'habitation et dont le remboursement ne peut être exigé qu'au décès de l'emprunteur ou lors de l'aliénation du bien.

Strictement réglementée (C. consom., art. L. 315-9), l'offre préalable doit être suivie d'un acte notarié. La dette de l'emprunteur ou de ses ayants droit ne pourra jamais excéder la valeur de l'immeuble exprimée dans l'acte de cession ou estimée par un expert au décès.

Bien évidemment, l'emprunteur peut rembourser la dette de son vivant ou avant de vendre l'immeuble. Si, au moment du décès de l'emprunteur ou lors de la vente de l'immeuble, la dette n'est pas remboursée, l'emprunteur ou ses héritiers peuvent payer la dette plafonnée à la valeur de l'immeuble ou subir la réalisation de l'hypothèque : le créancier aura ainsi le choix entre poursuivre la saisie dans les conditions du droit commun ou se voir attribuer l'immeuble en application d'une décision judiciaire ou d'un pacte commissoire, même si l'immeuble était la résidence principale de l'emprunteur (C. consom., art. L. 315-20).

3. *Conditions tenant au bien hypothéqué*

346 **Des immeubles et des droits immobiliers.** L'ancien article 2398 du Code civil disposait que « les meubles n'ont pas de suite par hypothèque ». On en déduisait que seuls les immeubles et les droits immobiliers étaient susceptibles d'être hypothéqués : ainsi, outre les immeubles, les droits de superficie, les baux à construction, les baux emphytéotiques pouvaient être l'objet d'une hypothèque. L'ordonnance de 2021 a supprimé ce texte au prétexte de l'existence des hypothèques fluviales et aériennes. Seule l'hypothèque immobilière sera ici examinée.

347 **Des immeubles disponibles.** Il est nécessaire que les immeubles soient dans le commerce juridique (C. civ., art. 2397). Leur hypothèque peut en effet se traduire par leur aliénation. Ainsi, l'hypothèque des immeubles appartenant au domaine public est impossible.

348 **Des immeubles présents ou futurs.** On a longtemps interdit l'hypothèque de biens à venir. La prohibition de l'hypothèque des biens à venir se justifiait par de nombreuses raisons : elle était conforme au principe de spécialité (v. ss 342), et s'expliquait par un souci de protection du débiteur qui ne pouvait s'endetter de façon inconsidérée. Comme le disaient les professeurs Malaurie, Aynès et Crocq, « la loi n'a pas voulu que l'on puisse manger son blé en herbe [1] ». Cependant, cette prohibition n'était guère pesante et l'on y admettait de nombreuses exceptions, si bien que Planiol écrivait : « La règle peut se traduire ainsi : A.1 l'hypothèque de biens à venir est défendue ; A.2 elle est permise toutes les fois où le créancier en a besoin [2]. » Ainsi, l'ancien article 2419 disposait que « l'hypothèque ne peut, en principe, être consentie que sur des immeubles présents », mais l'article suivant reprenait les exceptions préexistantes. L'hypothèque pouvait ainsi porter sur des immeubles à venir dans trois cas : en cas d'absence ou d'insuffisance de biens présents, le constituant peut consentir que chaque immeuble qu'il acquerra sera affecté au paiement de la dette ; en cas de perte ou de dégradation de l'immeuble assujetti à l'hypothèque, le constituant le peut pareillement sans préjudice pour le créancier de poursuivre dès à présent son remboursement ; enfin, celui qui dispose d'un droit actuel de construire peut hypothéquer les bâtiments dont la construction est commencée ou simplement projetée.

L'ordonnance de 2021 met fin à cette situation. Le nouvel article 2414 dispose désormais que « l'hypothèque peut être consentie sur des immeubles présents ou futurs. À peine de nullité, l'acte notarié désigne spécialement la nature et la situation de chacun de ces immeubles, ainsi qu'il est dit à l'article 2421. »

4. *Conditions tenant à la personne du constituant*

349 **Le constituant doit avoir la capacité d'aliéner.** L'article 2410 dispose que « l'hypothèque conventionnelle ne peut être consentie

1. Ph. Malaurie, L. Aynès, P. Crocq, n° 664.
2. Cité par Ph. Malaurie, L. Aynès, P. Crocq, n° 664.

que par celui qui a la capacité de disposer de l'immeuble qu'il y soumet». Cette solution s'explique par le fait que la constitution de l'hypothèque peut conduire à la cession de l'immeuble. Les illustrations sont alors nombreuses : si le débiteur est un mineur sous tutelle, le tuteur ne pourra hypothéquer un de ses biens qu'avec l'autorisation du conseil de famille (C. civ., art. 457) ; de même, en cas de procédure de redressement ou de liquidation judiciaire du débiteur, la constitution d'hypothèque est soumise, pendant la période d'observation, à une autorisation du juge-commissaire ; enfin, un époux ne peut consentir une hypothèque sur un immeuble dépendant de la communauté sans le consentement de son conjoint (C. civ., art. 1424). Cependant, ne traitant que de capacité d'aliéner un immeuble, le Code civil passe sous silence l'exigence que le constituant soit propriétaire de l'immeuble et la possibilité que le constituant ne soit pas le débiteur (la caution réelle).

350 **Le constituant doit être propriétaire du bien.** L'exigence de propriété s'illustre à travers la nullité de l'hypothèque de la chose d'autrui et ou de la chose indivise.

Dès la fin du siècle dernier, la jurisprudence a sanctionné, par la nullité absolue, l'hypothèque de la chose d'autrui [1]. Tout intéressé peut donc l'invoquer. Toutefois, cette rigueur est tempérée par la théorie de l'apparence. Ainsi, comme en matière de vente de la chose d'autrui, cette théorie veut que l'hypothèque constituée par une personne non-propriétaire soit cependant maintenue dès lors que les tiers ont agi de bonne foi, sous l'empire d'une erreur commune, c'est-à-dire qu'ils ont succombé à une erreur que tout autre aurait pu commettre. Quand ces conditions sont remplies, ils ne tiennent leurs droits ni du propriétaire apparent, ni du propriétaire véritable ; ils en sont investis « par l'effet de la loi [2] ».

L'hypothèque d'un immeuble indivis traduit la même exigence : l'hypothèque demeure valable quand tous les indivisaires y ont consenti ; le créancier peut alors faire saisir et vendre

1. Civ. 24 mai 1892, *DP* 1892. 1. 327.

2. Civ. 1re, 3 avr. 1963, *D.* 1964. 306, note J. Calais-Auloy ; Civ. 3e, 24 sept. 2003, *D.* 2004. 270, obs. L. Aynès ; *Defrénois* 2004, p. 305, note S. Piedelièvre ; *JCP* 2004. I, p. 141, n° 11, obs. Ph. Delebecque.

l'immeuble avant le partage [1]. En revanche, quand un indivisaire a consenti seul une hypothèque, elle demeure valable en principe mais il faut distinguer en fonction des résultats du partage : si l'immeuble est attribué en totalité au constituant, l'hypothèque demeure valable par l'effet déclaratif du partage qui veut que le constituant soit réputé avoir été propriétaire dès l'origine ; si l'immeuble est au contraire attribué à un autre indivisaire que le constituant, l'hypothèque devient caduque car, toujours par l'effet déclaratif, elle a été constituée par quelqu'un qui n'était pas propriétaire du bien (C. civ., art. 2412) [2].

351 **Le constituant peut ne pas être le débiteur (la caution réelle).** Lorsque le constituant est une autre personne que le débiteur, on se trouve dans l'hypothèse déjà entrevue d'un cautionnement réel (v. ss 46).

B. Les conditions de forme

352 **Principe de la solennité.** L'hypothèque est un des rares contrats solennels en droit français. Elle ne peut être consentie que par un acte notarié (C. civ., art. 2409). La présence du notaire et le formalisme de l'hypothèque se justifient, même s'ils sont facteurs de lourdeurs, par plusieurs arguments : d'abord, l'exigence d'une forme notariée est protectrice du constituant (il se rend ainsi compte de l'importance de son engagement) ; ensuite, cette formalité profite aussi au créancier puisque pèse sur le notaire une lourde responsabilité professionnelle ; enfin, on fait parfois valoir que l'administration de la publicité foncière y trouve également avantage puisqu'elle limite ainsi ses interlocuteurs aux seuls offices notariaux. Pour toutes ces raisons, l'hypothèque doit être passée en forme authentique à peine de nullité absolue [3].

353 **Formes requises et responsabilité notariale.** Outre les conditions de validité de tous les actes authentiques, l'acte constitutif

---

1. Civ. 1re, 20 nov. 1990, *RTD civ.* 1992. 147, obs. F. Zénati ; Civ. 1re, 14 juin 2000, *D.* 2001, somm. 696, note L. Aynès ; Com. 28 juin 2005, *JCP* 2005. I, p. 141, n° 11, obs. Ph. Delebecque.
2. W. Dross, « L'hypothèque consentie par l'indivisaire ; proposition de réécriture des articles 815-17 et 2414 du Code civil », *Mélanges Ph. Neau-Leduc*, LGDJ, 2018, p. 393.
3. Civ., 7 févr. 1854, *GAJC* n° 286.

d'hypothèque doit individualiser la créance principale, déclarer la nature et la situation de chacun des immeubles, et constater le consentement du constituant. Avant d'être supprimé, l'article 2127 prévoyait que l'acte devait être passé devant deux notaires. En réalité, cette exigence avait déjà été tacitement abrogée par une loi de ventôse an XI. La jurisprudence met en outre à la charge du notaire une lourde responsabilité [1] : il doit conseiller ses clients en leur révélant que l'immeuble est déjà grevé de sûreté ou que sa valeur est insuffisante par rapport au montant de la créance garantie ; il doit s'assurer de la capacité du constituant à consentir une hypothèque ; enfin, s'il est chargé de certaines obligations, comme l'accomplissement des formalités de publicité foncière, il s'expose à la même responsabilité que tous les mandataires rémunérés (C. civ., art. 1992).

354 **Portée de l'exigence.** La simple promesse d'hypothèque peut en revanche être établie par acte sous seing privé. Les parties espèrent ainsi se passer de la rédaction d'un acte authentique. Ces promesses d'hypothèque restent cependant peu fiables : elles ne sont en effet pas constitutives d'hypothèque et ne font naître qu'une obligation de faire, laquelle se résout, en cas d'inexécution, par l'allocation de dommages-intérêts [2].

De même, la procuration de constituer une hypothèque doit, elle-même, être contenue dans un acte notarié (C. civ., art. 2409, al. 2). La seule exception concerne les mandataires sociaux qui peuvent prendre une hypothèque pour le compte de la société sans avoir reçu mandat en la forme authentique (C. civ., art. 1844-2).

§ 2. L'inscription de l'hypothèque

355 **Importance de l'inscription.** L'hypothèque doit, pour être opposable aux tiers, être inscrite à la conservation des hypothèques dans le ressort de laquelle l'immeuble est situé. C'est cette inscription qui commande l'exercice du droit de préférence à l'encontre

1. J.-L. Aubert, *Responsabilité professionnelle des notaires*, *Defrénois*, 3e éd., 1998.
2. V. sur l'hypothèse de l'annulation de l'acte authentique conclu en exécution d'une promesse d'hypothèque, Civ. 3e, 29 mai 2002, *LPA* 9 oct. 2002, p. 17, note D. Houtcieff ; *JCP* 2003. I, p. 124, obs. Ph. Delebecque.

des autres créanciers et du droit de suite à l'encontre de l'acquéreur, en cas de cession de l'immeuble. Constituant un commencement d'exécution de l'hypothèque [1], l'inscription des hypothèques est essentielle à leur efficacité. Plusieurs éléments témoignent de l'importance de l'inscription : d'abord, en la forme, les règles relatives aux inscriptions des hypothèques ont été insérées dans le Code civil alors que celles relatives à la publication sont contenues dans les deux décrets de 1955 qui n'ont pas été codifiés ; ensuite, au fond, le défaut d'inscription rend par exemple l'hypothèque inopposable aux tiers, y compris à ceux qui étaient de mauvaise foi (comp. n° 332). L'importance de l'inscription sera examinée plus précisément, à travers ses conditions (A) et ses effets (B).

A. Les conditions de l'inscription

356 **Plan.** Tant qu'elle n'est pas inscrite, l'hypothèque demeure valable vis-à-vis du débiteur, mais ne peut être opposée aux tiers. Cette inopposabilité peut cependant être « rachetée » par le créancier qui peut décider de procéder à l'inscription à tout moment. Cependant, son droit ne prendra rang qu'au jour de l'inscription (C. civ., art. 2418). Il est donc nécessaire de préciser les formalités (1) et le moment de l'inscription (2).

1. *Les formalités de l'inscription*

357 **Procédure de l'inscription.** Les formalités de l'inscription sont énoncées aux articles 2421 et suivants du Code civil. Concrètement, le notaire du créancier dépose à la conservation des hypothèques une expédition (*i. e.* une copie certifiée de l'acte authentique que conserve le notaire) de l'acte constitutif d'hypothèque et deux bordereaux signés établis sur des imprimés administratifs. Ces deux

1. Une banque avait octroyé un contrat de prêt à des particuliers, garanti par une hypothèque souscrite par une SCI. La Banque avait délivré un commandement de payer valant saisie immobilière à la SCI mais celle-ci alléguait de la nullité de l'hypothèque. L'exception de nullité n'étant recevable que si le contrat n'a pas reçu de commencement d'exécution, la question était alors de savoir si l'inscription de l'hypothèque, eût-elle été le fait du créancier, était un commencement d'exécution. La Cour retient que « l'inscription de l'hypothèque constitue un commencement d'exécution indépendamment de la personne qui l'effectue » (Civ. 3e, 9 mars 2017, n° 16-11.728, *JCP* 2017, p. 302 ; *JCP* 2017, p. 511, n° 18, obs. Ph. Delebecque).

bordereaux, qui doivent être identiques, doivent comporter les mentions relatives à la désignation des parties, à leur élection de domicile, à la créance garantie, aux immeubles grevés et à la possibilité de rechargement de l'hypothèque. Le défaut de ces mentions expose le déposant à un rejet de l'inscription (C. civ., art. 2423). Lorsqu'ils sont conformes aux prescriptions légales et à l'effet relatif, l'un des bordereaux sera inséré au registre des inscriptions (v. ss 324) ; l'autre sera remis au déposant revêtu d'une mention constatant que l'inscription a été établie (C. civ., art. 2428).

2. *Le moment de l'inscription*

358 **Inscrire au plus tôt.** Aucune exigence de délai n'est posée quant à la date de l'inscription de l'hypothèque. Toutefois, il est évident que le créancier a tout intérêt à rendre son droit opposable aux tiers le plus tôt possible. Plus il attend, plus il court le risque que d'autres sûretés soient inscrites et prennent rang avant la sienne. La jurisprudence décide cependant que le notaire qui tarde à inscrire une hypothèque n'engage pas sa responsabilité [1].

359 **Paralysie des inscriptions.** Il existe quatre événements qui arrêtent le cours des inscriptions (C. civ., art. 2422) et fixent ainsi définitivement les droits des tiers sur les immeubles. On peut parfois, dans certaines de ces hypothèses, encore inscrire des hypothèques, mais elles seront dépourvues de tout effet.

Le premier événement est la vente par le débiteur de son immeuble à un tiers. Dès lors que l'acquéreur a publié son droit, le créancier du vendeur ne peut plus inscrire d'hypothèque sur l'immeuble. C'est là une application du principe déjà entrevu selon lequel entre deux titulaires de droits concurrents sur le même immeuble, c'est le premier inscrit qui l'emporte (v. ss 318 et 331 s.).

Le deuxième événement est la mort du débiteur. En soi, la mort du débiteur n'est pas un obstacle à l'inscription d'hypothèques. Toutefois, lorsque la succession a été acceptée sous bénéfice d'inventaire, les créanciers ne peuvent plus inscrire leurs

1. Civ. 1re, 1er févr. 2005, *D.* 2005. 565, note V. Avena-Robardet ; *JCP* 2005. I, p. 135, n° 14.

hypothèques. Cette solution se justifie par la nécessité de geler le patrimoine du *de cujus* et d'en faire l'inventaire afin de permettre aux héritiers d'exercer leur option.

Le troisième événement est la publication par un créancier d'un commandement valant saisie. Fixant définitivement les droits des tiers sur l'immeuble et empêchant le débiteur d'en disposer, cette publication a pour conséquence que seuls les créanciers déjà inscrits pourront faire valoir leur droit de préférence.

Le dernier événement est l'ouverture d'une procédure de sauvegarde, de redressement ou de liquidation judiciaires contre le débiteur ou encore de procédure de traitement des situations de surendettement. Dans toutes ces hypothèses, l'inscription des privilèges et hypothèques produit ses effets selon le Code de commerce ou le Code de procédure civile.

B. Les effets de l'inscription

360 **Des effets limités dans le temps.** Les effets de l'inscription, opposabilité du droit de préférence et du droit de suite, sont limités dans le temps. L'inscription des hypothèques s'expose en effet à la péremption (1) et à la radiation (2).

1. *La péremption de l'hypothèque*

361 **Principe de la péremption.** L'inscription des hypothèques ne produit pas un effet indéfini, sans quoi la tâche du conservateur se révélerait impossible. La péremption des hypothèques permet également aux immeubles de ne pas être grevés indéfiniment alors que la dette a, peut-être, été payée par le débiteur. Le bénéfice des inscriptions a donc une durée limitée ; une fois écoulée cette durée, l'inscription est périmée mais l'hypothèque demeure valable. Une nouvelle inscription demeure alors possible ; elle ne peut cependant prendre effet qu'à compter de sa date. Pour éviter cela, il est loisible aux créanciers de renouveler leur inscription.

362 **Durée de péremption.** Il n'y a pas de durée uniforme de péremption des inscriptions. Le principe est que le créancier est libre de fixer la durée de validité de son inscription, dans une limite qui

dépend de l'échéance de la dette. Le Code prévoit en effet plusieurs cas de figure : si le principal de l'obligation garantie doit être acquitté à une ou plusieurs dates déterminées, la date extrême d'effet de l'inscription est au plus postérieure d'un an à cette échéance, sans toutefois que la durée de l'inscription puisse excéder 50 ans ; si l'échéance est indéterminée, ou si l'hypothèse est assortie d'une clause de rechargement, la date extrême d'effet de l'inscription ne peut être postérieure de plus de 50 ans au jour de la formalité ; si la dernière échéance est antérieure ou concomitante à l'inscription, la durée de l'inscription est au plus de 10 ans à compter de la formalité ; si l'obligation garantie répond à ces deux cas de figure, le créancier dispose d'une option : il peut requérir soit une inscription unique en garantie de la totalité de l'obligation jusqu'à la date la plus éloignée, soit une inscription distincte en garantie de chacun des objets de cette obligation en fixant pour chacun une durée de validité conformément aux règles qui lui auraient été applicables.

363 **Possibilité de renouvellement.** Pour éviter d'avoir à reprendre une inscription qui ne lui donnerait rang qu'à sa date, le créancier a la possibilité de renouveler son inscription initiale. Ce renouvellement peut intervenir en dépit de la survenance d'un événement arrêtant le cours des inscriptions (v. ss 359). En revanche, ce renouvellement n'est pas nécessaire quand le prix a été payé ou consigné par le débiteur [1]. L'initiative du renouvellement pèse sur le seul créancier et ne nécessite pas l'accord du débiteur [2] ; dès lors, le créancier ne saurait rendre responsable le notaire de n'y avoir pas procédé, en l'absence de tout mandat en ce sens.

2. *La radiation de l'hypothèque*

364 **Sources de la radiation.** La radiation de l'inscription peut être volontaire ou judiciaire (C. civ., art. 2435). La radiation volontaire est un acte unilatéral du créancier. La mainlevée de l'inscription peut résulter du paiement du créancier et de son désintéressement

1. Par ex., Civ. 3e, 19 mai 1999 et Com. 1er févr. 2000, *D.* 2000, somm. 396, obs. S. Piedelièvre.
2. Civ. 3e, 25 avr. 2007, *JCP* 2007. I, p. 212, n° 18, obs. Ph. Delebecque.

ou de la renonciation du créancier à se prévaloir de son hypothèque. Dans cette dernière hypothèse, la mainlevée constitue un acte grave puisque le créancier perd définitivement son rang : il est donc nécessaire qu'il ait la capacité de disposer d'un droit réel immobilier.

La radiation peut également être judiciaire : le juge peut en effet ordonner la radiation lorsque l'inscription a été faite sans être fondée ni sur la loi, ni sur un titre ou lorsque le titre était irrégulier, ou encore lorsque la dette a été payée (C. civ., art. 2438). Pour qu'elle soit prise en compte par le conservateur des hypothèques, la radiation judiciaire doit émaner d'une décision passée en force de chose jugée (C. civ., art. 2435).

365 **Effets et matérialisation de la radiation.** La radiation retire son efficacité à une hypothèque qui, par hypothèse, n'est pas périmée[1] : le créancier perd son rang et ne pourra plus le rétablir ; le débiteur libère son immeuble de la sûreté inscrite ; les créanciers de rang inférieur obtiennent une chance supplémentaire d'être payés. Acte lourd de conséquences, l'acte de mainlevée doit être établi en la forme authentique afin de protéger le créancier de toute décision irréfléchie (C. civ., art. 2436). Quant à la radiation de l'inscription proprement dite, elle se matérialise par une mention portée, par le conservateur, en marge de l'inscription initiale.

§ 3. Les effets de l'hypothèque

366 **Complexité.** Les effets de l'hypothèque sont marqués du sceau de la complexité. Les raisons de cette complexité tiennent au fait que l'hypothèque est à la fois une créance contre un débiteur et un droit réel qui porte sur un immeuble[2]. Ce faisant, elle établit évidemment un rapport entre le créancier hypothécaire et le constituant (A) ; mais faisant naître un droit réel sur un immeuble, elle établit une cause de préférence du créancier hypothécaire par

1. Une hypothèse voisine est celle de la réduction d'hypothèque par laquelle le créancier cantonne la sûreté sur certains immeubles ou la ramène à un montant inférieur à celui initialement prévu. La réduction peut ainsi qualifier de radiation partielle.
2. Ph. Malaurie, L. Aynès, P. Crocq, n° 676.

rapport aux autres créanciers du débiteur (B), et un droit de suite opposable, par lui, au tiers acquéreur (C). Le tableau des effets de l'hypothèque sera complété par sa transmission et son extinction (D).

A. Relations entre le créancier hypothécaire et le constituant

367 **Pas de droit sur l'immeuble/droit sur la valeur de l'immeuble.** Entre le créancier hypothécaire et le débiteur, l'hypothèque révèle toute son utilité : le débiteur est laissé en possession du bien et en demeure propriétaire tant que le créancier n'exerce pas son action hypothécaire. Ainsi, il faut distinguer deux étapes dans les rapports entre le créancier et le débiteur [1] : avant la réalisation de l'hypothèque, le créancier n'a aucun droit sur l'immeuble qui est laissé en possession du débiteur (1) ; après la réalisation de l'hypothèque, le créancier a un droit sur la valeur de l'immeuble (2).

1. *Les effets de l'hypothèque avant sa réalisation*

368 **Conciliation d'intérêts antagonistes.** Avant que la créance garantie ne soit exigible, deux intérêts antagonistes doivent être conciliés : intérêt du débiteur qui, laissé en possession de l'immeuble, doit pouvoir l'exploiter au mieux ; intérêt du créancier qui, ayant l'immeuble affecté en garantie de sa créance, ne doit pas voir sa valeur diminuer. La conciliation de ces deux objectifs conduit à une restriction des prérogatives du débiteur concernant son droit d'administration, de jouissance ou de disposition de l'immeuble.

369 **Administration : les baux.** Le débiteur peut librement administrer son immeuble et consentir des baux qui restent, en principe des actes d'administration. Cependant, certains baux sont de nature à déprécier la valeur de l'immeuble. Le législateur est donc venu poser des limites à l'opposabilité de certains baux au créancier hypothécaire, en utilisant le critère de la durée. Si le bail a une durée initiale inférieure à douze ans, il est toujours opposable au

1. M. et S. Cabrillac, Ch. Mouly, Ph. Pétel, n° 840.

créancier qui doit en respecter le renouvellement lorsqu'il est imposé par la loi (il faut cependant, dans un souci d'éviter des fraudes, que le bail ait acquis date certaine avant le commandement de saisie immobilière). Les baux supérieurs à douze ans sont en principe soumis à publication (Décr. 4 janv. 1955, art. 28, 1°, b) : si le bail a été consenti avant l'inscription de l'hypothèque, il n'est opposable au créancier, sur toute sa durée, que s'il a été publié ; à défaut, il n'est opposable que pour douze ans. Si, en revanche, le bail est consenti après l'inscription, il n'est opposable que pour douze ans, qu'il ait ou non été publié.

370 **Jouissance : perception anticipée ou cession des fruits.** Resté en possession de l'immeuble, le débiteur en perçoit librement les fruits. En revanche, il ne peut les céder librement ou les percevoir par anticipation. Le législateur ne s'est cependant prononcé que sur l'hypothèse de la cession de loyers : la cession de loyers à un tiers de moins de trois annuités est toujours opposable au créancier. Au-delà, la cession doit, pour être opposable, être publiée avant l'inscription de l'hypothèque ; si elle est publiée postérieurement, son opposabilité est cependant limitée à trois ans.

371 **Disposition.** Le débiteur peut librement disposer de l'immeuble. Le droit de suite du créancier lui permettra alors d'exercer son action entre les mains de l'acquéreur. Pour éviter ce désagrément, il dispose d'une action (la purge) lui permettant de désintéresser le créancier. Si le débiteur demeure donc libre de vendre l'immeuble, le créancier peut toutefois s'opposer à tout acte, matériel ou juridique, qui serait de nature à en compromettre la valeur. Comme on l'a écrit, « le propriétaire devient en quelque sorte comptable de (la) valeur » de l'immeuble[1]. Le créancier peut alors prendre des mesures conservatoires pour sauvegarder la valeur de l'immeuble : il peut solliciter une interdiction d'extraire des produits, ou la mise sous séquestre desdits produits, s'ils ont déjà été extraits...

2. *Les effets de l'hypothèque lors de la réalisation*

372 **Un droit sur le prix.** L'hypothèque permet au créancier d'exercer un droit de préférence sur le prix correspondant à la valeur de

1. Ph. Théry, n° 181.

l'immeuble. Il est donc nécessaire, pour que l'hypothèque se réalise, de transformer l'immeuble en un prix. Parce que cette transformation est impossible en cas de disparition de l'immeuble, la loi a prévu que, par substitution, l'hypothèque se reportait sur l'indemnité d'assurances en cas de destruction du bien (C. assur., art. L. 121-13) ou l'indemnité d'expropriation (C. expr., art. L. 12-3). Dans les hypothèses les plus courantes, il est nécessaire que le créancier intente une saisie immobilière pour permettre la transformation de l'immeuble en prix. Cette action sera éventuellement perturbée par l'ouverture d'une procédure de redressement ou de liquidation contre le débiteur.

373 **La saisie immobilière.** Si le débiteur ne paye pas à l'échéance, le créancier hypothécaire doit s'engager dans une procédure de saisie, dans des conditions très proches de celles d'un créancier chirographaire (le créancier hypothécaire dispose d'un titre exécutoire) (C. civ., art. 2450). La solution est des plus normales puisque la saisie est justifiée, non par l'hypothèque, mais par la créance impayée[1]. Ainsi, le créancier doit adresser un commandement de payer au débiteur et le publier à la conservation des hypothèques ; à compter de ce moment, l'immeuble devient indisponible et le débiteur le détient en qualité de séquestre : il ne peut plus consentir de bail, ni aliéner l'immeuble, ni le grever de droits réels. Le créancier peut alors poursuivre la vente de l'immeuble à la barre du tribunal. Comme en matière de gage, la clause de voie parée qui permettrait au créancier de vendre l'immeuble de gré à gré est prohibée (C. pr. civ., anc. art. 742) ; l'admissibilité ou la prohibition du pacte commissoire, qui permet au créancier de devenir directement propriétaire de l'immeuble, était plus discutée : en effet, la prohibition n'était expressément posée que pour le gage et l'antichrèse. Même si la jurisprudence avait admis qu'on ne pouvait, sous prétexte d'analogie, étendre la prohibition aux hypothèques[2], cette solution ne convainquait pas ceux qui considéraient que les raisons de la prohibition des pactes

1. La saisie immobilière a été modifiée par une ordonnance du 21 avril 2006 (v. dossier spéc. *in D.* 2007. 234).

2. Civ. 1re, 22 mars 1966, *Bull. civ.* I, n° 201.

commissoires sont identiques en matière de gage et d'hypothèque [1]. La réforme de 2006 ayant admis les pactes commissoires plus largement (v. ss 297), la même faveur a bénéficié à l'hypothèque. L'article 2451 autorise désormais le créancier hypothécaire impayé à demander à ce que l'immeuble lui reste en paiement. Cette faculté, impossible lorsque l'immeuble constitue la résidence principale du débiteur, suppose que la valeur de l'immeuble soit estimée par expert. Si cette valeur est supérieure au montant de la dette, le créancier doit la différence au débiteur [2].

374 **Le redressement judiciaire du débiteur.** L'ouverture d'une procédure collective à l'encontre du débiteur bloque la saisie immobilière. Le créancier hypothécaire se trouve alors soumis à la discipline de la procédure : il doit déclarer sa créance à peine de forclusion, ne pas exercer de poursuite individuelle [3] et attendre que l'immeuble soit vendu, supportant la concurrence de créanciers importants qui risquent d'engloutir la valeur de l'immeuble. Il faut toutefois noter que la réforme du 10 juin 1994 a favorisé les créanciers hypothécaires puisque, en cas de liquidation judiciaire, ils l'emportent désormais sur les créanciers de l'article L. 621-32 du Code de commerce.

B. Relations entre le créancier hypothécaire et les autres créanciers

375 **L'effet légal de l'hypothèque.** L'objet de l'hypothèque est de conférer un droit de préférence à son titulaire sur la valeur du bien qui lui est affecté en garantie. Le créancier hypothécaire sera donc assuré d'obtenir un paiement privilégié par rapport aux créanciers chirographaires et aux créanciers qui ont acquis un droit sur l'immeuble postérieurement à la date de son inscription. Le bénéfice de ce droit de préférence se réalise par « l'effet légal » de l'hypothèque. Expression énigmatique, l'effet légal de l'hypothèque désigne le moment

1. Ph. Simler, Ph. Delebecque, n° 391 ; Y. Picod, n° 439.
2. Sur la publicité du pacte commissoire inséré dans une convention d'hypothèque, v. Décr. 2008-466, 16 mai 2008, modifiant Décr. 14 oct. 1955, art. 55, 2, 3°.
3. Même sur un bien commun alors que la procédure de saisie est diligentée contre l'époux *in bonis*. V. Cass., ass. plén., 23 déc. 1994, *JCP E* 1995. II, p. 660, note Ph. Pétel.

où l'hypothèque est transformée en droit sur le prix, libérant de ce fait l'immeuble [1]. Allant plus loin, certains auteurs considèrent que l'effet légal ne se réalise que plus tard, au moment où le prix est payé ou est consigné en faveur du créancier [2]. Outre le report du droit de préférence sur le prix de l'immeuble, l'effet légal de l'hypothèque fige également le classement des créanciers. C'est la procédure d'ordre de laquelle on évoquera les principes (1) et les possibles perturbations (2).

1. *Les principes de la procédure d'ordre*

376 **La collocation.** Il est fort probable que le créancier hypothécaire à l'origine de la saisie ne soit pas seul à bénéficier d'un droit de préférence sur le prix ainsi dégagé. Il faut alors organiser une instance particulière qui permettra de classer les créanciers par ordre de préférence. C'est la collocation. Elle demeure facultative ; elle obéit au critère de l'antériorité ; on verra comment, en pratique, elle se déroule.

377 **Possibilité d'une distribution conventionnelle du prix.** Les créanciers sont libres de ne pas respecter l'ordre prévu par la loi et de décider de se répartir conventionnellement le prix. L'article 2462 dispose que « lorsque, à l'occasion de la vente de l'immeuble hypothéqué, tous les créanciers inscrits conviennent avec le débiteur que le prix en sera affecté au paiement total ou partiel de leurs créances ou de certaines d'entre elles, ils exercent leur droit de préférence sur le prix et ils peuvent l'opposer à tout cessionnaire comme à tout créancier saisissant de la créance de prix ». Même si elle est souvent recherchée par les magistrats, cette dérogation est cependant soumise à des conditions strictes : il faut en effet que tous les créanciers, ainsi que le débiteur [3], consentent à cette distribution conventionnelle et que tous aient la capacité pour consentir à une mainlevée d'inscription.

378 **Classement : principe et difficultés.** À défaut de répartition conventionnelle, le rang des créanciers est déterminé en fonction

1. Ph. Malaurie, L. Aynès, P. Crocq, n° 673, note de bas de page n° 2.
2. Ph. Théry, n° 197.
3. Civ. 3e, 5 mars 2020, n° 19-10.398.

de la date de leur inscription. Celui qui a inscrit son hypothèque est payé en premier, puis le suivant, ainsi de suite. On mesure par-là la différence d'avec les privilèges qui déterminaient le classement des créanciers en fonction des qualités que présentaient leurs créances. En dépit de la limpidité du principe deux difficultés peuvent se rencontrer.

Il est d'abord possible que deux créanciers aient inscrit leur hypothèque le même jour. En ce cas, l'article 2418, alinéa 1er, donne préférence au créancier dont le titre est le plus ancien. Si les titres des différents créanciers sont de même date, ils viennent alors en concurrence (C. civ., art. 2418, al. 4) [1].

Il peut également arriver que soient en concours des créanciers disposant, pour l'un, d'une hypothèque portant sur un immeuble et, pour l'autre, d'une hypothèque multiple c'est-à-dire d'une hypothèque inscrite antérieurement et portant sur plusieurs immeubles. Le principe de l'indivisibilité des hypothèques veut alors que le créancier disposant de l'hypothèque multiple soit libre de l'exercer sur l'immeuble de son choix. Ainsi, s'il décide de l'exercer sur l'immeuble également grevé de l'hypothèque unique, il prime le titulaire de celle-ci ; priorité est en revanche laissé au titulaire de l'hypothèque unique si le titulaire de l'hypothèque multiple l'exerce sur un autre immeuble. La jurisprudence tempère malgré tout ce principe en refusant l'option du titulaire de l'hypothèque multiple s'il l'exerce par fraude ou sans intérêt légitime.

379 **En pratique.** Le juge fixe le rang des créanciers par voie d'autorité. Il délivre au premier un bordereau de collocation qui est un titre exécutoire lui permettant d'obtenir le paiement. Il en fait ainsi de même pour les créanciers suivants, jusqu'à épuisement du prix.

2. *Les perturbations de la procédure d'ordre*

380 **Présentation.** Les principes de l'ordre qui ont été exposés peuvent être troublés par plusieurs facteurs : la primauté de l'inscription peut être évincée pour laisser place à des privilèges généraux ou à des privilèges spéciaux.

1. Com. 5 mai 2015, n° 14-17.941, *D.* 2015. 1148.

381 **Les privilèges généraux immobiliers.** Des privilèges généraux portent sur les immeubles (frais de justice, salaires, créanciers de C. com., art. L. 622-17, v. ss 224 s.). L'article 2378 du Code civil précise expressément qu'ils doivent être préférés aux créanciers hypothécaires. Quoique le texte soit silencieux sur ce point, il est naturellement nécessaire que le titulaire de ces privilèges soit créancier du propriétaire actuel de l'immeuble : les hypothèques inscrites par un propriétaire antérieur l'emportent donc sur les privilèges nés du chef de l'actuel propriétaire. En dépit de cette réserve, il y a là une atteinte dangereuse au crédit hypothécaire puisque ces créanciers privilégiés, non soumis à l'inscription, priment les créanciers inscrits.

382 **Les hypothèques légales spéciales.** Avant la réforme de 2021, il existait des privilèges spéciaux immobiliers, comme le privilège du vendeur d'immeuble ou le privilège des architectes et des entrepreneurs (v. ss 418 s.), qui perturbaient la règle de l'antériorité. S'ils étaient en effet soumis à une inscription, les effets de celle-ci rétroagissaient à la date de l'acte générateur de la créance (v. ss 419). Il en résultait donc que la date d'inscription n'était pas, pour eux, attributive de rang. La réforme de 2021 met fin à cette situation en transformant les privilèges immobiliers spéciaux en hypothèques légales spéciales et en précisant : « Les hypothèques légales, judiciaires et conventionnelles n'ont rang que du jour de leur inscription prise au fichier immobilier. » L'article 2418, alinéa 2, prévoit cependant une exception pour les hypothèques spéciales du syndicat des copropriétaires.

C. Relations entre le créancier hypothécaire et l'acquéreur de l'immeuble

383 **Présentation.** Le principe de l'hypothèque est que le constituant est laissé en possession du bien et peut en disposer. En cette hypothèse, l'article 2454 dispose que « en cas d'aliénation de l'immeuble, l'hypothèque le suit entre les mains du tiers acquéreur. Le tiers acquéreur est ainsi obligé, dans la limite des inscriptions, à toute la dette garantie, en capital et intérêts, quel qu'en soit le montant.

S'il reste impayé, le créancier hypothécaire peut poursuivre en justice la vente de l'immeuble hypothéqué dans les conditions prévues par le livre III du code des procédures civiles d'exécution. » Ce droit de suite, qui apparaît plutôt comme la mise en œuvre de son droit de préférence lorsque le bien est passé entre les mains d'un tiers, est évidemment gênant pour l'acquéreur (on parle de tiers détenteur) (1). Pour limiter cette nuisance, le législateur a mis en place une procédure permettant au tiers détenteur de proposer la purge des hypothèques (2).

1. *Mise en œuvre du droit de suite*

384 **Plan.** La mise en œuvre du droit de suite obéit à des conditions (a). Lorsqu'elles seront remplies, le droit de suite développera ses effets (b).

a. *Conditions du droit de suite*

385 **Trois conditions.** L'exercice du droit de suite par le créancier hypothécaire entre les mains d'un tiers est soumis à plusieurs conditions. D'abord, la créance doit être valable et exigible. En effet, le tiers détenteur jouit des mêmes termes et délais accordés au débiteur originaire (C. civ., art. 2455, al. 2). Ensuite, il faut que l'hypothèque soit opposable au tiers détenteur, c'est-à-dire qu'elle ait été inscrite avant que l'acte d'aliénation n'ait lui-même été publié (C. civ., art. 2422). En théorie, puisque le droit de suite n'est rien d'autre qu'une saisie, il faut que le créancier dispose d'un titre exécutoire ; cette exigence se trouve remplie de fait en vertu de l'acte notarié dont dispose nécessairement le créancier.

b. *Effets du droit de suite*

386 **Présentation.** Le droit de suite s'exerce par un commandement adressé par le créancier au débiteur personnellement tenu et par une sommation faite au tiers détenteur de payer la créance ou de délaisser l'immeuble. La réforme de 2021 contient une importante précision sur les moyens de défense que le tiers détenteur peut opposer à l'action du créancier hypothécaire. À défaut d'un tel moyen de défense, il sera confronté à une option et pourra, en tout état de cause, exercer un recours s'il vient à être évincé.

387 **Les moyens de défense.** Avant la réforme de 2021, la Cour de cassation avait considéré que, recherché en qualité de tiers détenteur, débiteur du droit de suite, l'acquéreur de l'immeuble ne pouvait pas opposer à l'action du créancier des exceptions tirées de la créance principale, comme la prescription[1]. Le nouvel article 2455 du Code civil dispose désormais que « le tiers acquéreur qui n'est pas personnellement obligé à la dette peut s'opposer à la vente de l'immeuble s'il demeure d'autres immeubles, hypothéqués à la même dette, en la possession du débiteur principal, et en requérir la discussion préalable selon la forme réglée au chapitre Ier du titre Ier du livre IV du présent code. Pendant cette discussion, il est sursis à la vente de l'immeuble hypothéqué. Ce tiers acquéreur peut encore, comme le pourrait une caution, opposer au créancier toutes les exceptions qui appartiennent au débiteur principal. » Le tiers détenteur peut donc, d'une part, contraindre le créancier à discuter les autres immeubles affectés au paiement de la même dette et, d'autre part, lui opposer les exceptions que le débiteur aurait pu lui opposer.

388 **L'option du détenteur.** L'article 2456 du Code civil dispose : « Une fois sommé de payer, et sauf le bénéfice de discussion prévu à l'article précédent, le tiers acquéreur peut soit payer, soit purger l'immeuble suivant les règles prévues à la sous-section suivante, soit se laisser saisir. »

389 **Payer le prix.** Le tiers détenteur peut, s'il n'a pas déjà payé le prix au vendeur, le verser entre les mains des créanciers. Cette solution ne présente pas de difficultés quand les créances à régler sont inférieures au prix de l'immeuble : le tiers détenteur désintéresse alors les créanciers, retrouve un immeuble libre d'hypothèque et verse le reliquat du prix au vendeur. Toutefois, cette solution peut être dangereuse en cas de remboursement partiel, quand les créances sont supérieures à la valeur de l'immeuble et que le tiers détenteur ne paye les créanciers par ordre de préférence, que dans la limite du prix convenu : il court alors le risque d'être poursuivi par les créanciers hypothécaires qui n'ont pas été désintéressés. Toutefois,

1. Civ. 2e, 19 févr. 2015, no 13-27.691, *JCP* 2015, p. 496, note V. Brémond ; *JCP* 2015, p. 604, no 11, obs. Ph. Delebecque ; *D.* 2015. 974, note Ph. Théry.

ce risque est limité car le tiers détenteur, se trouvant subrogé dans les droits des créanciers qu'il a payés, a une hypothèque de premier rang sur son propre immeuble. Les créanciers non payés n'ont alors aucun intérêt à poursuivre la saisie de l'immeuble puisque le prix dégagé irait alors au tiers détenteur. Cette situation oblige cependant le tiers détenteur à renouveler ses inscriptions.

390 **Purger l'immeuble.** Le tiers détenteur peut aussi purger l'immeuble (v. ss 393 s.).

391 **Supporter la saisie.** À défaut de payer ou de délaisser, le tiers détenteur n'a d'autre solution que de laisser se dérouler la saisie. L'immeuble est vendu ; l'adjudicataire devient propriétaire ; le tiers détenteur est évincé. Toutefois, cette éviction n'est pas rétroactive : il en résulte que les actes consentis par le tiers détenteur demeurent valables et que les créanciers doivent l'indemniser des améliorations faites sur l'immeuble.

392 **L'indemnisation du détenteur.** Qu'il ait payé la dette ou supporté l'expropriation, le tiers détenteur subit un préjudice duquel il peut demander réparation (C. civ., art. 2460 : « Le tiers acquéreur qui a payé la dette hypothécaire, ou subi la saisie de l'immeuble hypothéqué, a un recours en garantie dans les conditions du droit commun et un recours subrogatoire contre le débiteur principal »). Le détenteur peut ainsi intenter une action en garantie d'éviction contre son vendeur ; cependant, ayant payé la dette du débiteur, il se trouve subrogé dans les droits du créancier ou des créanciers qu'il a désintéressé(s) et peut poursuivre non seulement le débiteur, mais également les garants de la dette [1].

L'article 2457 du Code civil vise aussi les règlements pouvant intervenir entre le tiers acquéreur et le créancier hypothécaire. Le tiers acquéreur doit ainsi indemniser le créancier hypothécaire du préjudice résultant des dégradations qui ont diminué la valeur de l'immeuble par son fait ou par sa faute. Il peut cependant obtenir remboursement, par prélèvement sur le prix de vente, de ses dépenses nécessaires à la conservation de l'immeuble et de celles qui en ont augmenté la valeur, dans la limite de la plus-value estimée au jour de la restitution.

1. Pour une illustration, Civ. 1re, 28 oct. 2015, n° 14-15.114 ; *D.* 2015. 2248.

2. *Purge des hypothèques*

393 **Présentation.** Pour pallier les inconvénients de la mise en œuvre classique du droit de suite, la loi a organisé une procédure, la purge, permettant de concilier tous les intérêts en cause : celui de l'acquéreur qui libère l'immeuble de toute inscription en versant le prix convenu, celui des créanciers dont le droit de préférence se reporte sur le prix payé, après que l'on s'est assuré qu'il était conforme à la valeur de l'immeuble. Malgré cette quête législative de conciliation entre intérêts antagonistes, la pratique préfère d'autres techniques, plus souples.

394 **La théorie.** Lorsque les créanciers restent inactifs, l'acquéreur peut proposer, par voie d'huissier, à chaque créancier inscrit, son offre d'acquitter sur le champ les dettes et charges hypothécaires, dans la limite du prix d'achat de l'immeuble qu'il s'apprête à verser (C. civ., art. 2464). Si les créanciers acceptent cette notification aux fins de purge, ils se payent, par ordre de préférence, sur le prix versé et l'immeuble est libéré de ses charges, dès que les créanciers sont payés ou que le prix a été consigné (C. civ., art. 2467). S'ils refusent la notification, le bien est mis aux enchères avec une majoration d'un dixième par rapport au prix envisagé et le créancier qui a requis la mise aux enchères est considéré comme étant le premier enchérisseur (C. civ., art. 2465). À défaut d'enchères, il sera donc adjudicataire du bien et le prix sera partagé entre les différents créanciers.

395 **La pratique.** Parce que la pratique de purge n'est pas d'ordre public et qu'elle est excessivement formaliste, le notariat a mis en place des formules plus souples de désintéressement des créanciers. Ces formules reposent sur la technique contractuelle et permettent de distinguer les hypothèses où la créance est exigible et celles dans lesquelles elle ne l'est pas.

Quand la créance est exigible, l'acquéreur verse le prix entre les mains du notaire, à charge pour lui de désintéresser les créanciers hypothécaires. Toutefois, le danger est grand que cette somme fasse l'objet d'une saisie de la part d'un autre créancier que les créanciers hypothécaires. Pour ne pas courir ce risque, la pratique a inventé le « nantissement séquestre » : l'étude détient le prix en qualité de séquestre et reçoit mandat de l'offrir aux créanciers hypothécaires ;

cependant, en même temps que le vendeur accepte le prix, il le donne immédiatement en gage à l'acquéreur, en garantie de son engagement à parvenir à la libération de l'immeuble. Remises en gage, les sommes sont hors de portée des éventuels créanciers [1].

Quand la créance n'est pas encore exigible (le plus souvent, il s'agit d'un crédit immobilier ayant servi à l'acquisition du bien), la technique de la délégation est utilisée : le vendeur (délégant) délègue l'acheteur (délégué) au paiement de la dette du créancier hypothécaire (le délégataire). L'acquéreur « reprend » ainsi le crédit en prenant à sa charge l'hypothèque qui en garantit le remboursement. Cette délégation peut ou non libérer le vendeur selon qu'elle est parfaite ou imparfaite.

D. La transmission et l'extinction de l'hypothèque

1. *La transmission de l'hypothèque*

396 **Présentation.** Il existe deux modes de transmission de l'hypothèque : soit à titre accessoire, en même temps que la créance hypothécaire (a), soit à titre principal, sans que ne soit cédée la créance hypothécaire (b).

a. *La transmission de l'hypothèque à titre accessoire*

397 **Mécanismes classiques et particuliers.** L'hypothèque est transmise en même temps que la créance qu'elle garantit (C. civ., art. 2473). Si cette transmission s'opère le plus souvent par des mécanismes classiques, le législateur a prévu des modes de transmission particuliers.

398 **Cession et subrogation.** Si le créancier cède sa créance, le cessionnaire peut se prévaloir de tous les accessoires de la créance cédée (C. civ., art. 1321, al. 3). Encore faut-il s'assurer que le formalisme de la cession de créance (C. civ., art. 1322) a été respecté. L'hypothèque peut également être transmise par voie de subrogation (légale ou conventionnelle) : lorsque le créancier reçoit paiement

1. J. Bruttin, « La clause dite de séquestre et de nantissement du prix », *JCP N* 1993. I, p. 207 ; mais sur l'opportunité discutable de ce montage, v. Ph. Simler, Ph. Delebecque, n° 435 ; J. Picard, « La fin d'un mirage ? La clause de séquestre et de nantissement de prix », *JCP N* 1979. I, p. 235 ; v. également nouvel art. 2475.

d'une autre personne que le débiteur ou lorsque le débiteur emprunte une somme afin de payer sa dette [1], le subrogé bénéficie des droits du subrogeant (C. civ., art. 1346-4). On s'est un temps demandé s'il était nécessaire de publier la modification intervenue pour la rendre opposable aux tiers (v. C. civ., art. 2430, al. 1er, prévoyant la publication, sous forme de mention en marge des inscriptions existantes, des subrogations aux privilèges et hypothèques… et d'une manière générale de toutes les modifications, notamment dans la personne du créancier bénéficiaire, qui n'ont pas pour effet d'aggraver la situation du débiteur). Après avoir conditionné l'opposabilité de la transmission à la publicité, la Cour de cassation a fini par décider que la modification qui n'avait pas pour effet d'aggraver la situation de l'immeuble était opposable aux tiers, même en l'absence de modification [2].

399 **Cession à ordre et titrisation.** Une loi du 15 juin 1976 réglemente la transmission des créances hypothécaires constatées dans un acte notarié. Ces actes ne peuvent plus donner lieu à des copies exécutoires au porteur (qui permettaient au porteur de bénéficier du titre exécutoire, mais présentaient certains dangers : danger de perte ou de vol du titre, danger de fraude pour le fisc, danger de responsabilité pour le notaire en cas d'insuffisance du gage) ; seules sont désormais autorisées les copies exécutoires à ordre ou nominatives. La possibilité de créer ces copies doit avoir été prévue dans l'acte initial ; les copies se transmettent alors par endossement mais cet endossement doit épouser la forme notariée, être notifié au notaire qui a reçu l'acte initial et au débiteur.

D'autre part une loi du 23 décembre 1988 a institué la titrisation des créances bancaires. Il s'agit, pour les établissements de crédit, de rendre négociables les créances qu'ils détiennent en les apportant à un fonds commun de créances qui, n'ayant pas la personnalité morale, est chargé de recevoir les paiements des emprunteurs. La cession au fonds s'opère au moyen d'un bordereau, assez proche en

1. Ph. Malaurie, « Baisse des taux d'intérêt, prêt à long terme et renégociation », *D.* 1998. Chron. 317 ; J. Huet, « Un bienfait de l'histoire : la subrogation opérée par le débiteur pour le remboursement anticipé d'un prêt d'argent en cas de baisse des taux d'intérêt », *D.* 1999. Chron. 303.

2. Civ. 3e, 16 juill. 1987, *Defrénois* 1987, p. 1488, note L. Aynès.

la forme du bordereau Dailly, dont la remise entraîne de plein droit transfert des sûretés garantissant chaque créance.

b. *La transmission de l'hypothèque à titre principal*

400 **Cession de rang.** Les créanciers inscrits peuvent décider de modifier le rang auquel l'antériorité aurait normalement conduit. Ils peuvent ainsi se céder leur rang ou leur antériorité (C. civ., art. 2473, al. 2). Une telle opération permet alors la transmission de l'hypothèque (ou de son rang) sans que la créance ne soit transmise. Techniquement, plusieurs explications peuvent être avancées pour expliquer le mécanisme : on peut y voir une double subrogation par laquelle les deux créanciers se subrogent mutuellement dans leur rang réciproque ou une renonciation faite par un créancier de se prévaloir, à l'encontre de l'autre, de son antériorité. Cette cession de rang ne vaut également que dans la limite de l'adage *nemo plus juris*… : le bénéficiaire ne peut donc recueillir plus de droits que n'en avait le cédant. Comme précédemment on s'était interrogé sur la nécessité de procéder, eu égard à l'article 2425 du Code civil, à une publication de la cession de rang (v. ss 404). Pourvu que la cession n'aggrave pas la situation du débiteur, on admet là encore la mention n'est requise qu'à titre informatif mais que l'absence de mention n'est pas sanctionnée par l'inopposabilité.

2. *L'extinction de l'hypothèque*

401 **Plan.** L'article 2474 énumère les causes d'extinction des hypothèques. L'adverbe notamment montre que la liste n'est pas limitative. Traduction de la mixité du droit hypothécaire, l'hypothèque peut, là encore, s'éteindre par voie d'accessoire (a) ou par voie principale (b).

a. *Extinction de l'hypothèque par voie accessoire*

402 **Code civil, article 2474, 1°.** « L'hypothèque s'éteint par extinction de l'obligation principale. » S'il réserve le cas de l'hypothèque rechargeable, l'article 2488 n'évoque pas les différents modes d'extinction de l'obligation principale [1]. On précisera trois modes

1. Civ. 3e, 26 oct. 2022, no 21-12.765, *D.* 2023. 1765, no 22, obs. Ch. Gijsbers ; *RTD civ.* 2022. 945, obs. Ch. Gijsbers jugeant, comme à propos du cautionnement, que « en cas d'effacement rétroactif des contrats par l'effet de la résolution de la vente entraînant celle du prêt y afférent,

d'extinction particuliers : le paiement, la novation, et l'extinction de la créance liée à l'ouverture d'une procédure de redressement ou de liquidation judiciaire [1].

403 **Le paiement de l'obligation principale.** « L'hypothèque est éteinte lorsqu'elle a produit son effet légal et que, d'un droit sur la chose, elle a été transformée en un droit sur le prix ; il en est ainsi notamment lorsque la créance qu'elle garantit est payée [2]. » En dépit des différentes formes que peut revêtir ce paiement (inscription en compte, dation en paiement, etc.), il est nécessaire que le paiement soit total. Lorsqu'il n'est que partiel, l'indivisibilité de l'hypothèque lui permet en effet de subsister sur tout l'immeuble. Par ailleurs, en cas d'annulation du paiement, l'hypothèque revit rétroactivement. Toutefois, ce principe peut être contrarié par le jeu de la publicité foncière : notamment, si l'inscription a été radiée, le créancier n'a d'autre solution que de requérir une nouvelle inscription.

404 **La novation de l'obligation principale.** Si la novation emporte normalement extinction d'une obligation et création d'une autre (donc disparition des sûretés attachées à la première), elle permet aux parties de réserver la sûreté avec son rang et de l'affecter en garantie de la créance nouvelle. Cette survie des hypothèques est cependant subordonnée à une mention expresse dans l'acte de novation.

405 **L'extinction de la créance principale dans une procédure collective.** En cas d'ouverture d'une procédure de redressement ou de liquidation judiciaire contre le débiteur, le créancier doit, à peine d'extinction, déclarer sa créance. Le défaut de déclaration emporte donc extinction de l'hypothèque. Toutefois, si l'hypothèque porte sur un immeuble commun et que l'un des époux est soumis à la procédure, l'absence de déclaration n'affecte que l'exercice des droits hypothécaires dans le cadre de la procédure, mais non leur existence. Il en résulte que la radiation de l'hypothèque ne peut être ordonnée du chef de l'époux *in bonis* [3].

---

l'obligation inhérente au contrat de prêt résolu demeure tant que les parties n'ont pas été remises en l'état antérieur à la conclusion de leur convention, de sorte que l'hypothèque en considération de laquelle ce prêt a été consenti subsiste jusqu'à l'extinction de cette obligation ».

1. La délégation, la compensation, la prescription ne présentent guère de particularité.
2. Civ. 3e, 23 janv. 1973, *D.* 1973. 427, note E. Franck.
3. Com. 14 mai 1996, *D.* 1996. 460, note F. Derrida ; *Defrénois* 1997, p. 400, note L. Aynès ; *RTD civ.* 1996. 666, obs. P. Crocq.

b. *Extinction de l'hypothèque par voie principale*

406 **La renonciation.** L'hypothèque peut s'éteindre par voie principale, c'est-à-dire sans que la créance ne soit elle-même éteinte, lorsque le créancier y renonce (C. civ., art. 2474, 2°). La renonciation suppose que le créancier ait la libre disposition de la créance garantie, dont la perte de la sûreté compromet le recouvrement, et la capacité d'aliéner un droit immobilier. Les effets de la renonciation sont toutefois susceptibles de degrés : *a maxima,* elle peut valoir *erga omnes* ; *a minima,* elle peut ne concerner qu'un seul créancier. On parle alors de promesse d'abstention : le titulaire de l'hypothèque renonce à se prévaloir de son droit de préférence au profit d'un créancier inscrit après lui. Cet accord n'éteint pas la sûreté que le promettant peut invoquer dès lors que cela ne nuit pas au bénéficiaire de la promesse. Tel serait le cas, par exemple, si le prix de l'immeuble est de toute façon absorbé par des créanciers intermédiaires et que le bénéficiaire n'arrive pas en rang utile : le fait que le promettant soit colloqué ne nuit pas à sa situation.

407 **La prescription.** Avant la réforme, l'ancien article 2180, 4°, prévoyait que l'hypothèque pouvait s'éteindre par prescription. La réforme de 2021 supprime cette précision qui n'était autre que l'application du droit commun.

SECTION 3

Les sûretés immobilières légales et judiciaires

408 **Plan.** Si l'hypothèque conventionnelle est la sûreté immobilière la plus fréquente et, psychologiquement, la plus pesante, il existe d'autres types de sûretés immobilières. Toutefois, leur originalité ne réside pas dans leur régime qui est très calqué sur celui de l'hypothèque conventionnelle, mais dans leur source qui est légale (§ 1) ou judiciaire (§ 2).

§ 1. Les sûretés légales immobilières

409 **Les privilèges/les hypothèques.** Avant la réforme de 2021, il existait deux types de sûretés légales immobilières : des privilèges qui, étant spéciaux, devaient être publiés ; et des hypothèques légales. Les sept privilèges spéciaux immobiliers étaient visés par l'ancien article 2374 du Code civil. Leur nature juridique était ambiguë car des facteurs les rattachent aux privilèges, d'autres aux hypothèques. Ainsi, le fait que l'inscription des privilèges ne soit pas attributive de rang les éloignait des hypothèques : si le rang remontait avant la date de l'inscription pour atteindre le jour de la naissance de la créance, c'était donc que le législateur avait entendu favoriser une créance particulière, en contemplation des qualités qu'il lui reconnaissait. La créance naissait donc privilégiée ; l'inscription n'était requise que pour conserver le privilège (v. la lettre des anc. art. 2379 s.). En revanche, le fait que ces privilèges devaient respecter le principe de spécialité de l'assiette et de la créance, le fait qu'ils n'emportaient pas dépossession du débiteur, qu'ils conféraient droit de préférence et de suite au créancier et qu'ils devaient être inscrits, les rapprochaient des hypothèques. Pour résoudre cet écartèlement entre les deux « étiquettes », les privilèges spéciaux immobiliers étaient généralement qualifiés d'hypothèques légales privilégiées [1].

La réforme de 2021 a supprimé la catégorie des privilèges spéciaux immobiliers pour les transformer en hypothèques légales. De fait, le nouvel article 2392 du Code civil distingue désormais les hypothèques légales générales, que le créancier peut inscrire sur tous les immeubles appartenant au débiteur (A), et les hypothèques légales spéciales (les anciens privilèges spéciaux immobiliers), que le créancier ne peut inscrire que sur l'immeuble sur laquelle elle porte (B).

A. Les hypothèques légales générales

410 **Plan.** L'article 2393 du Code civil énumère les différentes hypothèques légales, en précisant l'existence d'hypothèques générales

1. Ph. Simler, Ph. Delebecque, n° 318 ; M. et S. Cabrillac, Ch. Mouly, Ph. Pétel, n° 756.

prévues par des textes spéciaux [1]. Dans toutes ces situations, une hypothèque est conférée de plein droit, par le seul effet de la loi, à certains créanciers. Ces hypothèques doivent cependant, pour être opposables aux tiers, être enregistrées. On évoquera seulement l'hypothèque légale des époux (1), l'hypothèque des personnes en tutelles (2) et l'hypothèque attachée aux jugements de condamnation (3).

1. *L'hypothèque entre époux*

411 **Histoire.** Longtemps dominée par l'époux, la communauté légale plaçait l'épouse dans une situation d'infériorité [2]. Cette situation d'infériorité était contrebalancée par l'hypothèque sur tous les immeubles du mari dont bénéficiait l'épouse pour se garantir des actes qu'il pouvait passer. Cette hypothèque n'avait pas à être inscrite et courait dès le jour du mariage. Elle n'aura cependant résisté ni au vent d'égalité qui a soufflé sur le droit des régimes matrimoniaux, ni au vent de transparence qui a soufflé sur le droit des sûretés réelles. Désormais, en effet, la confidentialité a disparu et cette hypothèque doit être inscrite ; de plus, la formule, profondément modifiée, a été bilatéralisée, et joue entre les époux et non plus au seul avantage de l'épouse.

412 **Utilité.** La réforme de 2021 n'a conservé l'hypothèque entre époux que pour ceux mariés sous le régime conventionnel de la participation aux acquêts (C. civ., art. 2394 à 2397). La créance de participation est en effet consubstantielle à ce régime et méritait donc d'être protégée. Chacun des époux peut donc inscrire l'hypothèque légale pour la sûreté de la créance de participation (C. civ., art. 2394, al. 1er).

1. Il prévoit par exemple que les titulaires d'un privilège sur les frais funéraires conservent la possibilité d'obtenir une garantie immobilière en inscrivant une hypothèque sur les immeubles de leur débiteur (C. civ., art. 2393, 5°) ; il prévoit également que les personnes morales de droit public peuvent inscrire une hypothèque sur les biens de leurs comptables (C. civ., art. 2393, 3°). La référence aux lois spéciales vise essentiellement les hypothèques relatives à des créances fiscales, sociales ou d'assurances.
2. J. Revel, *Les régimes matrimoniaux*, 10e éd., Dalloz, coll. « Cours », 2020, n° 16.

2. L'hypothèque des personnes en tutelle

413 **Rareté.** L'article 2398 accorde une hypothèque aux mineurs et aux majeurs en tutelle sur les immeubles de la personne qui administre leurs biens. Cette hypothèque se justifie par la situation d'infériorité dans laquelle se trouve l'incapable. Toutefois, cette hypothèque est rarement appliquée : elle doit être inscrite et l'inscription de cette hypothèque ne se conçoit qu'en période de crise, de perte de confiance envers l'administrateur.

3. L'hypothèque attachée aux jugements de condamnation

414 **Nature légale de « l'hypothèque judiciaire ».** L'article 2401 attache de plein droit une hypothèque aux jugements de condamnation. Il s'agit par-là de rassurer le créancier face à un débiteur qui, condamné, est cependant laissé à la tête de son patrimoine et pourrait organiser son insolvabilité. Parfois qualifiée d'hypothèque judiciaire, il s'agit pourtant bien là d'une hypothèque légale puisque ce n'est pas le juge, mais le législateur qui l'institue, sans que le créancier n'ait à en solliciter le bénéfice (v. ss 426).

415 **Conditions de l'hypothèque.** L'hypothèque est attachée à tout jugement portant condamnation, sans qu'il y ait lieu de distinguer selon la nature civile, commerciale ou pénale de la juridiction ni selon son degré. Toutefois, l'hypothèque peut être inscrite dès que le principe d'une condamnation a été arrêté ; il importe peu que le montant de la somme due ne soit pas fixé et soit reporté aux résultats d'une expertise. Comme on l'a écrit, « il suffit que le jugement contienne dans son dispositif le germe d'une condamnation à venir [1] ».

416 **Effets de l'hypothèque.** L'hypothèque attachée aux jugements de condamnation est spéciale quant à la créance garantie (la condamnation prononcée) et générale quant à son assiette puisqu'elle porte sur tous les immeubles du débiteur. Cette hypothèque est toutefois soumise à inscription et il faut désigner, lors de l'inscription, les immeubles grevés. Comme l'hypothèque porte sur tous

1. Ph. Simler, Ph. Delebecque, n° 362.

les immeubles du débiteur, le créancier peut prendre une nouvelle inscription au fur et à mesure de l'acquisition d'immeubles par le débiteur.

B. Les hypothèques légales spéciales

417 **Plan.** L'article 2402 du Code civil évoque les créances auxquelles est attachée une hypothèque légale spéciale. Il s'agit des anciens privilèges immobiliers spéciaux (v. ss 409). Leur suppression permet une simplification et une unification des sûretés immobilières : désormais, toute hypothèque, qu'elle soit conventionnelle, légale ou judiciaire, ne prendra rang qu'au jour de son inscription. La réforme de 2021 ayant abrogé le privilège des architectes et des entrepreneurs, le texte égrène les sept hypothèques spéciales.

a. *L'hypothèque du vendeur d'immeuble*

418 **Fondement.** Le vendeur d'immeuble qui fait crédit à son acheteur bénéficie d'une hypothèque légale sur l'immeuble. Le fondement de cette hypothèque repose sur le fait que le vendeur a introduit une valeur dans le patrimoine du débiteur : il est donc normal que ce vendeur bénéficie d'une préférence, sur cet immeuble, par rapport aux autres créanciers. Le fondement est donc identique avec le privilège du vendeur de meubles.

419 **Régime.** L'hypothèque ne garantit que la fraction du prix non payée. Si les parties sont convenues d'une majoration de prix, de façon occulte, elle ne garantit que le prix qui est porté sur l'acte publié. On mesure les conséquences de la métamorphose du privilège de vendeur d'immeuble en hypothèque du vendeur d'immeuble : le privilège devait être inscrit dans les deux mois qui suivaient la vente. Le principe de l'effet relatif de l'inscription imposait donc, en pratique, de publier également l'acte de vente (v. ss 319). Toutefois, cette inscription se distinguait radicalement des inscriptions des hypothèques conventionnelles. En effet, l'inscription n'était pas attributive de rang : dès lors qu'il avait été inscrit dans ce délai, le privilège prenait rang, non pas à la date d'inscription, mais à la date du jour de la vente. Lorsque le privilège n'avait pas été inscrit dans le délai de deux mois, son inscription était toujours possible mais la rétroactivité ne pouvait pas

jouer : le privilège ne prenait rang qu'au jour de son inscription. Désormais, l'hypothèque légale prendra rang au jour de son inscription.

b. *L'hypothèque du prêteur de deniers*

420 **Fondement.** Il est rare, en pratique, que le vendeur fasse crédit à l'acheteur. La somme nécessaire à l'achat sera prêtée par un établissement de crédit. Pendant longtemps, le prêteur bénéficiait du privilège parce qu'il était subrogé dans les droits du vendeur. Une loi du 16 juillet 1971 avait rendu inutile ce détour par la subrogation et avait fait du privilège du prêteur de deniers un privilège autonome (C. civ., anc. art. 2374, 2°)[1]. Le fondement demeure identique avec le privilège précédent.

421 **Régime.** L'hypothèque est soumise à une double condition. Il faut que les actes d'emprunt et la quittance du vendeur soient rédigés en la forme authentique et qu'il y ait une déclaration de destination et d'origine des fonds. Ces formalités sont destinées à contrer la fraude consistant pour le débiteur à dire que l'acquisition a été financée grâce au prêt d'un tiers qui, bénéficiant donc de l'hypothèque, se trouverait favorisé par rapport aux autres créanciers. Outre ces conditions, le régime est calqué sur l'hypothèque du vendeur d'immeuble, tant en ce qui concerne les créances garanties que la publication.

c. *L'hypothèque du copartageant*

422 **Fondement et publicité.** Lorsque, à la suite d'un partage, un immeuble est attribué à une personne, il est fréquent que cette personne doive payer une soulte aux autres partageants. Le partage n'étant pas translatif, on ne pouvait appliquer ici le privilège du vendeur d'immeuble. Le privilège du copartageant était donc fondé par l'effet déclaratif du partage et par la sauvegarde de l'égalité du partage. Comme les autres privilèges, il devait être publié dans les deux mois suivant le partage et prenait rang à la date du partage. La réforme de 2021 le métamorphose en hypothèque ne prenant rang qu'au jour de son inscription.

1. CA Thibierge, « L'autonomie du privilège du prêteur de deniers et les prêts à l'acquisition immobilière », *Defrénois* 1971, p. 1281.

d. *L'hypothèque de séparation des patrimoines*

423 **Fondement et publicité.** Lorsqu'une personne décède, son actif et son passif se trouvent, par l'effet de la dévolution successorale, directement confondus avec le patrimoine des héritiers. Les créanciers personnels du défunt vont donc entrer en concours avec les créanciers des héritiers. Pour éviter cette situation, ils peuvent demander que le patrimoine du *de cujus* reste séparé de celui des héritiers (C. civ., art. 878). Ils pourront alors se faire payer sur les immeubles de la succession, doublant ainsi les créanciers des héritiers. Cette hypothèque légale se justifie donc par l'idée de plus-value que l'immeuble apporterait dans le patrimoine du débiteur.

e. *L'hypothèque des accédants à la propriété*

424 **Présentation.** La loi du 12 juillet 1984 *définissant la location-accession à la propriété immobilière* accordait aux accédants un privilège en garantie de l'exécution des droits qu'ils tenaient de leur contrat [1]. En cas de défaillance du vendeur (non-restitution des acomptes par ex.), ils pouvaient alors faire vendre le local objet du contrat et se faire payer sur le prix. Ce privilège devait être inscrit dans les deux mois qui suivent la signature du contrat mais il prenait rang à la date de ce contrat. La réforme de 2021 a transformé ce privilège en hypothèque.

f. *L'hypothèque du syndicat des copropriétaires*

425 **Absence d'inscription.** Le recouvrement des charges par le syndicat de copropriété à l'encontre des copropriétaires est souvent délicat. Pour le faciliter, la loi du 21 juillet 1994 avait institué, au profit du syndicat, un privilège garantissant le recouvrement des charges de l'année en cours des quatre dernières années échues après la délivrance d'une sommation de payer au copropriétaire indélicat [2]. L'originalité de ce privilège était double : d'abord, il primait le privilège du vendeur et celui du prêteur de deniers pour les créances de l'année en cours et des deux années précédentes ;

1. M. Dagot, « Un nouveau privilège immobilier, le privilège de l'accédant dans le contrat de location-accession », *JCP N* 1985. I, p. 75.
2. De manière restrictive, la Cour a jugé que ce privilège ne pouvait s'exercer qu'en cas de vente du lot, laissant à penser que son fait générateur était la vente du lot (Civ. 3e, 15 févr. 2006, *RTD civ.* 2006. 599, obs. P. Crocq ; *JCP* 2006. I, p. 195, nº 13, obs. Ph. Delebecque).

ensuite, et surtout, il n'était soumis à aucune inscription (C. civ., anc. art. 2378), ce qui en faisait une anomalie au cœur des privilèges spéciaux immobiliers. La réforme de 2021 transforme le privilège en hypothèque, qui couvre, depuis la réforme du 30 octobre 2019 sur la copropriété, toutes les créances que détient le syndicat contre le copropriétaire débiteur.

§ 2. Les sûretés judiciaires immobilières

426 **Présentation.** Il existe une hypothèque « véritablement judiciaire [1] », c'est-à-dire née d'une décision de justice et non attachée automatiquement à une situation décrite par la loi. Cette hypothèque, créée en 1955, permet au créancier de demander au juge l'autorisation de prendre une inscription provisoire en attendant les résultats de son action. S'il obtient un jugement de condamnation, l'inscription définitive se substituera avec rétroactivité à l'inscription provisoire et prendra rang à sa date. Cette hypothèque permet donc de limiter les dangers liés à la longueur du procès et au risque que le débiteur n'organise son insolvabilité ; mais elle est également une arme de pression, voire de chantage puisqu'elle permet d'entraver la vente des immeubles grevés sans qu'une instance soit réellement envisagée [2]. L'article 2408 du Code civil dispose que l'hypothèque judiciaire est régie par le Code des procédures civiles d'exécution. Elle suppose donc trois temps : l'autorisation judiciaire d'inscrire l'hypothèque (A), l'inscription provisoire (B) et l'inscription définitive (C).

A. L'autorisation judiciaire d'inscrire l'hypothèque

427 **Conditions de l'autorisation.** Le créancier, pour solliciter l'inscription d'une hypothèque conservatoire, doit se prévaloir d'une créance paraissant fondée en son principe dont le recouvrement soit menacé. Les deux conditions sont interprétées de façon très libérale par les tribunaux. Sont ainsi fondées en leur principe les

1. Ph. Simler, Ph. Delebecque, n° 366.
2. M. Donnier, « Réflexions sur l'hypothèque judiciaire conservatoire », *D.* 1961. Chron. 79.

créances conditionnelles ou contestées, alors même qu'elles ne sont ni liquides, ni exigibles. Par exemple, une notification de redressement fiscal, un jugement de condamnation pourtant frappé d'appel sont des créances fondées en leur principe. De la même façon, l'appréciation des circonstances menaçant le recouvrement (insolvabilité imminente, difficultés financières, etc.) est une question de fait laissée aux juges du fond.

428 **Procédure d'autorisation.** La procédure d'autorisation est unilatérale : le créancier saisit par requête le juge de l'exécution aux fins qu'il autorise l'inscription de l'hypothèque. S'il retient l'argumentation du créancier, le juge détermine la somme pour laquelle la sûreté est admise et les biens qui y sont affectés. Ce caractère unilatéral de la procédure se justifie par le souci de ne pas prévenir le débiteur afin qu'il organise son insolvabilité. Il aura ultérieurement les moyens de solliciter la mainlevée de l'inscription.

429 **Dispense d'autorisation.** Le Code des procédures civiles d'exécution a prévu des dispenses communes à toutes les mesures conservatoires. Peuvent ainsi inscrire directement l'hypothèque sans demander d'autorisation judiciaire certains créanciers dont la créance présente un haut degré de crédibilité : le créancier muni d'un titre exécutoire, celui qui peut se prévaloir d'une décision de justice n'ayant pas encore force exécutoire, celui qui est porteur d'un chèque, d'une lettre de change acceptée, ou d'un billet à ordre impayés, celui qui est titulaire d'un contrat de bail passé par écrit et dont les loyers sont impayés. Toutes ces hypothèses dénaturent quelque peu la nature judiciaire de l'hypothèque : la sûreté n'est plus issue d'une décision du juge mais d'une décision unilatérale du créancier.

B. L'inscription provisoire

430 **Effets de l'inscription.** Muni de son ordonnance d'autorisation, le créancier inscrit son hypothèque provisoire.

L'inscription provisoire a deux effets. D'une part, elle fait partir un délai de huit jours pendant lequel le débiteur doit, à peine de rendre l'inscription caduque, être informé de son existence (C. pr. exéc., art. R. 532-5). Il peut alors faire valoir ses arguments et saisir, en référé, le juge ayant autorisé la mesure. Le juge, mieux informé par le débat contradictoire, pourra alors ordonner la mainlevée, cantonner la sûreté à certains biens ou substituer à l'hypothèque une autre mesure conservatoire, comme la consignation d'une somme d'argent. D'autre part, l'inscription provisoire produit les mêmes effets que l'inscription d'une hypothèque classique : elle est attributive de rang ; elle rend l'hypothèque opposable aux créanciers du grevé ; elle ne rend pas l'immeuble indisponible. La seule originalité est de n'être valable que pour une durée de trois ans. Passé ce délai, et à moins d'avoir été renouvelée ou remplacée par une inscription définitive, l'inscription sera caduque (C. pr. exéc., art. R. 532-7).

C. L'inscription définitive

431 **Délai et effets.** Le créancier doit intenter une action au fond, afin de disposer d'un titre exécutoire, dans le délai d'un mois suivant l'inscription provisoire. À défaut, l'inscription provisoire est frappée de caducité. Une fois qu'il est muni d'un titre exécutoire, le créancier doit pour inscrire définitivement l'hypothèque se conformer aux dispositions de l'article 2428 du Code civil. Le créancier bénéficie alors du rang acquis dès la publicité provisoire. Il faut ici noter que, par exception à la règle de l'arrêt du cours des inscriptions (v. ss 359), l'inscription définitive peut être prise en dépit de l'ouverture d'une procédure de redressement ou de liquidation judiciaire contre le débiteur.

SECTION 4
Le gage immobilier (antichrèse)

432 **Présentation.** L'antichrèse est un gage avec dépossession appliqué à un immeuble. Elle a été rebaptisée « gage immobilier » par la loi du 12 mai 2009 censée simplifier le droit. Ce gage présente cependant une particularité car les loyers de l'immeuble sont affectés au paiement des intérêts de la dette. Sûreté archaïque pour certains,

l'antichrèse pourrait cependant connaître un nouvel essor du fait des atteintes porté à l'efficacité de l'hypothèque par la loi de 1985 [1]. On évoquera la formation (§ 1) et les effets (§ 2) de l'antichrèse.

§ 1. La constitution de l'antichrèse

433 **Condition de fond : le dessaisissement.** Pour constituer une antichrèse, il faut être propriétaire de l'immeuble grevé et être capable d'en disposer. Cependant l'élément essentiel est le dessaisissement qui doit intervenir en la faveur du créancier (C. civ., art. 2379 : « Le gage immobilier est l'affectation d'un immeuble en garantie d'une obligation avec dépossession de celui qui la constitue »). Cette exigence de dépossession est la clé de la qualification d'antichrèse : ainsi ne constitue pas une antichrèse l'opération comportant un prêt d'argent et, au cas de non-remboursement, une promesse de vente pour un prix égal à la somme empruntée au profit du prêteur, assortie d'une interdiction de louer faite aux emprunteurs [2]. En effet, dans ce montage, les promettants sont laissés en possession de l'immeuble et continuent d'en percevoir les fruits [3]. Toutefois, les auteurs font valoir que la dépossession peut être simplement juridique (ce sera nécessairement le cas lorsque l'immeuble sera loué à un tiers). Une telle admission revient à relativiser la thèse classique selon laquelle l'antichrèse serait un

1. R. Tendler, « L'antichrèse, mythe ou réalité », *D.* 1989. Chron. 143 ; Ch. Mouly, *J.-Cl. Civ.*, art. 2085 à 2091 ; plus réservés et sceptiques, Ph. Simler, Ph. Delebecque, n° 272 ; Ph. Malaurie, L. Aynès, P. Crocq, n° 500. V., depuis la réforme de 2006, Ph. Dupichot, « L'antichrèse », *JCP* 17 mai 2006, n° spéc. p. 26 s. ; G. Piette, « La nature de l'antichrèse après l'ordonnance du 23 mars 2006 », *D.* 2006. Chron. 1638 ; N. Borga, « L'autonomie conceptuelle de l'antichrèse », *D.* 2006. Chron. 2090.
2. Pour une hypothèse voisine d'antichrèse-bail, Papeete 11 avr. 2001, *JCP* 2002. II, p. 10004, note Y. Picod ; *JCP* 2002. I, p. 120, n° 5, obs. Ph. Delebecque ; Civ. 3e, 18 déc. 2002, *JCP* 2003. II, p. 10024, avis O. Guérin ; *JCP* 2003. I, p. 124, n° 12, obs. Ph. Delebecque ; *D.* 2003. 491, note V. Avena-Robardet, 963, note Ph. Delebecque.
3. Civ. 1re, 22 mars 1966, *Bull. civ.* I, n° 201 ; v. également le refus de qualification pour une convention par laquelle le propriétaire d'un immeuble délègue et transporte à son créancier le montant des loyers à toucher sur cet immeuble et s'interdit de modifier ou de résilier les baux sans le consentement du créancier, Nancy 8 juin 1977, *JCP* 1978. II, p. 18847, note G. Goubeaux.

contrat réel[1]. D'ailleurs le Code prévoit que le créancier peut, sans perdre la possession, donner l'immeuble à bail, soit à un tiers, soit au débiteur lui-même. L'antichrèse bail se trouve donc validée.

434 **Condition de validité et d'opposabilité.** L'article 2380 renvoie aux règles de l'hypothèque et impose que les dispositions prévues aux articles 2397, dernier alinéa, 2412 (relatifs aux immeubles pouvant être hypothéqués), 2416 (relatifs aux conditions de forme), 2413 (relatif aux hypothèques conclues à l'étranger) et 2415 (relatif aux créances garanties) soient satisfaites.

§ 2. Les effets de l'antichrèse

A. Droits du créancier antichrésiste

435 **Droit de jouissance.** Le créancier peut jouir de l'immeuble, soit en l'utilisant, soit en le louant. Cette faculté résulte de l'article 2381 : « Le créancier perçoit les fruits de l'immeuble affecté en garantie à charge de les imputer sur les intérêts et subsidiairement sur le capital de la dette. » On s'aperçoit par-là que l'exploitation est non seulement un droit mais également une obligation pesant sur le créancier.

436 **Droit de rétention.** « Le débiteur ne peut réclamer la restitution de l'immeuble avant l'entier acquittement de sa dette. » L'article 2383 consacre ainsi le droit de rétention du créancier. Ce droit est opposable à toute personne inscrite postérieurement à l'antichrèse, ainsi qu'à l'acquéreur de l'immeuble. Ce dernier ne peut donc, comme dans l'hypothèque, proposer une purge en offrant le prix d'acquisition (v. ss 393) ; il doit payer intégralement l'antichrésiste pour entrer en possession de l'immeuble. Si le débiteur fait l'objet d'un redressement ou d'une liquidation judiciaire, l'antichrésiste est dans la même position, très avantageuse, que les créanciers bénéficiant d'un droit de rétention. Cet avantage, qui était crucial par rapport aux créanciers hypothécaires, a perdu beaucoup de

1. Pour la qualification de contrat réel : Y. Picod, n° 96 ; Ph. Simler, Ph. Delebecque, n° 269, note n° 4 ; contre cette qualification, G. Marty, P. Raynaud, Ph. Jestaz, n° 110 ; M. et S. Cabrillac, Ch. Mouly, Ph. Pétel, n° 817.

son intérêt depuis que la réforme de 1994 a revalorisé la situation des créanciers hypothécaires.

B. Obligations du créancier antichrésiste

437 **Entretien, restitution.** Le créancier antichrésiste a l'obligation d'entretenir l'immeuble et de payer les contributions et charges annuelles (C. civ., art. 2381, al. 2). Ces dépenses ne lui incombent cependant que dans la limite des revenus de l'immeuble. Si le créancier trouve que ces dépenses sont trop lourdes, il peut alors unilatéralement résilier la convention en enjoignant au débiteur de reprendre la jouissance de l'immeuble (C. civ., art. 2381, al. 2). Dès que la créance est éteinte, le créancier doit naturellement restituer l'immeuble.

TITRE 2

LES SÛRETÉS RÉELLES PAR VOIE DÉTOURNÉE

438 **Plan.** Aux côtés des sûretés réelles proprement dites, des formes nouvelles de sûretés réelles se sont développées. Ce développement a pour principal objectif d'éviter les insuffisances des sûretés classiques, notamment quand le débiteur fait l'objet d'une procédure de redressement ou de liquidation judiciaire. Pour certaines, ces sûretés réelles par voie détournée utilisent des techniques anciennes ou frustes. Ce mouvement illustre la dialectique qui anime le droit des sûretés (v. ss 16 et 216). On évoquera la détention utilisée comme sûreté (Chapitre 1), la propriété utilisée comme sûreté (Chapitre 2), les actions directes (Chapitre 3) et les situations de réciprocité (Chapitre 4).

CHAPITRE 1

La détention utilisée comme sûreté, le droit de rétention

439 **Définition.** Le droit de rétention est la faculté reconnue au créancier qui détient la chose de son débiteur d'en refuser la délivrance tant qu'il n'a pas reçu complet paiement. C'est donc un moyen de pression, frustre mais très efficace, qui contraint le débiteur à payer le créancier. Ces deux qualités ont sans doute permis le succès du droit de rétention, même s'il peut s'avérer injuste lorsqu'il y a une disproportion entre la valeur de la chose retenue et le montant de la créance à payer. Le domaine du droit de rétention (SECTION 1) précédera l'étude son régime (SECTION 2). On pourra alors s'interroger sur sa nature juridique (SECTION 3).

SECTION 1

Le domaine du droit de rétention

440 **Les textes/la jurisprudence.** Prévu par quelques textes épars, le droit de rétention a vu son domaine étendu par la jurisprudence

qui a découvert, derrière les textes (§ 1), un principe général (§ 2), avant que la réforme de 2006 ne vienne le codifier (§ 3).

§ 1. Les textes

441 **Diversité.** Les textes, tant le Code civil que ceux qui lui sont postérieurs, admettent une multiplicité de situations dans lesquelles est reconnu au créancier le droit de retenir la chose du débiteur tant qu'il n'a pas reçu complet paiement. Ces situations correspondent, ou non, à des relations contractuelles.

442 **Droit de rétention et relation contractuelle.** Lorsqu'il s'exerce dans une relation contractuelle, le droit de rétention se justifie sans peine par la situation de réciprocité dans laquelle se trouvent les parties. Ainsi, l'article 1612 du Code civil permet au vendeur au comptant de ne pas délivrer la chose vendue tant qu'il n'en a pas été payé ; de même, le locataire ne peut être contraint de quitter les lieux tant que ne lui ont pas été payées certaines indemnités (C. civ., art. 1749 et C. com., art. L. 145-28) ; le dépositaire peut retenir la chose déposée jusqu'au complet paiement des sommes qu'il a pu exposer en raison du dépôt (C. civ., art. 1948) ; il en va de même du transporteur, sans oublier le droit de rétention reconnu au bénéficiaire d'un gage (v. ss 291) ou à l'antichrésiste (v. ss 436). Au-delà de ces hypothèses, les parties à un contrat peuvent organiser un droit de rétention conventionnel qui, distinct du gage traditionnel, n'aura pas à respecter toutes ses conditions de constitution [1].

443 **Droit de rétention et relation extracontractuelle.** Le droit des biens offre de nombreuses illustrations du droit de rétention dans des relations extracontractuelles. Par exemple, l'acquéreur d'un meuble perdu ou volé, tenu de le restituer au *verus dominus*, a un droit de rétention s'il a acheté le bien dans des conditions lui ouvrant droit à remboursement du prix qu'il a payé (C. civ., art. 2280, al. 1er). De même, le possesseur d'un immeuble peut le retenir et refuser de le restituer au propriétaire revendiquant tant

1. Com. 22 mars 2005, *D.* 2005. 2089, obs. P. Crocq ; *JCP* 2005. I, p. 135, n° 17, obs. Ph. Delebecque.

qu'il ne lui a payé les indemnités en raison des améliorations qu'il a apportées à l'immeuble. Enfin, le spécificateur peut retenir la chose sur laquelle il a travaillé jusqu'au remboursement du coût de la main-d'œuvre (C. civ., art. 570). Dans toutes ces hypothèses, le droit de rétention ne se justifie pas par une situation de réciprocité mais par le fait que le détenteur d'une chose a, au cours de sa détention, exposé une dépense qui lui permet de retenir la chose tant qu'il n'a pas été désintéressé.

§ 2. L'extension jurisprudentielle

444 **« Vu les principes relatifs au droit de rétention... »** Doctrine et jurisprudence ont vite reconnu que les textes admettant le droit de rétention n'étaient que des illustrations d'un principe plus large. Ainsi, la jurisprudence dessine les contours du droit de rétention : si le défaut de paiement d'une créance d'aliment ne donne pas droit au dépositaire de retenir le bien [1], un comptable impayé peut en revanche refuser de restituer à son client des documents qui lui ont été confiés : « Vu les principes relatifs au droit de rétention ; le créancier rétenteur a le droit, sauf disposition législative contraire, de refuser de se dessaisir des objets ou documents légitimement détenus jusqu'à complet paiement du prix [2]. » Cette extension jurisprudentielle trouve cependant une limite dans les conditions du droit de rétention et notamment dans l'exigence d'un lien de connexité entre la détention et la créance impayée.

§ 3. La consécration dans le Code

445 **L'article 2286.** Codifié à l'occasion de la réforme de 2006, le domaine du droit de rétention est désormais encadré par l'article 2286 : « Peut se prévaloir d'un droit de rétention sur la

1. Civ. 12 mars 1923, *DP* 1926. I. 32.
2. Civ. 1re, 17 juin 1969, *JCP* 1970. II, p. 16162, note N. Catala.

chose : 1°) celui à qui la chose a été remise jusqu'au paiement de sa créance 2°) celui dont la créance impayée résulte du contrat qui l'oblige à la livrer 3°) celui dont la créance impayée est née à l'occasion de la détention de la chose [1]. » La loi « LME » du 4 août 2008 a ajouté à ce triptyque un 4°) : « Celui qui bénéficie d'un gage sans dépossession. » Souhaité pour rendre plus attractifs les gages par inscription (v. ss 290) qui n'avaient pas eu le succès espéré, cet ajout législatif brise la cohérence des droits de rétention. Alors que les trois premiers gages sont caractérisés par l'idée de connexité et par une possession réelle du rétenteur, le dernier repose sur une fiction légale.

SECTION 2

Le régime du droit de rétention

446 **Plan.** Le régime du droit de rétention est déterminé par ses conditions (§ 1) et ses effets (§ 2).

§ 1. Les conditions du droit de rétention

447 **Trilogie.** Il ne saurait être question de reconnaître un droit de rétention dès lors qu'un créancier est en possession d'une chose appartenant à son débiteur. Le droit de rétention suppose remplies des conditions que la jurisprudence a peu à peu dessinées. Elles tiennent à la créance (A), à la détention (B) et au lien de connexité devant exister entre elles (C).

A. Une créance

448 **Certitude de la créance.** Cette exigence relève de la justice et de la morale. Le droit de rétention ne peut être admis si l'on n'est pas

1. A. Aynès, « La consécration légale des droits de rétention », *D.* 2006. 1301.

certain que la créance invoquée existe. Ainsi, le droit de rétention a été refusé au profit d'un garagiste qui avait effectué des réparations sur un véhicule sans l'accord de son propriétaire [1] ou à un créancier dont la créance était éteinte, faute de déclaration au passif d'une procédure collective [2]. De plus, dans le souci de respecter des règles déontologiques, le droit de rétention des pièces est refusé à certaines professions, comme les avocats, en cas de non-règlement de leurs honoraires.

449 **Liquidité et exigibilité de la créance.** Traditionnellement requises, ces deux exigences sont interprétées avec plus de souplesse aujourd'hui. D'une part, on admet que le délai de grâce accordé par le tribunal au débiteur ne fait pas disparaître le droit de rétention ; d'autre part, le droit de rétention peut jouer dans l'attente du moment où la créance deviendra liquide et exigible. Le créancier peut ainsi exercer son droit de rétention durant le temps nécessaire à la liquidation de sa créance [3]. Cette évolution jurisprudentielle met en évidence l'aspect conservatoire du droit de rétention. Certains auteurs sont alors favorables à ce que le droit de rétention puisse, comme le gage ou l'hypothèque, jouer pour garantir une créance simplement fondée en son principe [4].

B. Une détention

450 **La nécessité de la détention.** La détention est une condition essentielle du droit de rétention. Comme on l'écrit, « pour retenir, il faut d'abord tenir [5] ». La mainmise du créancier sur la chose du débiteur traduit donc toute la force du droit de rétention. Que cette mainmise vienne à cesser parce que le créancier se dessaisit de la

1. Civ. 3 mai 1966, *D.* 1966. 649, note J. Mazeaud.
2. Com. 27 avr. 1978, *D.* 1980. IR 291, note F. Derrida.
3. Civ. 3e, 23 avr. 1974, *JCP* 1975. II, p. 18170, note B. Thuillier.
4. Ph. Simler, Ph. Delebecque, n° 489 ; G. Marty, P. Raynaud, Ph. Jestaz, n° 32.
5. G. Marty, P. Raynaud, P. Jestaz, n° 33.

chose et le droit de rétention disparaît (C. civ., art. 2286, al. 2) [1]. On s'aperçoit par-là que le créancier est détenteur à titre précaire puisqu'il pèse sur lui une obligation de restituer la chose. La loi a cependant admis des détentions fictives conférant, à certains créanciers, des droits de rétention (v. ss 300 et 445).

451 **L'exception de l'article 2286 4° du Code civil.** La loi « LME » a souhaité favoriser la pratique des gages par inscription qui n'avaient pas rencontré le succès espéré. Le créancier qui bénéficie d'un gage sans dépossession s'est donc vu reconnaître un droit de rétention (C. civ., art. 2286, 4°). Avant cette loi, il est en effet primé par de nombreux créanciers en cas de procédure collective du débiteur. Reste que l'efficacité de ce droit de rétention sans détention est lourdement neutralisée en cas de sauvegarde du débiteur (v. ss 458). Reste aussi que ce nouveau droit de rétention va ouvrir des problèmes de conflits de droit de rétention. Qui devra-t-on préférer entre un créancier muni d'un droit de rétention effectif et un autre d'un droit de rétention fictif ? Le premier en étant sensible à la situation réelle (v. ss 301) ou le second en donnant tout son effet à l'article 2340, alinéa 2, du Code civil (v. ss 292). La doctrine a globalement été très critique envers cet *ersatz* de droit de rétention en craignant que le mauvais droit de rétention chasse le bon [2].

452 **L'objet de la détention.** Parce que le droit de rétention suppose la mainmise sur une chose, il ne pouvait s'exercer, classiquement, que sur des choses corporelles : un meuble, un immeuble [3], les

1. Com. 30 janv. 2019, n° 17-22.223, *RDC* 2/2019, p. 78, obs. F. Danos, *RPC* 2019, comm. 70, C. Gijsbers ; *D.* 2019. 927, note A. Aynès ; *JCP* 2019, p. 958, n° 15, obs. Ph. Delebecque : une société avait vendu un immeuble à des personnes privées et la vente avait été annulée. Le vendeur placé en liquidation, les acquéreurs entendaient exercer leur droit de rétention mais le liquidateur considérait qu'ils n'en n'avaient plus la possession, puisque l'immeuble était occupé par leur fille. La Cour juge que la fille des acquéreurs occupait l'immeuble pour leur compte, ce qui rapproche la rétention de la possession.

2. S. Piedelièvre, « Le nouvel article 2286, 4° du Code civil », *D.* 2008. 2950 ; R. Damman et G. Podeur, « Le nouveau paysage du droit des sûretés : première étape de la réforme de la fiducie et du gage sans dépossession », *D.* 2008. 2300 ; A. Aynès, « L'extension du droit de rétention dans le projet de réforme des procédures collectives », *JCP* 2008, actu. 300 ; Obs. L. Aynès et Ph. Dupichot, *Dr. et patr.* 10/2008, p. 99.

3. Civ. 3e, 16 déc. 1998, *RTD civ.* 1999. 439, obs. P. Crocq ; comp. Civ. 3e, 23 juin 1999, *RTD civ.* 2000. 142, obs. P. Crocq refusant un droit de rétention à l'entrepreneur chargé de construire un bâtiment. V. S. Piedelièvre, « Remarques sur le rôle perturbateur du droit de rétention dans le droit des sûretés immobilières », *Dr. et patr.* 4/2000, p. 42.

clés d'un immeuble [1], un document [2]. Il est toutefois nécessaire que la chose soit dans le commerce juridique. Le droit de rétention ne pourrait ainsi s'appliquer à un élément du corps humain, ou à des marchandises contrefaites. Cependant, l'attrait de l'immatériel conduit le droit de rétention à conquérir de nouvelles frontières : ainsi, il a été admis sur le bien incorporel qu'est un fichier (il est vrai que le fichier se matérialise sur une bande magnétique) [3] ; la loi du 2 juillet 1996 a admis que le créancier gagiste bénéficie d'un droit de rétention sur les instruments financiers et les sommes figurant au compte gagé (v. ss 314).

453 **Une détention de bonne foi.** La détention de bonne foi suppose que le créancier ne détienne pas la chose à la suite d'une fraude ou d'un acte illicite. La jurisprudence offre ainsi de nombreux exemples où le droit de rétention est refusé au créancier parce que sa mainmise sur la chose d'autrui est illégitime : un déménageur sur du mobilier alors que le débiteur a consigné une somme suffisante, un garagiste qui n'a pas exécuté ses obligations... La détention doit donc être légitime et régulière.

---

1. Civ. 1re, 11 mai 2017, n° 15-26.646, *JCP* 2017, p. 1239, n° 13, obs. Ph. Delebecque ; *RTD civ.* 2017, p. 705, obs. P. Crocq : Ayant procédé à l'expulsion de locataires, un huissier de justice avait conservé les clés de l'immeuble en application de l'article 22 du décret 96-1080 du 12 décembre 1996 (« le droit de rétention appartient à l'huissier de justice pour garantir le paiement de sa rémunération et de ses débours »), pour garantir le paiement de ses honoraires. Contraint de s'en dessaisir par le juge des référés, il s'était vu assigner par le propriétaire en exercice abusif de son droit de rétention et en paiement des travaux nécessaires à la remise en état du bien. Il estimait que l'huissier devait prendre soin du bien qu'il retenait en gage, de sorte qu'il restait responsable des dégradations survenues après l'expulsion. La Cour retient : « Mais attendu que le droit de rétention institué au profit de l'huissier de justice pour garantir le paiement de sa rémunération et de ses débours suppose la détention de la chose sur lequel il porte ; qu'exercé sur les clefs d'un immeuble que cet officier ministériel détient pour avoir instrumenté l'expulsion de son occupant, il n'emporte pas la détention de l'immeuble lui-même ; que, par ce motif de pur droit, substitué, dans les conditions de l'article 1015 du Code de procédure civile, à ceux critiqués par le moyen, la décision de rejeter les demandes indemnitaires du propriétaire, après avoir retenu qu'il n'existait aucun lien causal entre la rétention des clés de l'immeuble et les dégradations subies par celui-ci après l'expulsion, se trouve légalement justifiée ».
2. E. Le Corre-Broly, « Le droit de rétention sur les documents d'immatriculation », *D. Affaires* 1998. 1802 et 1838 ; Ph. Devesa, « La rétention de documents », *LPA* 19 juin 1995 ; Com. 23 avr. 2013, *RTD com.* 2013. 575, obs. D. Legeais ; *Gaz. Pal.* 12-13 juin 2013, p. 21, obs. M.-P. Dumont-Lefrand ; *JCP* 2013, p. 1256, n° 13, obs. Ph. Delebecque.
3. Com. 8 févr. 1994, *D.* 1995, somm. 91, obs. R. Libchaber.

C. Un lien de connexité entre la détention et la créance

454 **Connexité juridique ou matérielle.** Traduction de l'affectation d'une chose au créancier en garantie du paiement d'une créance, la jurisprudence exige un lien de connexité entre la chose détenue et la créance. Notion particulièrement malléable, la connexité peut être entendue de deux façons : il y a connexité juridique quand la créance et la détention ont leur source dans un même rapport juridique (par ex. un garagiste détient un véhicule au titre du contrat d'entretien) ; il y a en revanche connexité matérielle quand la créance a pris naissance à l'occasion de la détention d'une chose (par ex. un possesseur devant restituer une chose au *verus dominus*). La jurisprudence se prononce parfois sur des hypothèses de succession de relations entre le créancier et le débiteur : ainsi, le garagiste qui, ayant réparé une voiture et n'ayant pas été payé de ses réparations, ne peut la retenir au cours d'une seconde réparation pour obtenir paiement de la première [1]. Il en irait différemment s'il y avait un contrat-cadre d'entretien [2].

§ 2. Les effets du droit de rétention

455 **Plan.** Les effets du droit de rétention sont au cœur des débats sur sa nature juridique (v. ss 466). Strictement parlant, le droit de rétention ne confère au créancier que le droit de ne pas restituer la chose (A) ; il est en revanche dépourvu de droit de préférence et droit de suite (B).

A. Droit de ne pas restituer

456 **Contenu du droit de ne pas restituer.** Le droit de rétention est une exception procédurale par laquelle le rétenteur s'oppose à une demande principale en restitution. Le premier effet est donc d'instituer le rétenteur en défendeur au procès. Mais le droit de

1. Com. 23 juin 1964, *D.* 1965. 79, note R. Rodière.
2. Com. 29 nov. 1967, *D.* 1968, somm. 22.

rétention ne confère pas plus de prérogative que le simple refus de restituer la chose du débiteur. Le rétenteur n'a ni l'usage, ni la jouissance de la chose. Il doit en prendre soin et il répond de la perte ou de la détérioration consécutive à sa faute. Le créancier dispose cependant d'une arme redoutable entre ses mains en raison de l'indivisibilité et de l'opposabilité de son droit.

457 **Indivisibilité du droit de ne pas restituer.** L'indivisibilité du droit de rétention joue dans deux hypothèses : d'une part, chaque fraction de la créance est garantie par la chose tout entière, ce qui a pour conséquence que le droit de rétention subsiste tant que la dette n'a pas été intégralement payée ; d'autre part, si la créance est divisée entre les héritiers du rétenteur, chacun d'eux reste entièrement garanti.

458 **Opposabilité du droit de ne pas restituer.** Le droit de ne pas restituer est opposable tant aux créanciers du débiteur qu'au véritable propriétaire de la chose.

Les autres créanciers du débiteur ne peuvent donc pas saisir le bien retenu par le créancier. La procédure de saisie est bloquée et, pour être menée à son terme, il faudra que le créancier saisissant désintéresse le rétenteur, qui sera alors obligé de restituer la chose. Cette opposabilité s'illustre naturellement en cas de procédure collective ouverte contre le débiteur [1] : par exception à l'interdiction des paiements après l'ouverture de la procédure, l'administrateur peut payer des créances antérieures pour retirer une chose légitimement retenue. Le créancier sera alors le seul créancier antérieur à pouvoir se faire payer (C. com., art. L. 622-7-II, al. 2). De même, en cas de vente du bien dans le cadre d'un plan de continuation ou d'un plan de cession [2], le droit de rétention subsiste, ce qui place le créancier dans une situation enviable : il prime tous les autres créanciers qu'ils soient ou non privilégiés. On doit toutefois noter que le droit de rétention fictif de la loi « LME » (v. ss 453) ne jouit pas d'un sort très favorable. L'article L. 622-7-I, alinéa 2, du

1. E. Cadou, « Justice privée et procédures collectives », *RTD com.* 2000. 817 ; C. Pourquier, « Faculté de rétention et procédures collectives », *D. Affaires* 1998. 936 ; M.-J. Campana et J.-M. Calendini, « Droit de rétention et procédures collectives : la dissipation des dernières ambiguïtés ? », *JCP E* 1998, p. 1083.
2. Com. 20 mai 1997, *D.* 1998, somm. 102, obs. S. Piedelièvre ; *RTD civ.* 1997. 707, obs. P. Crocq.

Code de commerce dispose en effet que le jugement d'ouverture « emporte, de plein droit, inopposabilité du droit de rétention conféré par le 4° de l'article 2286 du Code civil pendant la période d'observation et d'exécution du plan ». Pendant la période d'observation et d'exécution du plan, le droit de rétention « LME » est donc paralysé : le créancier gagiste ne pourra se prévaloir d'aucun retrait contre paiement en règlement de sa créance. Cette distinction entre le droit de rétention réel et le droit de rétention fictif est logique : le paiement du créancier gagiste n'est pas une faveur de la loi ; il repose seulement sur le souci de poursuivre l'activité ; dès lors que le débiteur a le bien gagé en sa possession, il n'est pas nécessaire de payer un créancier pour pouvoir utiliser ledit bien [1].

La jurisprudence a également consacré l'opposabilité du droit de rétention au propriétaire de la chose alors même qu'il ne devrait rien au créancier. Il faut toutefois distinguer deux hypothèses. Lorsque la personne est devenue propriétaire de la chose après qu'elle a été remise au rétenteur, il est évident que le droit de rétention lui est opposable. La solution se justifie par le fait que le débiteur ne pouvait transférer à l'acquéreur plus de droits qu'il n'en avait lui-même. En revanche quand le propriétaire n'est pas l'ayant cause à titre particulier du débiteur, ou que la chose a été remise au rétenteur postérieurement à la transmission de propriété, la solution est plus incertaine. Les rares arrêts rendus en la matière tendent cependant à admettre l'opposabilité du droit de rétention [2].

B. Absence de droit de préférence et de droit de suite

459 **Théorie.** Eu égard à ce qui vient d'être dit, l'absence théorique de droit de préférence et de droit de suite doit être bien comprise. Il est évident que le rétenteur ne dispose d'aucun droit de préférence. On doit entendre par là que si le débiteur ne paye pas, le rétenteur ne peut diligenter une procédure de saisie sans perdre son droit de rétention. Il est alors traité comme un créancier

1. Pour plus de développements, v. M.-P. Dumont-Lefrand, Ch. Albigès, *Droit des sûretés*, 9e éd., Dalloz, coll. « HyperCours », 2024, n°s 405 s.
2. Civ. 1re, 22 mai 1962, *D.* 1965. 60, note R. Rodière.

chirographaire, à moins qu'il ne dispose d'autres sûretés. Le fait d'avoir été rétenteur ne lui confère donc aucun droit de préférence. De la même façon, s'il vient à être privé de sa détention, il perd le bénéfice de son droit de rétention et ne peut suivre la chose en les mains d'un tiers.

460 **Pratique.** Cette absence de droit de préférence n'empêche pas le droit de rétention d'être une garantie très forte. Tel sera le cas quand le bien retenu aura une valeur supérieure à la créance. En ce cas, le rétenteur est un gêneur. Si les créanciers du débiteur ou le débiteur veulent récupérer la chose, ils n'ont d'autres solutions que de désintéresser le rétenteur. Il est donc assuré d'être payé en premier. On n'est pas loin de la notion de privilège.

SECTION 3

La nature juridique du droit de rétention

461 **Un débat ouvert.** Eu égard à l'ambiguïté de ses effets, le droit de rétention a une nature juridique très discutée [1], même si certains estiment qu'il s'agit là d'un débat vain [2]. Pourtant ce débat demeure ouvert en doctrine, comme en jurisprudence, car le droit de rétention ne correspond pleinement à aucune des catégories préexistantes. Le débat peut s'articuler autour de trois questions [3] : le droit de rétention est-il un droit réel ? le droit de rétention est-il une sûreté réelle ? le droit de rétention est-il autre chose ?

462 **Rattachement aux droits réels ?** Pour justifier l'opposabilité aux tiers du droit de rétention, la jurisprudence l'analyse comme étant un droit réel. « Le droit de rétention d'une chose, conséquence de sa détention, est un droit réel opposable à tous, et même aux tiers

1. N. Catala, « De la nature juridique du droit de rétention », *RTD civ.* 1967. 9 ; A. Ghozi, « Sur la dualité du droit de rétention », *Mélanges Catala*, Litec, 2001, p. 719.
2. Ph. Malaurie, L. Aynès, P. Crocq, n° 452.
3. M. et S. Cabrillac, Ch. Mouly, Ph. Pétel, n° 539.

non tenus de la dette[1]. » Cependant, on peut opposer à cette proposition que l'opposabilité aux tiers n'est pas le seul apanage des droits réels et qu'il est paradoxal d'admettre que le droit de rétention est un droit réel… dépourvu de droit de suite et de préférence. Dans de telles conditions, le pouvoir direct et immédiat du titulaire sur la chose elle-même ou sur sa valeur apparaît bien incertain. Faut-il alors y voir un « droit réel inachevé[2] » ?

463 **Rattachement aux sûretés réelles ?** Certains auteurs sont très favorables à la qualification de sûreté réelle du droit de rétention[3]. Pourtant la Cour de cassation réfute cette analyse : « Le droit de rétention n'est pas une sûreté et n'est pas assimilable au gage[4]. » Cette solution se justifie par le fait que le droit de rétention ne réaliserait pas une condition essentielle à la qualification des sûretés réelles : l'affectation d'un bien au paiement préférentiel d'une créance. En effet, le paiement est obtenu sans que la valeur du bien ne soit jamais dégagée ; de plus le droit de rétention peut s'exercer sur des documents sans valeur[5]. Exclu de la famille des sûretés réelles, le droit de rétention dégénérerait donc en simple moyen de pression ou en mesure conservatoire.

464 **Qualification personnelle ?** Un autre courant doctrinal analyse le droit comme de rétention comme une simple modalité affectant l'obligation de délivrance pesant sur le rétenteur. Le droit de rétention serait ainsi un simple terme suspensif à son exécution[6]. De nature personnelle, il n'en resterait pas moins un accessoire de la créance de laquelle il dépend et de laquelle il incite le paiement[7].

1. Civ. 1re, 7 janv. 1992, *JCP* 1992. II, p. 21971, note Ramarolanto-Ratiaray ; *RTD civ.* 1992. 586, obs. P.-Y. Gautier ; *JCP* 1992. I, p. 3583, n° 6, obs. Ph. Delebecque ; Com. 3 mai 2006, *RTD civ.* 2006. 584, obs. Th. Revet ; *JCP* 2006. I, p. 195, n° 15, obs. Ph. Delebecque ; *Dr. et patr.* 11/2006, p. 90, obs. J.-B. Seube ; Civ. 1re, 24 sept. 2009, *JCP* 2009. I, p. 492, n° 17, obs. Ph. Delebecque ; *JCP* 2009, p. 380, n° 44, obs. A. Aynès ; *D.* 2010. 302, note N. Borga ; Civ. 1re, 20 déc. 2017, n° 16-24.029, *JCP* 2018. 367, n° 16, obs. Ph. Delebecque.
2. Y. Picod, n° 129.
3. Ph. Simler, Ph. Delebecque, n° 480 ; *contra,* J. Mestre, E. Putman, M. Billiau, n° 72.
4. Com. 20 mai 1997, *D.* 1998. 479, note F. Kendérian ; *D.* 1998, somm. 115, obs. R. Libchaber ; *RTD civ.* 1997. 707, obs. P. Crocq ; Com. 22 mars 2005, *JCP* 2005. I, p. 135, n° 17, obs. Ph. Delebecque.
5. M. et S. Cabrillac, Ch. Mouly, Ph. Pétel, n° 539 ; *contra* Ph. Simler, Ph. Delebecque, n° 480.
6. N. Catala, « De la nature juridique du droit de rétention », préc., n° 29.
7. F. Perochon, « Le droit de rétention, accessoire de la créance », *Mélanges Cabrillac*, Litec, 1999, p. 379.

CHAPITRE 2

La propriété utilisée comme sûreté

465 **Pour ou contre la propriété sûreté ?** L'utilisation de la propriété comme sûreté est volontiers qualifiée d'archaïsme. Cet archaïsme trouve cependant un nouvel essor devant la crise que traversent aujourd'hui les sûretés réelles. Désireux d'éviter les déclarations, les réductions de sûretés, la concurrence des autres créanciers, les créanciers se tournent alors vers la sûreté la plus sûre, fut-elle la plus fruste : le droit de propriété. Cette utilisation de la propriété comme sûreté pose de très nombreux problèmes. Problèmes théoriques, d'abord, car on se demande si la propriété, droit réel principal, peut dégénérer en simple accessoire d'un droit personnel. À vrai dire, cette dégénérescence n'est que prétendue et l'on peut aussi considérer qu'il s'agit de tirer au mieux parti des virtualités du droit de propriété [1]. Problèmes pratiques, ensuite, car l'inexistence d'un système de publicité rend nécessairement ces sûretés occultes, ce qui est néfaste au crédit et car la circulation de la sûreté en même temps que la créance sera parfois très difficile.

466 **Deux utilisations.** Le Code civil révèle que la propriété peut être utilisée de deux façons à titre de sûreté (C. civ., art. 2319 et 2373). Le créancier peut d'abord, à titre de sûreté, conserver la propriété

1. M. et S. Cabrillac, Ch. Mouly, Ph. Pétel, n° 258 ; Ph. Simler, Ph. Delebecque, n° 259 ; Ph. Malaurie, L. Aynès, P. Crocq, n° 750 ; G. Marty, P. Raynaud, Ph. Jestaz, n° 547 ; Ph. Théry,

d'un bien, le transfert ne s'opérant que lorsque le créancier aura été payé. C'est une hypothèse de propriété réservée à titre de sûreté (SECTION 1). Mais le créancier peut aussi, à titre de sûreté, se voir transférer un bien appartenant au débiteur. Il le lui restituera quand il aura été payé. C'est une hypothèse de propriété transférée à titre de sûreté (SECTION 2).

SECTION 1

La propriété réservée à titre de sûreté

467 **Présentation.** L'acquéreur d'un bien sollicite un crédit. Le prêteur, qu'il s'agisse du vendeur ou d'un tiers, dispose de deux montages lui permettant de conserver la propriété du bien jusqu'à complet paiement du prix : le crédit-bail (§ 1) et la vente sous réserve de propriété (§ 2).

§ 1. Le crédit-bail

468 **Description.** Le crédit-bail est un montage par lequel un professionnel, désireux de disposer d'un bien d'équipement, le fait acheter par un établissement de crédit qui le lui donne en location pour une durée correspondant à la durée d'amortissement du bien. À la fin de cette période, l'utilisateur peut acheter le bien pour sa valeur résiduelle, en vertu de la promesse unilatérale de vente que comprenait le contrat de location, ou le restituer, ou encore renouveler le bail.

Le schéma se complique encore car l'établissement de crédit, souhaitant ne jouer qu'un rôle de financier, donnera mandat au professionnel d'aller choisir lui-même le bien approprié à ses

n° 329 ; P. Crocq, « Dix ans après : l'évolution récente des propriétés garanties », *Mélanges Gobert*, 2004, p. 347.

besoins [1]. Le crédit-bail est donc une opération hybride qui hésite entre une opération de crédit et un contrat de bail. On perçoit cependant l'avantage que confère au crédit-bailleur le fait de rester propriétaire du bien : en cas d'incident de paiement ou d'insolvabilité du professionnel, il récupère le bien, objet du crédit-bail [2].

469 **Qualification de sûreté ?** La qualification de sûreté reste cependant discutée. Si le contrat de crédit-bail n'a pas pour objet principal la constitution d'une sûreté, il en produit cependant les effets [3]. Pourtant, on ne peut que noter que la propriété n'est pas l'accessoire des créances du crédit-bailleur sur l'utilisateur : lorsque le crédit-bail est résilié pour défaut de paiement et que le crédit-bailleur récupère le bien, cette récupération n'est pas assimilable à la réalisation d'une sûreté puisque le crédit-bailleur est toujours créancier des loyers impayés. N'étant donc pas mise au service d'une créance de loyer, la propriété ne serait pas ici utilisée comme véritable sûreté mais comme une simple garantie.

§ 2. La clause de réserve de propriété

470 **Description .** La clause de réserve de propriété est une convention par laquelle le vendeur se réserve la propriété du bien vendu jusqu'à complet paiement du prix [4]. Longtemps réglementée dans le seul Code de commerce pour des questions d'opposabilité à la procédure, la clause de réserve de propriété est consacrée à l'article 2367 du Code civil qui dispose : « La propriété d'un bien peut être retenue en garantie par l'effet d'une clause de réserve de propriété qui suspend l'effet translatif d'un contrat jusqu'au

1. D. Mainguy, *Contrats spéciaux*, Dalloz, coll. « Cours », 2012, 8e éd., nos 287 s.
2. Cette revendication est conditionnée, en cas de procédure collective de l'utilisateur, à une inscription du contrat de crédit-bail au greffe du tribunal de commerce. Dès lors que le contrat a été publié, le crédit-bailleur pourra revendiquer sans avoir à respecter le délai de trois mois pour les revendications mobilières.
3. V. M. et S. Cabrillac, Ch. Mouly, Ph. Pétel, n° 535, divisés quant à la nature juridique du contrat.
4. F. Pérochon, *La réserve de propriété dans la vente de meubles corporels*, Litec, coll. « Bibl. dr. entreprise », 1988, t. 21, préf. J.-M. Mousseron ; J. Théron, « Pour une relecture de la réserve de propriété », *RTD civ.* 2019. 713 ; v. ayant admis l'efficacité d'une clause de réserve de propriété dans un contrat d'imprimerie, Com. 19 nov. 2003, *RLDC* janv. 2004. 24, note G. Marraud des Grottes.

complet paiement de l'obligation qui en constitue la contrepartie [1]. »

Les deux corps de règles sont assez proches en ce qui concerne les effets de l'action en revendication du vendeur, resté propriétaire. Ainsi, s'inspirant du Code de commerce et de la jurisprudence, l'article 2371 dispose qu'« à défaut de complet paiement à l'échéance, le créancier peut demander la restitution du bien » ; deux articles visent la revendication d'un bien fongible qui peut s'opérer sur les biens de même nature détenus par le débiteur (C. civ., art. 2369) et sur des biens qui auraient été incorporés à d'autres, pourvu qu'on puisse les séparer sans dommage (C. civ., art. 2370). En revanche, en ce qui concerne les conditions de validité ou d'opposabilité de la clause, le Code civil se contente de préciser que la clause doit être constatée par écrit alors que le Code de commerce ajoute « rédigé au plus tard au moment de la livraison du bien » (C. com., art. L. 624-16). De plus dans les procédures collectives, une publicité facultative a été mise en place : si le vendeur a publié la clause de réserve de propriété, sur un registre semblable à celui existant pour le crédit-bail mobilier, il est dispensé de faire reconnaître son droit de propriété dans le délai de 3 mois.

La réforme de 2021 apporte une utile précision en cas de revente du bien réservé. L'article 2372, alinéa 1er, dispose que « en cas d'aliénation ou de perte du bien, la propriété se reporte sur la créance du débiteur à l'égard du sous-acquéreur ou sur l'indemnité d'assurance subrogée au bien ». L'alinéa 2 précise que « le sous-acquéreur ou l'assureur peut alors opposer au créancier les exceptions inhérentes à la dette ainsi que les exceptions nées de ses rapports avec le débiteur avant qu'il ait eu connaissance du report ». Cet alinéa entend briser la jurisprudence [2].

471 **Qualification de sûreté ?** La qualification de sûreté de la clause de réserve de propriété n'est plus guère discutée [3] depuis que la jurisprudence l'a expressément qualifiée d'accessoire de la créance du

1. P. Crocq, « La réserve de propriété », *JCP* 17 mai 2006, n° spéc. p. 23 s.
2. Com. 3 janv. 1995, n° 93-11.093, *D.* 1996. 221, obs. F. Pérochon ; *RTD civ.* 1997. 166, obs. F. Zenati.
3. Com. 15 oct. 2013, *D.* 2014. 187, note L. Saenko ; *D.* 2013. 2462, obs. A. Lienhard ; *JCP* 2013, p. 1256, n° 17, obs. Ph. Delebecque ; M.-E. Ancel, « Clause de réserve de propriété, une garantie à tout prix », *RLDC* févr. 2004. 24. V. cependant P. Crocq, ss Com. 23 janv. 2001, *RTD civ.*

vendeur pour en admettre la transmission, en même temps que la créance, par l'effet d'une subrogation [1] ou de l'endossement d'une lettre de change [2]. L'accessoirité de la clause de réserve de propriété est d'ailleurs visée à l'article 2367, alinéa 2, du Code civil.

SECTION 2

La propriété transférée à titre de sûreté

472 **Présentation.** La propriété transférée à titre de sûreté suppose un schéma inverse au précédent. C'est ici le débiteur qui, étant propriétaire d'un bien, le transfère au créancier jusqu'au moment où il aura acquitté ses obligations. Les hypothèses sont donc radicalement différentes puisqu'il est ici nécessaire qu'il y ait deux transferts successifs de propriété, avec les inconvénients, notamment fiscaux, qui y sont attachés. Deux figures de propriété transférée à titre de sûreté existent en droit français : la vente à réméré (§ 1) et la fiducie (§ 2). La réforme de 2021 a ajouté deux figures : la cession de créance (§ 3) et la cession de sommes d'argent à titre de garantie (§ 4).

§ 1. La vente à réméré

473 **Description.** L'article 1659 du Code civil dispose que « la faculté de rachat ou de réméré est un acte par lequel le vendeur se réserve de reprendre la chose vendue moyennant la restitution du prix

2001. 398 et C. Ginestet, « La qualification des sûretés », *Defrénois* 1999, p. 36927 (spéc. n° 12) qui estiment que la clause de réserve de propriété se coule mal dans la famille des sûretés : en effet, la sûreté a pour finalité de procurer à son bénéficiaire une forme d'exécution du contrat ; or, il est difficile d'admettre que ce soit ici le cas puisque la mise en jeu de la clause anéantit l'effet essentiel du contrat.

1. Com. 15 mars 1988, *D.* 1988. 330, note F. Perochon ; *RTD com.* 1988. 287, obs. J. Hémard et B. Bouloc.
2. Com. 11 juill. 1988, *RTD com.* 1988. 656, obs. M. Cabrillac, B. Teyssié.

principal ». La vente à réméré peut alors habiller une opération de crédit : l'emprunteur vend au prêteur un de ses biens en se réservant la faculté de le racheter. Le prix de vente versé représente en réalité le montant du crédit. Si le vendeur/emprunteur rembourse le crédit, il redeviendra propriétaire du bien ; s'il ne le fait pas, l'acheteur/prêteur conservera la propriété du bien. La formule n'est cependant pas sans inconvénients : le principal est qu'elle suppose une corrélation parfaite entre la dette et la valeur du bien. De plus, le vendeur à rémunérer n'est jamais contraint de racheter le bien de sorte qu'il peut décider, sans s'exposer à des sanctions, de ne pas rembourser et de laisser la propriété du bien à l'acheteur/prêteur.

474 **Qualification de sûreté ?** L'utilisation de la vente à réméré se prête mal à la qualification de sûreté. La jurisprudence assimilait parfois le réméré à un prêt assorti d'un gage [1] pour mieux sanctionner le pacte commissoire illicite qu'il contient [2]. Cette jurisprudence aura du mal à survivre à l'admission des pactes commissoires dans le gage (v. ss 297).

§ 2. La fiducie

475 **Description et frilosité et réforme.** La fiducie est susceptible de nombreuses applications [3]. Elle peut, entre autres, servir de sûreté. En ce cas, le débiteur transfère la propriété de ses biens au créancier en garantie des avances qui lui sont consenties, le créancier s'engageant à les rétrocéder, une fois qu'il aura été remboursé. Le créancier (fiduciaire) souscrit alors, pendant la durée du prêt, des engagements qui limitent ses prérogatives de propriétaire. Alors qu'elle est courante dans certains pays étrangers, la fiducie s'est toujours heurtée en France à une certaine frilosité. Une raison fréquemment invoquée est l'absence de publicité protégeant les tiers

1. Com. 24 oct. 1956, *Bull. civ.* III, n° 257.
2. G. Wierderkher, « Pactes commissoires et sûretés conventionnelles », *Mélanges Jauffret*, p. 672.
3. Cl. Witz, *La fiducie en droit français*, préf. D. Schmidt, Economica, 1981 ; sur son utilisation en tant que sûreté, Cl. Witz, « La fiducie, sûreté en droit français », *in* « L'évolution du droit des sûretés », *RJ com.* 1982. 67 s.

et le peu de garantie offerte au débiteur en cas de cession du bien par le fiduciaire à un tiers. Un projet de loi consacrant la fiducie et en aménageant les effets a pourtant été déposé en 1992, mais il n'a pas été suivi d'effet. En dépit de cette hostilité ou de cette indifférence législative à la technique fiduciaire [1], la pratique y recourt en de nombreuses hypothèses. En 2007, une loi a admis une fiducie à la française.

476 **Applications.** Les applications de la fiducie sont rares lorsque la propriété fiduciaire porte sur des biens corporels. Inappropriée pour les immeubles en raison du double transfert de propriété, donc de la double imposition, la fiducie en matière mobilière se heurtait au régime du gage et à la prohibition des clauses de voie parée ou de pacte commissoire (v. ss 297). En revanche la fiducie est plus fréquente lorsqu'elle porte sur de l'argent ou des créances. Le gage-espèces (v. ss 288) gagnerait en effet, selon certains auteurs, à être analysé en une propriété sûreté [2] ; de la même façon, la fiducie est fréquemment utilisée en matière bancaire lorsque le débiteur affecte la valeur d'une créance au remboursement de sa dette : tel est le cas de la convention de portage d'actions par laquelle le porteur, un établissement de crédit, se rend actionnaire d'un certain nombre d'actions et s'engage à les transférer à un prix convenu à une personne déterminée après un certain délai [3] ; tel est, surtout, le cas de la loi du 2 juillet 1996 qui a autorisé la remise en propriété de valeurs, titres en garantie du solde des opérations sur instruments financiers à terme [4]. Toutefois, condamnant la cession fiduciaire, la Cour de cassation a jugé qu'« en dehors des cas prévus par la loi, l'acte par lequel un débiteur cède et transporte à son créancier, à titre de garantie, tous

1. R. Libchaber, « Une fiducie française, inutile et incertaine... », *Mélanges Malaurie, Defrénois* 2005, p. 303.
2. M. Cabrillac, « Les sûretés conventionnelles sur l'argent », *Mélanges Derruppé*, Joly-Litec, 1991, p. 333.
3. Com. 24 mai 1994, *BJS* 1994. 797, n° 214, note P. Le Cannu ; Com. 16 nov. 1999, *JCP E* 2000, p. 168. Chron. F.-X. Lucas.
4. L. Aynès, « Les remises en pleine propriété à titre de garantie : confirmation de la licéité des cessions fiduciaires en droit français ? », *D. Affaires* 1998. 1573.

ses droits sur des créances, constitue un nantissement [1] ». Cette condamnation inattendue des cessions fiduciaires s'expliquait, sans doute, par la réforme annoncée de la fiducie. Elle avait cependant été réaffirmée [2]. La réforme de 2021 a brisé cette jurisprudence en admettant les cessions de créance et de somme d'argent à titre de garantie (v. ss 483 et 488).

477 **La réforme originelle.** Intervenue le 19 février 2007, la réforme a institué la fiducie aux articles 2011 et suivants du Code civil [3]. Il dispose : « La fiducie est l'opération par laquelle un ou plusieurs constituants transfèrent des biens, des droits ou des sûretés, ou un ensemble de biens, de droits ou de sûretés, présents ou futurs, à un ou plusieurs fiduciaires qui, les tenant séparés de leur patrimoine propre, agissent dans un but déterminé au profit d'un ou plusieurs bénéficiaires. » Même si la loi reste silencieuse, les travaux parlementaires confirment qu'elle s'applique à la fiducie-sûreté. Toutefois, le recours à la fiducie reste si strictement encadré que certains y ont vu une institution en quarantaine.

Quant à sa formation, seules les personnes morales soumises à l'impôt sur les sociétés peuvent être constituants (C. civ., art. 2014) ; seuls des établissements de crédit peuvent être fiduciaires (C. civ., art. 2015), aucune condition ne pesant sur les bénéficiaires. Le contrat de fiducie est solennel et doit comporter, à peine de nullité, certaines mentions : la désignation des biens transférés, la durée du transfert, l'identité des parties, les missions, pouvoirs et obligations de reddition de comptes du fiduciaire (C. civ., art. 2018 et 2022). Il doit ensuite, à peine de nullité, être

1. Com. 19 déc. 2006, *D.* 2007. 344, note Ch. Larroumet ; *JCP* 2007. II, p. 10067, rapp. M. Cohen-Branche, note D. Legeais ; *JCP* 2007. I., p. 158, n° 28, obs. Ph. Delebecque ; *RTD civ.* 2007. 160, obs. P. Crocq ; *adde* M. Dammann, G. Podeur, « Cession de créances à titre de garantie : la révolution n'aura pas lieu », *D.* 2007. Chron. 319 ; L. Aynès, « La cession de créance à titre de garantie : quel avenir ? », *D.* 2007. Chron. 961.

2. Com. 26 mai 2010, *D.* 2010. 2201, note N. Borga ; *D.* 2011. 411, obs. P. Crocq ; *RTD civ.* 2010. 597, obs. P. Crocq ; *RTD com.* 2010. 595, obs. D. Legeais ; *RDC* 2010, p. 595, obs. A. Aynès ; *JCP* 2011, p. 226, n° 19, obs. Ph. Delebecque.

3. J. Rochfeld, « Chronique de législation », *RTD civ.* 2007. 412 ; Ph. Dupichot, « Opération fiducie sur le sol français », *JCP* 2007. I, p. 121 ; C. Khun, « Une fiducie française », *Dr. et patr.* 6/2007, p. 32 ; *D.* 2007. Dossier spéc. 1347 ; G. Blanluet, J.-P. Le Gall, « La fiducie, œuvre inachevée », *JCP* 2007. I, p. 169.

enregistré dans le délai d'un mois au service des impôts (C. civ., art. 2015).

Quant à son exécution, le contrat de fiducie est un contrat synallagmatique translatif. Le constituant doit ainsi transférer au fiduciaire la titularité des droits mis en fiducie. Le fiduciaire doit pour sa part exécuter sa mission de façon loyale, dans le respect des pouvoirs conférés, conservation, administration ou disposition.

La fiducie prend fin par la survenance du terme ou la réalisation du but accompli (C. civ., art. 2029, al. 1er) ou par des causes accidentelles : révocation de l'option du constituant à l'impôt sur les sociétés, renonciation des bénéficiaires, liquidation du fiduciaire.

478 **La fiducie sûreté : la réforme de la réforme.** Cantonnée dans un domaine trop étroit et soumise à de strictes conditions, la fiducie restait peu attractive. La loi « LME » du 4 août 2008 en a alors élargi l'assiette en ouvrant la fiducie aux personnes physiques et en portant sa durée maximale à quatre-vingt-dix-neuf ans [1]. Considérant que cet élargissement nécessitait des mesures d'accompagnement, le Parlement avait alors habilité le Gouvernement à prendre des ordonnances pour préciser le régime de la fiducie. Tel fut l'objet de l'ordonnance du 30 janvier 2009 [2], elle-même habilitée par la loi du 12 mai 2009 qui procéda à quelques ajustements [3]. Cette ordonnance consacre le rôle de la fiducie comme sûreté, tant en matière mobilière (C. civ., art. 2372-1 à 2372-6) qu'en matière immobilière (C. civ., art. 2488-1 à 2488-6). Cette distinction, rendue nécessaire par la structure du Code civil, cache une profonde unité car le régime reste identique et les dispositions sont souvent de simples répétitions. Dans tous les cas, le débiteur (constituant) transférera un bien en faveur du créancier (bénéficiaire) soit à un fiduciaire, soit au créancier lui-même s'il remplit les conditions pour être fiduciaire. La fiducie-sûreté doit donc être appréciée

1. R. Damman et G. Podeur, « Le nouveau paysage du droit des sûretés », *D.* 2008. Chron. 2300.
2. M. Grimaldi et R. Damman, « La fiducie sur ordonnances », *D.* 2009. Chron. 670 ; Ph. Dupichot, « La fiducie-sûreté en pleine lumière », *JCP* 2009. I, p. 132 ; L. Aynès et Ph. Dupichot, *Dr. et patr.* 4/2009, p. 127 s.
3. *Dr. et patr.* 12/2009, p. 99, obs. L. Aynès ; *RLDC* juin 2009. 32, obs. G. Maraud des Grottes.

dans sa formation et son exécution, le législateur ayant également prévu une possibilité de rechargement. L'efficacité de la fiducie se mesurera en cas de procédure collective.

479 **Formation.** Les articles 2372-2 et 2488-2 ajoutent des conditions à celles de l'article 2018. À peine de nullité, le contrat de fiducie sûreté doit indiquer la dette garantie (la réforme de 2021 a supprimé l'exigence de l'évaluation de la valeur du bien transféré dans le patrimoine fiduciaire).

480 **Exécution.** Les articles 2372-3 et 4 et 2488-3 et 4 précisent le dénouement de la fiducie sûreté au cas où le débiteur ne paye pas. Si le fiduciaire est lui-même le créancier, il acquiert la libre disposition du bien. La propriété fiduciaire se mue alors en propriété ordinaire. Si le fiduciaire est un tiers, le créancier peut exiger de lui la remise du bien dont il peut alors disposer (C. civ., art. 2372-3, al. 2 et 2488-3, al. 2). Le créancier peut aussi, si cela était prévu au contrat, demander au fiduciaire de procéder à la vente et de lui remettre tout ou partie du prix (C. civ., art. 2372-3, al. 2 et 2488-3, al. 2). Quel que soit le mode de réalisation de la sûreté, elle ne peut aboutir à un enrichissement du créancier ou à une spoliation des autres créanciers du débiteur. La loi prévoit alors certaines garanties : d'abord, le bien conservé ou vendu doit être évalué par un expert désigné à l'amiable ou par le tribunal, sauf si ce bien fait l'objet d'une cotation officielle ou est une somme d'argent (C. civ., art. 2373-3, al. 3 et 2488-3, al. 3) ; ensuite, le créancier ou le tiers fiduciaire doit restituer au constituant une somme égale à la différence entre le prix de la vente et le montant impayé de la créance (C. civ., art. 2372-4, al. 3 et 2488-4). La réforme de 2021 a ajouté une importante précision : « Si le fiduciaire ne trouve pas d'acquéreur au prix fixé par expert, il peut vendre le bien ou le droit au prix qu'il estime, sous sa responsabilité, correspondre à sa valeur » (C. civ., art. 2372-3 et 2488-3). Cette estimation unilatérale a donc pour contrepartie la responsabilité du fiduciaire : le texte a pour objectif de ménager les intérêts du débiteur et ceux du créancier par cette nécessité de la justification de l'impossibilité de la vente et de la fixation d'un prix différent de celui retenu par l'expert. Les parties ont tout intérêt à encadrer cette faculté dans le contrat de fiducie.

481 **Rechargement.** Les articles 2372-5 et 2488-5 du Code civil prévoient le rechargement de la fiducie-sûreté, se calquant ainsi sur le modèle de l'hypothèque rechargeable (v. ss 344). L'acte constitutif doit ainsi expressément prévoir que la fiducie est rechargeable, c'est-à-dire qu'elle peut être affectée à la garantie de créances autres que celles initialement visées (C. civ., art. 2372-5, al. 1er et 2488-5, al. 1er). En ce cas, le constituant pourra offrir la sûreté à son créancier originaire (pour une autre créance) ou à un autre. La convention de recharge est alors soumise aux conditions de forme, d'enregistrement et de publicité nécessaires à la validité du contrat de fiducie. L'ordre entre les créanciers sera déterminé par la date de l'enregistrement, pour la fiducie mobilière, et par l'inscription, pour la fiducie immobilière, du contrat de fiducie et de la convention de recharge. Malgré les évidentes ressemblances avec l'hypothèque rechargeable, la fiducie sûreté rechargeable reste très originale. L'hypothèque rechargeable n'a jamais posé de difficultés théoriques dans la mesure où tout immeuble peut être le siège de plusieurs hypothèques. La recharge de l'hypothèque permet simplement une économie. La fiducie rechargeable implique en revanche que le constituant, qui a déjà cédé sa propriété, puisse à nouveau la recéder. Cette impasse peut néanmoins être surmontée en considérant que ce n'est pas la propriété qui est cédée plusieurs fois mais la propriété cédée qui est affectée à la garantie de nouvelles créances.

482 **Fiducie et procédures collectives.** L'efficacité de toute sûreté se mesure à l'aune de la procédure collective du débiteur [1]. Il faut alors trouver un équilibre entre la préservation des droits des créanciers à être payé et celle du débiteur de se rétablir. La fiducie était ainsi analysée comme obérant toute chance du débiteur et court-circuitant les procédures collectives [2]. L'ordonnance du 18 décembre 2008 a cherché un point d'équilibre entre ces impératifs opposés [3]. L'efficacité de la fiducie est ainsi neutralisée pen-

1. B. Mallet-Bricout, « Quelle efficacité pour la nouvelle fiducie-sûreté », *Dr. et patr.* 10/2009, p. 79.
2. F.-X. Lucas, M. Sénéchal, « Fiducie vs sauvegarde, fiducie ou sauvegarde, il faut choisir », *D.* 2008. Point de vue 29.
3. Ph. Roussel-Galle, « Premier aperçu sur l'ordonnance du 18 décembre 2008 réformant le droit des entreprises en difficulté », *LPA* 2008, n° 257, p. 3 ; Ph. Pétel, « Le nouveau droit des entreprises en difficulté, acte II », *JCP E* 2009, p. 1049 ; A. Lienhard, « Réforme du droit des entreprises

dant la période d'ouverture et le plan de sauvegarde ou de redressement ; elle est en revanche efficace en l'absence de redressement.

L'article L. 622-23-1 du Code de commerce interdit ainsi de réaliser la fiducie sûreté du seul fait de l'ouverture de la procédure de sauvegarde ou de redressement, quand cette fiducie porte sur des biens laissés, en exécution d'une convention, entre les mains du débiteur constituant. Même si les termes ne sont pas employés, on retrouve ici le critère de l'utilité pour la poursuite de l'activité. Ainsi, le créancier pourra réaliser la fiducie, indépendamment du jugement d'ouverture, si elle a pour objet des titres ou des sommes d'argent qui, *a priori,* ne seront pas laissés entre les mains du débiteur. Dès l'ouverture d'une liquidation, le créancier bénéficiaire de la fiducie peut exercer ses droits et réaliser la sûreté (C. com., art. L. 641-II-I-IV). Il peut alors, en cas de convention de mise à disposition, la résilier et revendiquer les biens meubles (C. com., art. L. 624-16).

§ 3. La cession de créance à titre de garantie

483 **État du droit avant la réforme.** Avant la réforme de 2021, la cession de créance à titre de garantie n'était pas reconnue de manière générale puisque la Cour de cassation avait jugé qu'« en dehors des cas prévus par la loi, l'acte par lequel un débiteur cède et transporte à son créancier, à titre de garantie, tous ses droits sur des créances, constitue un nantissement de créance [1] ». Les seuls moyens de céder une créance à titre de garantie étaient donc la

en difficulté », *D.* 2009. 110 ; P. Crocq, « L'ordonnance du 18 décembre 2008 et le droit des sûretés », *RPC* janv.-févr. 2009, p. 75 ; P.-M. Le Corre, « La fiducie sûreté : un instrument de sécurisation de la bonne exécution du plan de sauvegarde ou de redressement », *D.* 2009. Point de vue 882 ; R. Damman, « Avantages et inconvénients de la fiducie en cas de procédure collective », *RLDC* mai 2009. 64.

1. Com. 19 déc. 2006, *D.* 2007. 344, note Ch. Larroumet ; *JCP* 2007. II, p. 10067, rapp. M. Cohen-Branche, note D. Legeais ; *JCP* 2007. I, p. 158, n° 28, obs. Ph. Delebecque ; *RTD civ.* 2007. 160, obs. P. Crocq ; M. Dammann, G. Podeur, « Cession de créances à titre de garantie : la révolution n'aura pas lieu », *D.* 2007. Chron. 319 ; L. Aynès, « La cession de créance à titre de garantie : quel avenir ? », *D.* 2007. Chron. 961.

cession Dailly (C. mon. fin., art. L. 313-23 s.) et la fiducie. La réforme du droit des contrats avait certes défini la cession de créance comme « un contrat par lequel le créancier cédant transmet, à titre onéreux ou gratuit, tout ou partie de sa créance contre le débiteur cédé à un tiers appelé le cessionnaire » (C. civ., art. 1321, al. 1er), ce qui ne semblait pas exclure que la cession de créance puisse intervenir à titre de garantie, mais le fait que l'objet de la réforme n'était pas le droit des sûretés conduisait à en douter [1]. Mettant un terme à ces incertitudes et soucieux de renforcer l'attractivité du droit français [2], la réforme de 2021 consacre la cession de créance à titre de garantie.

484 **Admission de la cession de créance à titre de garantie.** L'article 2373 dispose que « la propriété d'une créance peut être cédée à titre de garantie d'une obligation par l'effet d'un contrat conclu en application des articles 1321 à 1326 ». La cession de créance à titre de garantie épouse ainsi le modèle du droit commun de la cession de créance. Cette clarification n'est cependant pas sans conséquences sur le régime du droit commun de la cession de créance. L'alinéa 3 de l'article 1323 du Code civil, qui prévoyait que « le transfert d'une créance future n'a lieu qu'au jour de sa naissance, tant entre les parties que vis-à-vis des tiers », est abrogé. Ce texte constituait en effet un handicap certain pour la cession de créance à titre de garantie. Le transfert de la créance opérera donc désormais à la date de l'acte, que la créance soit présente ou future [3].

485 **Principe de spécialité.** L'article 2373-1 dispose que « les créances garanties et les créances cédées sont désignées dans l'acte. Si elles sont futures, l'acte doit permettre leur individualisation ou contenir des éléments permettant celle-ci tels que l'indication du

1. Sur ces questions : J.-D. Pellier, « Pour la cession de créance de droit commun à titre de garantie », *in La réforme du droit des sûretés*, (dir.) L. Andreu et M. Mignot, LGDJ - Institut universitaire Varenne, 2019, p. 243, spéc. nos 3 et 4.

2. P. Delebecque, « "L'attractivité" du droit français : un mot d'ordre dépourvu de sens ? », *in Mélanges en l'honneur du Professeur Laurent Aynès*, LGDJ, 2019, p. 185 ; C. Larroumet, « Le mythe de l'attractivité du droit civil français », *in Mélanges en l'honneur du Professeur Laurent Aynès*, LGDJ, 2019, p. 365.

3. F. Danos, « Proposition de modification de l'article 1323 du code civil : l'opposabilité aux tiers de la cession d'une créance future », *RDC* 2017, p. 200, n° 114.

débiteur, le lieu de paiement, le montant des créances ou leur évaluation et, s'il y a lieu, leur échéance. » C'est une application du principe de spécialité des sûretés réelles qui s'illustre par exemple en matière de nantissement (C. civ., art. 2356) ou de cession Dailly (C. mon. fin., art. L. 313-27).

486 **Dénouement.** L'article 2373-3 dispose enfin que « lorsque la créance garantie est intégralement payée avant que la créance cédée ne le soit, le cédant recouvre de plein droit la propriété de celle-ci ». C'est donc automatiquement que le cédant redevient titulaire de sa créance. Cette solution est, d'après le Rapport fait au président de la République, « conforme à la logique des sûretés-propriétés : le transfert de propriété n'y est que temporaire ».

487 **Interrogations.** La consécration de la cession de créance à titre de garantie pose d'abord la question de savoir si elle peut ou non porter sur des créances non monétaires. L'Avant-projet de l'Association Henri Capitant l'admettait mais l'ordonnance reste silencieuse sur cette question. L'article 2373-2 du Code civil, disposant que « les sommes payées au cessionnaire au titre de la créance cédée s'imputent sur la créance garantie lorsqu'elle est échue », montre que la nouvelle sûreté n'a été conçue que pour les créances monétaires : il ne s'agit donc que d'une sûreté portant sur une somme d'argent. C'est la raison pour laquelle on lui applique les règles prévues pour la cession de somme d'argent à titre de garantie, également issues de la nouvelle ordonnance (v. ss 488 s.).

De manière plus large, la consécration de la cession de créance à titre de garantie conduira sans doute à une concurrence avec le nantissement de créance. Le Professeur Philippe Théry note à ce sujet : « Si, à formalités égales, le créancier a le choix entre cession et nantissement, l'expérience de la loi "Dailly" qui traitait de la cession et du nantissement des créances professionnelles laisse augurer un abandon du nantissement au profit de la cession dont les effets sont plus énergiques mais aussi plus prévisibles grâce aux solutions dégagées depuis 1981 par la chambre commerciale [1]. »

1. P. Théry, « Quelques observations sur le droit des sûretés, advenu et à venir », *RDA* déc. 2019, p. 122.

§ 4. La cession de somme d'argent à titre de garantie

488 **Avant la réforme.** Avant la réforme, il convenait de distinguer deux hypothèses : si la somme d'argent n'était pas individualisée au sein du patrimoine du créancier, il s'agissait d'une cession fiduciaire qui emportait transfert de la propriété de cette somme [1] ; si la somme remise au créancier demeurait individualisée dans le patrimoine du créancier, la qualification de gage était alors retenue (sur le gage espèce, v. ss 488). Cette distinction était cependant malmenée par l'article 2341, alinéa 2, du Code civil qui prévoyait que « si la convention dispense le créancier de (l'obligation de tenir les choses fongibles séparées des choses de même nature qui lui appartiennent), il acquiert la propriété des choses gagées à charge de restituer la même quantité de choses équivalentes ». Ce texte conduisait à se demander s'il y avait encore de la place pour la cession fiduciaire innommée, non soumise aux articles 2333 et suivants relatifs au gage.

489 **Constitution et opposabilité.** L'article 2374 dispose que « la propriété d'une somme d'argent, soit en euro soit en une autre monnaie, peut être cédée à titre de garantie d'une ou plusieurs créances, présentes ou futures ». L'article 2374-1 dispose que la cession doit, à peine de nullité, être conclue par écrit et comporter la désignation des créances garanties. Si elles sont futures, l'acte doit permettre leur individualisation ou contenir des éléments permettant celle-ci tels que l'indication du débiteur, le lieu de paiement, le montant des créances ou leur évaluation et, s'il y a lieu, leur échéance.

L'article 2374-2 dispose que « la cession est opposable aux tiers par la remise de la somme cédée ». On mesure que la sûreté ne peut être qu'une sûreté avec dépossession : c'est bien a remise des sommes au créancier, par tradition matérielle de monnaie fiduciaire ou par simple écriture en présence de monnaie scripturale, qui détermine l'opposabilité aux tiers de la sûreté.

1. Com. 3 juin 1997, n° 95-13.365, *D.* 1998. 61, note J. François ; *D.* 1998. 104, obs. S. Piédelièvre ; *RTD com.* 1997. 663, obs. M. Cabrillac.

490 **Effets.** Selon l'article 2374-3 « le cessionnaire dispose librement de la somme cédée, sauf convention contraire qui en précise l'affectation ». Le texte suivant précise que lorsque le cessionnaire n'a pas la libre disposition de la somme cédée, les fruits et intérêts produits par celle-ci accroissent l'assiette de la garantie, sauf clause contraire. En revanche, lorsque le cessionnaire a la libre disposition de la somme cédée, il peut être convenu d'un intérêt au profit du cédant. On mesure donc que c'est la libre disposition des sommes, et son éventuelle entrave, qui sont la clé de voûte du sort des fruits et des intérêts : lorsque le créancier est libre de disposer des sommes, la confusion des sommes au sein de son patrimoine s'oppose à ce que les fruits et intérêts, impossibles à distinguer, accroissent l'assiette de la sûreté. Les parties peuvent néanmoins prévoir un intérêt au profit du cédant, lequel se « substituera » à un droit aux fruits impossible à concevoir.

491 **Dénouement.** L'article 2374-5 dispose que « en cas de défaillance du débiteur, le cessionnaire peut imputer le montant de la somme cédée, augmentée s'il y a lieu des fruits et intérêts, sur la créance garantie. Le cas échéant, il restitue l'excédent au cédant ». L'emploi du verbe « pouvoir » montre que l'imputation n'est pas automatique : le créancier conserve donc la liberté de procéder ou de ne pas procéder à l'imputation. En revanche, lorsque la créance garantie est intégralement payée, le cessionnaire restitue au cédant la somme cédée, augmentée s'il y a lieu des fruits et intérêts. On mesure ainsi que le gage-espèces ne saurait être une source d'enrichissement pour le créancier.

CHAPITRE 3

Les actions directes

492 **Description.** L'action directe désigne le mécanisme mis en place par le législateur pour permettre à un créancier de réclamer le paiement qui lui est dû à une autre personne que son débiteur immédiat. Le créancier se paye ainsi sur la somme que devait le tiers à son débiteur ; il échappe par là au concours des autres créanciers qui ne peuvent appréhender la somme en question. En dépit d'études cherchant à unifier les différentes actions directes [1], il faut ici distinguer entre les actions directes en paiement (qui nous intéressent) et les actions directes en responsabilité.

493 **Diversité.** Les actions directes sont très variées et ont été créées sans référence à un schéma unique. Les plus connues sont l'action directe du bailleur contre le sous-locataire (C. civ., art. 1753), l'action de la victime contre l'assureur du responsable (C. assur., art. 124-3), l'action du sous-traitant contre le maître de l'ouvrage (L. 31 déc. 1975, art. 12), l'action des ouvriers d'une entreprise de bâtiment contre le maître de l'ouvrage (C. civ., art. 1798). La liste est cependant beaucoup plus longue de sorte que l'exhaustivité est impossible. En dépit de cette diversité, on peut cependant répertorier les actions directes en deux catégories.

494 **Classification.** Il existe d'une part des actions directes où le débiteur du débiteur (celui contre lequel s'exercera l'action directe) ne peut pas disposer de la somme tant que le créancier n'a pas été

1. Ch. Jamin, *La notion d'action directe*, t. 215, LGDJ, coll. « Bibl. dr. privé », 1991, préf. J. Ghestin.

payé. La créance est ainsi immobilisée de plein droit au profit du bénéficiaire, de sorte que le créancier intermédiaire ne peut ni créer sur la créance un droit opposable au bénéficiaire, ni en recevoir le paiement. Dans ces hypothèses, l'action directe est dite parfaite car la protection du bénéficiaire est absolue. Tel est le cas, par exemple, de l'action directe de la victime contre l'assureur du responsable.

Dans d'autres cas, qui sont les plus fréquents, rien n'interdit au créancier intermédiaire de recevoir, de la part de celui contre qui l'action directe aurait pu être intentée, un paiement ni de disposer de la créance ou de transmettre à un tiers des droits sur elle, au risque qu'ils anéantissent ceux du bénéficiaire. La créance n'est donc ici pas immobilisée *ab initio* au profit du bénéficiaire ; l'immobilisation résulte de l'action intentée par lui contre le débiteur de son propre débiteur. L'action directe est alors dite imparfaite. Sont ainsi imparfaites les actions directes desquelles bénéficient les bailleurs contre les sous-locataires.

Enfin, il existe des situations intermédiaires : par exemple, le législateur interdit à l'entrepreneur principal de céder la créance à un tiers, mais pas d'en recevoir le paiement (L. 31 déc. 1975, art. 13-1).

495 **Qualification.** Quelle qualification donner à ces actions directes ? Insistant sur l'octroi d'un second débiteur pour le bénéficiaire, certains auteurs sont favorables à un rapprochement avec la technique des sûretés personnelles[1]. Pourtant, au moins pour les actions directes parfaites, la dette du tiers est affectée à la créance du bénéficiaire contre son débiteur, rappelant par-là la technique des sûretés réelles[2]. Les actions directes peuvent encore être rapprochées des privilèges puisqu'elles résultent d'une faveur législative faite à certains créanciers. Pourtant, l'assimilation ne saurait être totale et les actions directes sont de plus en plus souvent qualifiées de sûreté ou de garantie originale : certains n'y voient qu'un mécanisme correcteur de la relativité des contrats et de l'égalité

1. Ph. Simler, Ph. Delebecque, n° 11.
2. M. et S. Cabrillac, Ch. Mouly, Ph. Pétel, n° 568.

des créanciers [1], d'autres une voie d'exécution simplifiée ou un privilège légal de nature personnelle [2], d'autres enfin, une véritable sûreté [3].

1. Ch. Jamin, *La notion d'action directe, op. cit.*, n° 328.
2. Ph. Simler, Ph. Delebecque, n° 11 et 617.
3. M. et S. Cabrillac, Ch. Mouly, Ph. Pétel, n° 571.

CHAPITRE 4

Les situations de réciprocité

496 **Présentation.** Plusieurs mécanismes du droit des obligations ont pour conséquence de faire échapper un créancier à la loi du concours. Qualifiés de « situations légales privilégiées[1] » ou de modes d'expression d'une « justice privée[2] », ces mécanismes ont pour dénominateur commun de s'inscrire dans le cadre de situation de réciprocité. Il s'agit essentiellement de l'exception d'inexécution et de la compensation.

497 **Exception d'inexécution.** L'exception d'inexécution permet à un contractant de suspendre l'exécution de ses obligations tant que son partenaire n'a pas satisfait aux siennes (C. civ., art. 1219). L'exception d'inexécution est donc un moyen de pression, frustre, que l'on peine parfois à distinguer du droit de rétention. Cependant les deux institutions ne coïncident pas dans leur domaine (l'exception d'inexécution est en principe réservée aux contrats synallagmatiques, alors que le droit de rétention a un domaine plus large) et dans leurs effets (comme toutes les sûretés, le droit de rétention est indivisible, de sorte que le paiement partiel, si important soit-il, permet au créancier de conserver la chose retenue ; au contraire,

1. G. Marty, P. Raynaud, P. Jestaz, n° 4.
2. E. Cadou, « Justice privée et procédures collectives », *RTD com.* 2000. 817.

l'exception d'inexécution ne peut jouer en cas d'inexécution partielle de faible gravité et est dominée par le principe de proportionnalité). Pour toutes ces raisons, si l'exception d'exécution produit bien un effet de garantie, elle reste assez éloignée de la qualification de sûreté parce que son objectif premier n'est pas le paiement préférentiel.

498 **La compensation.** La compensation est le mécanisme par lequel deux créances réciproques de sommes d'argent ou de choses fongibles s'éteignent à concurrence de la plus faible des deux (C. civ., art. 1347 s.). Chacun des contractants est donc payé comme s'il avait un droit de préférence exclusif sur la créance dont est titulaire, à son encontre, son contractant. Le mécanisme est, là encore, proche, du droit de rétention : même si la connexité les rapproche, leur domaine n'est pas le même. La compensation suppose des dettes fongibles, ce qui n'est pas le cas du droit de rétention. Surtout, la compensation a un effet extinctif alors que le droit de rétention n'a qu'un effet provisoire : il permet seulement d'arrêter l'action en restitution tant que le débiteur ne s'est pas exécuté. Toutefois, la compensation ne saurait être qualifiée de sûreté puisque le paiement préférentiel n'est pas l'objectif exclusif de la compensation et que la compensation n'est en rien un accessoire de la créance.

BIBLIOGRAPHIE [1]

C. Albigès, M.-P. Dumont-Lefrand, *Droit des sûretés*, Dalloz, coll. « Hyper-Cours », 9e éd., 2024

P. Ancel, O. Gout, *Droit des sûretés*, Litec, coll. « Objectif droit », 9e éd., 2022

A.-S. Barthez, D. Houtcieff, *Les sûretés personnelles*, LGDJ, 2010

M. Bourassin, *Droit des sûretés*, Sirey, 8e éd., 2024

M. et S. Cabrillac, Ch. Mouly, P. Pétel, *Droit des sûretés*, LexisNexis, 11e éd., 2022

J. François, *Droit civil – Les sûretés personnelles*, Economica, 2004

A. Gouëzel, *Le nouveau droit des sûretés. Commentaire article par article*, Dalloz, 2023

D. Legeais, *Droit des sûretés et garanties du crédit*, LGDJ, 16e éd., 2024

Ph. Malaurie, L. Aynès, P. Crocq, *Droit des sûretés*, LGDJ, 17e éd., 2024

J. Mestre, E. Putman, M. Billiau, *Sûretés réelles*, 2 vol., LGDJ, 1996

M. Mignot, *Droit des sûretés et de la publicité foncière*, LGDJ, 3e éd., 2017

Y. Picod et J.-J. Ansault, *Droit des sûretés*, PUF, coll. « Thémis », 4e éd., 2022

G. Piette, *Droit des sûretés*, Gualino, coll. « Mémentos », 19e éd., 2025

S. Piedelièvre, *Les sûretés*, Ellipses, 3e éd., 2022

Ph. Simler, Ph. Delebecque, *Droit des sûretés et de la publicité foncière*, Dalloz, coll. « Précis », 8e éd., 2023

1. Ouvrages cités dans les notes par le seul nom du ou des auteurs.

Ph. Théry, Ch. Gijsbers, *Droit des sûretés*, LGDJ, 2e éd., 2024

F. Zénati-Castaing, Th. Revet, *Cours de droit civil, Sûretés personnelles*, PUF, 2013

INDEX

Les chiffres renvoient aux numéros de paragraphes

D

H

I

L

M

N

O

P

TABLE DES MATIÈRES

Photocomposition Nord Compo
59650 Villeneuve-d'Ascq

Photocomposition Nord Compo
59650 Villeneuve-d'Ascq

PEFC
10-31-2541
Promouvoir la gestion durable de la forêt
www.pefc-france.org

724046 - (I) - OSB- T 60 - NC - (JB)

Achevé d'imprimer en novembre 2025
dans les ateliers de Normandie Roto Impression s.a.s.
61250 Lonrai
N° d'imprimeur : 2505127
Dépôt légal : décembre 2025

Imprimé en France